Wenn sich zwei streiten,
freuen sich viele Dritte
Geschichten aus dem
gelobten Land
Gerhard Blaboll

VERLAG
BERGER

Impressum
© 2024 Verlag Berger Horn/Wien
www.verlag-berger.at
1. Auflage 2024
Autor: Gerhard Blaboll

ISBN 978-3-99137-076-5

Umschlaggestaltung, Satz: Martin Spiegelhofer
Copyright Coverfoto: istockphoto, Sean Pavone
Lektorat: Claudia Jusits
Druck: Ferdinand Berger & Söhne GmbH, 3580 Horn

Wenn sich zwei streiten, freuen sich viele Dritte

Geschichten aus dem gelobten Land

Gerhard Blaboll

VERLAG
BERGER

Inhalt

Vorwort Nikolaus Wildner 5

Gut zu wissen 9

2014 03 18 – Fred – Hebron 11

2015 03 13 – Abdul – Or HaNer 27

2018 06 07 – Mayla – Abu Gosh 37

2020 10 13 – Birte – Ramallah 45

2023 04 23 – Rabbi Yisroel – Brooklyn 55

2023 07 12 – Gal – Jerusalem 62

2023 10 07 – Jamal – Re'im 70

2024 03 15 – Sumaja – Rafah 76

2024 05 01 – Noam – Eilat 82

Fragen über Fragen 88

1903 08 15 – Theodor – Wien 89

1917 07 06 – Lawrence – Aqaba 97

1917 11 26 – Sir Winston – London 112

1922 01 20 – Gertrude – Bagdad 119

1929 10 20 – Ibrahim – Hebron 127

1936 12 12 – Sir William – Jerusalem 133

1946 07 22 – Menachem – Jerusalem 148

1947 03 12 – David – Ashkelon 153

1947 09 24 – Elisheva – Lübeck 163

1948 05 14 – Paula – Tel Aviv 177

1963 06 16 – David – Jerusalem 182

1967 06 13 – Yossi – Sinai 189

1970 09 12 – Huda – Az Zarka 195

1976 02 12 – Nili – Tel Aviv 207

1995 11 04 – Jitzchak – Tel Aviv 216

2012 08 13 – Marjam – Tel Sheva 225

2012 11 14 – Ahmed – Ein Gedi 238

2014 01 11 – Ariel – Ramat Gan 252

Glossar 262

Vorwort Nikolaus Wildner

Das vergangene Jahr hat den Nahen Osten und seine Menschen verändert. Das Massaker der Hamas am 7. Oktober 2023 war der blutigste Tag, das größte Einzelverbrechen gegen Jüdinnen und Juden seit dem Holocaust. Fast genau 75 Jahre nach der Gründung des Staa-  tes Israel hat der 7. Oktober 2023 den erreicht geglaubten Traum einer sicheren Heimat für Jüdinnen und Juden erschüttert wie bisher kein anderes Ereignis in Israels Geschichte.

Foto © Munther Khatib

Für Palästinenserinnen und Palästinenser ist Israels massiver und verheerender Gegenschlag gegen die Terror-organisationen im Gaza-Streifen das tödlichste und trau-matischste Ereignis seit der Nakba, der Massenflucht und Vertreibung im israelisch-arabischen Krieg 1948. Erneute Flucht, Aussichtslosigkeit und Trauer statt Hoffnung, Wohlstand und Freiheit für mehr als zwei Millionen.

Das bestialische und minutiös geplante Massaker der Hamas hat – zuerst bei Israelis und in weiterer Folge auch bei Palästinensern – tiefe Ängste und die mitunter schlimmsten Vorstellungen über die jeweils andere Seite wahr werden lassen. Das war wohl auch die Grundidee der Architekten des Horrors der Hamas. Angst und Zerstörung statt einer Perspektive auf Frieden und Zusammenleben, so fern diese zuletzt auch gewesen sein mag.

Das ganze Ausmaß der Folgen dieses Albtraums, der sich wohl für immer in die Köpfe und Herzen der Menschen eingeschrieben hat, sind noch lange nicht absehbar. Seit diesen Ereignissen fragen wir uns jeden Tag aufs Neue: Wie konnte es so weit kommen? Was hat diesen Ort und seine Einwohner an diesen Punkt gebracht?

Israelis und Palästinenser, Juden und Araber zwischen dem Jordan und dem Mittelmeer trennt und verbindet vieles. Der jeweilige Blick auf die eigene Geschichte verbindet jeden auf seine Art untrennbar mit diesem Land – und trennt ihn dabei mitunter auf unüberwindbare Weise von seinem Nachbarn und dessen Geschichte. Wer auch immer dieses Land bereist und dabei mit Israelis und Palästinensern spricht, wird schnell feststellen, wie unterschiedlich man dieselben Orte sehen und was man an ihnen empfinden kann.

Doch so sehr diese Geschichten und Gedanken auch auseinanderliegen mögen, so sehr sind alle Beteiligten in ihren Erfahrungen und – ob sie wollen oder nicht – in ihrer Gegenwart und ihrer Zukunft eng miteinander verknüpft. Liegt eine friedliche Lösung des Nahostkonflikts also darin, dass jede Seite beginnt, die Geschichte der anderen zu hören und zu verstehen? Ich fürchte, dass das alleine nicht reichen wird. Zumindest manche der herrschenden Sichtweisen und Absichten sind dafür zu unvereinbar.

Dennoch müssen wir uns genau darum bemühen, diese Geschichten so facettenreich wie möglich zu erfahren und zu erfassen. Unsere Welt ist so klein geworden, dass der Nahe Osten nicht mehr ein exotischer Ort in der Ferne, sondern ein Teil unserer Nachbarschaft ist, dessen Konflikte sich auch auf unseren Straßen und in unseren Köpfen widerspiegeln. Genau genommen können wir uns gar nicht mehr leisten, wenig bis nichts über die Lebensrealität und die Gedankenwelt der Menschen zu wissen, die den Nahen Osten zu dem machen, was er ist.

Dieses Buch wird Ihnen dabei helfen und Sie auf eine Reise mitnehmen, an Orte, in Zeiten und zu Menschen, die das *Gelobte Land* geprägt haben und ausmachen. Begegnungen, Ereignisse, Entscheidungen – ein Mosaik, das sich langsam formt und in dem jedes Steinchen, bei näherer Betrachtung, eine neue Welt voller Komplexität und Widersprüche in sich trägt.

Die Tiefe dieser Komplexität und die Bereitschaft, sich auf sie einzulassen, ist in diesen Tagen ein besonders dringliches Gebot, während viele Beobachter der Ereignisse vor allem schnelle und eindeutige Antworten über den Nahostkonflikt fordern, um ohne größeren Aufwand über Gut und Böse, Recht und Unrecht urteilen zu können und dieses Urteil auch schnell und vehement zu verbreiten.

Gerhard Blaboll hat sich die Zeit genommen, um mit viel Aufmerksamkeit und Liebe für Details nicht nur die bunten Farben, sondern auch die vielen Grautöne dieses konfliktbeladenen Ortes zu schildern. Begleiten Sie ihn auf dieser Reise! Er lädt Sie ein, zu lernen, zu fragen, zu zweifeln, zu lachen, zu weinen und zu denken.

Nikolaus Wildner
Correspondent | Radio and Television
ORF – AUSTRIAN BROADCASTING CORPORATION
Tel Aviv – Yafo

Nikolaus Wildner wurde 1985 in Wien geboren und ist seit 2020 für das ORF-Büro Tel Aviv tätig. Neben seiner Berichterstattung als Korrespondent aus Israel und den Palästinensergebieten hat Nikolaus Wildner für den ORF bisher auch aus Jordanien, dem Libanon, Afghanistan und Zypern berichtet.
Quelle: ORF.at

Gut zu wissen

Geschätzte Leserinnen und Leser, die Sie dieses Buch in der Hand halten: Wir alle kennen die gegenwärtige Situation im Nahen Osten aus täglichen Zeitungs- und Fernsehberichten. Mutige und fach- und sachkundige Korrespondenten wie Susanne Glass oder Nikolaus Wildner halten uns mit Informationen aus dieser umkämpften Region auf dem Laufenden. Kaum jemanden lässt es kalt, was man zu hören und sehen bekommt; viele von uns haben eine Meinung dazu.

Manche dieser Meinungen sind fundiert, manche entspringen lediglich einem Gefühl und manche einer grundsätzlichen Einstellung. Dazu muss man mit den Worten eines ehemaligen Bundeskanzlers sagen: Die Dinge sind kompliziert! Doch gerade in Zeiten, in denen soziale Medien und der Zugang zu verfügbarer Information es ermöglichen, dass Nachrichten mit höchst überschaubarem Wahrheitsgehalt viral gehen, sollte man dem mit Fakten entgegenhalten. Ich mache das hier mit diesen Erzählungen, die durchwegs auf realen Ereignissen beruhen.

Sämtliche der geschilderten Orte habe ich mehrfach bereist und Bibliotheken und Archive in Jerusalem, Tel Aviv, London, Paris, Kairo, New York und Newcastle durchforstet. Die meisten der hier geschilderten Personen der Gegenwart kenne ich persönlich. Deren Geschichten erzähle ich aus ihrer Sicht und aus ihrer Zeit, ohne sie zu werten oder gar mich auf die eine oder andere Seite zu stellen.

Lesen Sie die Erzählungen als spannende Lektüre. Sollten sie Ihnen über den Lesegenuss hinaus die eine oder andere Information geben, die Ihnen hilft, Ihre bisherigen Kenntnisse über den Nahen Osten zu erweitern, freue ich mich. Denn ich bin überzeugt: Wer das Denken, die Sorgen und Wünsche der Menschen in dieser wunderschönen und an Kultur so reichen Weltregion versteht – und nicht nur in dieser –, ist einen Schritt weiter.

Sollte Ihnen der eine oder andere Begriff auf den ersten Blick nicht vertraut sein, schlagen Sie einfach im Glossar am Ende des Buches nach. Zum Leidwesen des Verlags, der deshalb mehr Seiten bedrucken muss als geplant, ist es umfangreicher ausgefallen als ursprünglich beabsichtigt. Falls Sie das Gefühl haben, dass immer noch Begriffe oder Verweise fehlen, seien Sie bitte nachsichtig; es handelt sich schließlich trotz aller Fakten um kein Sachbuch, sondern um Belletristik. Aber auch die kann es ganz schön in sich haben, wie Sie sich überzeugen können.

In diesem Sinne wünsche ich Ihnen spannungsreiche Lesestunden!

Ihr Gerhard Blaboll

2014 03 18 – Fred – Hebron

Frühmorgens warteten Andrea und Ulli in der südlichen Hayarkonstraße von Tel Aviv wie vereinbart vor dem Hostel „Hayarkon 48" auf ihren Reiseleiter. Noch war es kühl, aber die Temperaturen sollten heute bestimmt deutlich ansteigen, sicher weit höher als zuhause in Köln. Dort war es vorgestern ebenfalls ausnehmend warm gewesen, wie Ulli mitbekommen hatte, als ihn seine feiernden Lauffreunde launig aus ihrer Stammkneipe an der Dürener Straße, dem Schwan, angerufen hatten. Nicht so warm wie hier, aber immerhin. Als Andrea während des Telefonats seinen Blick gesehen hatte, hatte sie ihn lachend in die Seite gestoßen: „Du schaust aus, als würdest du jetzt auch lieber im Biergarten sitzen, oder?"

Nein, das hätte er nicht gewollt. Denn das hier kam dem Fastelovend, wie die Kölner den Karneval nannten, schon sehr nahe. Und Ulli war zwar ein gebürtiger Sauerländer, aber ein richtiger Kölscher Jeck, ein Karnevalsnarr. Das hier, das war der Purim-Umzug, für den Cholon bekannt war. Sie beide waren die Einzigen ohne Verkleidung gewesen. Auf der Straße waren tausende Menschen in farbenfrohen Kostümen vorbeigezogen, einige einzeln, die meisten jedoch in Gruppen oder gar auf Umzugswagen: Clowns, brasilianische Sambatänzerinnen, Musiker mit weit ausladenden Sombreros, riesige T-Rex-Saurier, Barbie-Puppen, Krokodile … der Fantasie waren keine Grenzen gesetzt. Um nicht ganz aus der Reihe zu tanzen, hatte Ulli an einem Kiosk schnell für sich und Andrea Augenmasken und bunte Hüte gekauft. So hatten sie sich unter das fröhliche Getümmel aus Zuckerwatte, lauten Tröten, blumengeschmückten Autos und lachenden und singenden Menschen gemischt und einen Konfettiregen genossen, wie sie ihn nur aus dem Fernsehen gekannt hatten, wenn in den USA der Unabhängigkeitstag gefeiert wurde. Für Ullis Geschmack hatte nur noch gefehlt, dass die Leute wie in Köln ‚Alaaf!‘ gerufen hätten.

Auf einen ebenso vergnüglichen Tag freuten sie sich nun auch, als sie vor dem Treffpunkt unter der Tafel ‚Green Olive Tours‘ warteten. Sicherheitshalber waren sie früher vom Hotel weggegangen. Nun vertrieben sie sich die Wartezeit mit Erinnerungen an den Purim-Umzug.

Da sprach sie ein kleiner Mann in Strickweste und flacher Wollkappe an. Sein fröhlich gestutzter Schnurrbart passte gut zu seinen lachenden Augen. „Sind Sie Ulli und Andrea aus Deutschland?"

„Ja, das sind wir. Sie sind unser Reiseleiter?"

„Stimmt genau. Ich heiße Fred. Und ich spreche deutsch, wie Sie sehen. Ich habe nämlich lange in Düsseldorf gelebt."

„Ist ja nicht schlimm", antwortete Ulli reflexartig auf die Rivalität zwischen den beiden benachbarten Städten am Rhein Bezug nehmend. „Dort sollen ja mitunter ganz nette Menschen wohnen. Bloß das Bier in Düsseldorf ..."

Andrea, im Gegensatz zu Ulli gebürtige Kölnerin, stieß ihn wieder lachend in die Seite, wie das so ihre Art war: „Du mit deinem Kölsch! Es gibt auch anderswo gutes Bier!"

„Trinkbar ist am Rhein überhaupt nur das Alt!", mischte sich Fred ein und zeigte, dass er wirklich längere Zeit in Düsseldorf gelebt hatte. „Dagegen ist das Kölsch ... schon alleine die Farbe ... ich will ja nicht sagen, wie das aussieht, doch ... jedenfalls ziemlich dünn."

„Na, na, na! Weshalb das Altbier so dunkel ist, ist angesichts der Richtung, in die der Rhein unterhalb von Köln nach Düsseldorf fließt, hoffentlich aber klar, oder?", stänkerte Ulli zurück.

„Oh, ich sehe schon, ihr werdet euch gut verstehen", überließ Andrea die Diskussion den Bierexperten. „Warten wir noch auf jemanden?"

„Nein, wir sind nur zu dritt", wurde Fred wieder sachlich. „Wir können gleich los, wenn Sie bereit sind. Das Auto parkt hier um die Ecke. Ihre Reisepässe haben Sie mit?"

„Ja, natürlich."

„Die brauchen wir, denn wir fahren nach Palästina. An der Grenze bei Bethlehem wird kontrolliert. Aber das wissen Sie ohnehin."

Rasch nahmen sie im Wagen Platz, Fred am Steuer, Andrea und Ulli hinten. Noch hatte der allmorgendliche Verkehrsstau in Tel Aviv nicht begonnen. Relativ schnell kamen sie aus der Stadt und erreichten die Autobahn in Richtung Jerusalem.

„Sagen Sie, Fred, wir waren vorgestern bei einem Purim-Fest. Ich habe gar nicht gewusst, dass man in Israel auch Karneval feiert."

„Vielleicht schaut es für Sie ähnlich aus, doch das ist etwas ganz anderes. Purim feiern die Israelis schon seit zweieinhalbtausend Jahren?"

„Echt? Mit Verkleidungen und Umzug und so?"

„Mehr oder weniger ja. Es ist zwar ein ausgelassenes Fest, ähnlich dem Karneval, hat aber historische und auch religiöse Bedeutung."

„Ach so, deshalb!", schlug sich Ulli auf die Stirn. „Da waren auch eine Menge orthodoxer Juden in Kaftanen mit breiten Pelzhüten. Die haben lustige Masken und bunte Brillen aufgehabt und waren ausgelassen und fröhlich. Ich habe mich schon gewundert, denn normalerweise sieht man die ja immer nur ganz ernst dreinschauen, aber nicht tanzen."

„Außer im Kino", warf Andrea ein. „Die Abenteuer des Rabbi Jacob!"

„Stimmt, der mit Louis de Funès! Der Film war wirklich lustig", erinnerte sich Ulli.

Fred kannte den Film nicht. Deshalb ging er nicht darauf ein, sondern erklärte: „Das Fest erinnert daran, dass die Juden vor zweieinhalbtausend Jahren wieder einmal in der Diaspora gelebt haben, und zwar in Persien. Haman, ein hoher Beamter, wollte alle Juden ermorden lassen und den Tag des Gemetzels durch ein Los bestimmen. Das Los heißt auf Hebräisch ‚pur‘, deshalb heißt das Fest ‚Purim‘.“

„Und dieser geplante Pogrom ist aber nicht geglückt, nehme ich an?“

„So ist die Überlieferung. Eine gewisse Esther hat den Plan durchkreuzt und die Juden haben gerade noch rechtzeitig die persischen Beamten umgebracht. So steht es im Buch Esther. Und das feiern die Israelis eben.“

„Das klingt nicht so, als würden Sie sich zugehörig fühlen?“

„Ich bin zwar Israeli, aber Kommunist und natürlich Atheist. Mit der Thora und dem Talmud habe ich nichts am Hut.“

„Äh … sind Sie nicht der Chef von ‚Green Olive Tours‘?“

„Ja. Warum?“

„Meist sind doch die Unternehmer Kapitalisten, keine Kommunisten. Zumindest kenne ich das so aus Deutschland. Also, unter meinen Rechtsanwaltskollegen zum Beispiel, da könnte ich mir niemanden vorstellen, der Kommunist wäre.“

„Das ist aber falsch gedacht. Gerade als Unternehmer muss man Kommunist sein. Denn nur wenn es allen Menschen gut geht, kann eine Firma überleben.“

Andrea hielt Ulli mit ihrer bewährten Ellbogen-in-die-Seite-stoßen-Technik davor zurück, das Thema weiter zu vertiefen.

Kurz vor Jerusalem nahmen sie zuerst eine Umfahrung und danach eine steil abwärts führende Straße. An deren Ende ließen mehrere mächtige Betonsperren nur eine Fahrspur frei. Dort standen einige mit Pistolen bewaffnete Uniformierte, denen sie die Reisepässe übergaben. Hinter ihnen beobachteten zwei junge Zivilisten mit Klemmbrettern die Szene und machten sich Notizen. Ihre T-Shirts wiesen sie als Mitarbeiter einer europäischen NGO aus.

14

Einer der Soldaten grüßte auf Hebräisch ins Wageninnere: „Boker-tov!"

Andrea und Ulli reagierten spontan, stolz auf das bisher Erlernte: „Boker-tov!"

Der Beamte lächelte und gab Fred die Pässe zurück. Mit einem Kopfdeuten zur zweiten Wagenreihe fragte er etwas auf Arabisch. Fred antwortete in derselben Sprache, worauf die Straße freigegeben wurde.

„Der wollte wissen, ob Sie vielleicht außer dem deutschen auch einen israelischen Pass haben."

„Haben wir nicht. Wieso interessiert ihn das denn?"

„Dann hätten Sie nicht einreisen dürfen. Aber er hat an Ihrem Akzent ohnehin erkannt, dass Sie keine Israelis sind. Die sind hier nämlich nur ausnahmsweise willkommen. Über Touristen freuen sie sich jedoch."

„Und Sie sind so ein Ausnahmefall?"

„Ja, mich kennen sie. Sie wissen, ich bin kein radikaler Siedler und auch kein Waffenschmuggler, sondern ein friedliebender Mensch, der jedermann Respekt entgegenbringt. Die Palästinenser hier können gar nicht vorsichtig genug sein. Die Extremisten unter den Juden kommen auf die verrücktesten Ideen. Kaum eine Woche vergeht, in der nicht ein Palästinenser von einem Siedler angeschossen oder umgebracht wird. Oft sind die Opfer sogar Kinder, die bloß ein paar Steine geworfen haben."

Andrea und Ulli schauten einander beklommen schweigend an. Das Lachen war ihnen vergangen. Dass Fred ihnen auf der weiteren Fahrt nach Hebron eine Menge über die Geschichte, die Landschaft und die Problematik zwischen Palästinensern und Israelis erzählte, hörten sie zwar, nahmen es aber inhaltlich nicht auf.

Eine halbe Stunde lang fuhren sie auf schmalen Landstraßen durch eine Gegend, die sie nicht besonders attraktiv empfanden. Auf beiden Seiten der Straße lagen Felder, die mehr aus Steinen als aus Erde bestanden. Das in vereinzelten Büscheln wachsende bräunlich-grüne Gras kam kaum wo über fünf Zentimeter Höhe hinaus. Da und dort knabberten ein paar dünne Ziegen an stacheligen Büschen, meist beaufsichtigt von gerade einmal zehnjährigen Buben mit einer biegsamen Gerte in der Hand.

Mitten im Nirgendwo passierten sie einen dreihundert Meter langen terrassenförmigen Hügel hinter einem stabilen gelben Metallzaun. Dahinter stützten Steinmauern die Erde der jeweils darüber befindlichen Terrasse, sodass auf den so entstandenen Ebenen etwas angebaut werden konnte. Oberhalb standen einfache Häuser mit Flachdach, einstöckig, weiß getüncht und sichtlich ohne besonderen Komfort. Entlang von Stromleitungen führte ein schmaler steil ansteigender Asphaltweg zu ihnen.

„Das ist eine der jüdischen Siedlungen im Palästinensergebiet", klärte Fred sie auf.

„Da müsste man ja wunderbar Marathon laufen können", deutete Ulli begeistert auf die ebene, gewundene Straße zwischen den Hügeln vor ihnen. „Gibt es denn hier einen Lauf?"

„Ja, im Frühjahr", war Fred stolz, auch dazu etwas sagen zu können, „da ist es noch nicht so heiß. Start und Ziel sind in Bethlehem. Aber es gibt auch kürzere Strecken, wenn man keine zweiundvierzig Kilometer laufen will", blickte er sich zu Andrea um.

„Nein, danke", antwortete diese schnell, um Ulli das Nachdenken zu diesem Thema zu ersparen. „Das ist mir auf jeden Fall zu sehr bergauf, bergab."

„Es sind nur einige Kilometer etwas steiler", versuchte Fred die potentiellen Sporttouristen bei der Stange zu halten.

Andrea blieb dabei: „Kommt nicht in Frage. Und du", wandte sie sich an ihren Mann, „solltest bei einem so hügeligen Gelände an deine Knie denken. Die tun dir ohnehin jetzt schon weh, wenn du im Kölner Stadtwald deine Runden drehst! Dabei ist die höchste Erhebung dort keine fünf Meter hoch!"

„Na ja, du hast eh recht", legte Ulli seiner Frau beruhigend die Hand auf den Oberschenkel. „Muss nicht sein. Et es, wie et es."

Einige Minuten später erreichten sie Hebron. An einer Straßensperre aus Betonblöcken wurden sie von einer israelischen Militärpatrouille kontrolliert – vier junge Soldaten in tarngrünen Feldanzügen mit schweren kugelsicheren Brustschutzen, Maschinenpistolen und weiterer Ausrüstung in schweren umgehängten Rucksäcken. Auch hinter ihnen beobachteten zwei junge NGO-Mitarbeiter die Szene und notierten etwas in eine vorgedruckte Tabelle.

„Das waren doch aber jetzt keine palästinensischen Polizisten?", deutete Ulli auf die Soldaten.

Fred antwortete: „Nein, das waren Israelis."

„Was tun die denn hier in Hebron?"

„Sie haben sicher von den illegalen Siedlungen gehört?"

„Ja, klar. Jüdische Extremisten errichten die im Westjordanland irgendwo in unbewohnten Gebieten."

„So eine haben wir vorhin gerade gesehen, Sie wissen schon, bei den Terrassen. Genaugenommen ist es aber so, dass die israelische Regierung diese Siedlungen plant und errichtet, eine Mauer um sie aufzieht und den Ultraorthodoxen erlaubt, dort zehn Jahre gratis zu wohnen. In der Zeit müssen sie keine Gebühren oder Abgaben für die Häuser bezahlen, ja nicht einmal Einkommenssteuer!"

„Wie? Zehn Jahre gratis wohnen? Das bedeutet doch, die Siedlungen werden vom Staat Israel gefördert und sogar noch subventioniert?"

„Ganz genau. Und weil es dort im Nirgendwo natürlich keinen Strom gibt, kein Wasser und sonstige Infrastruktur, wird das alles aus Jerusalem dorthin geleitet."

„Und wer zahlt das?"

„Der Staat Israel selbstverständlich."

„Wahnsinn! Sagen Sie, wovon leben die Menschen denn dort? Von der Landwirtschaft?"

„Nur wenige, denn so viel nutzbare Fläche ist bei den Siedlungen meist auch nicht vorhanden. Sie haben ja selbst gesehen: Hier wachsen mehr Steine als sonst etwas. Daher pendeln die, die wollen, nach Jerusalem oder Tel Aviv zum Arbeiten. Und die anderen, die arbeiten ohnehin nicht."

„Pensionisten?"

„Aber nein! Was glauben Sie denn, welche Juden heutzutage im Westjordanland mitten unter Feinden leben möchten? Das sind entweder Menschen, die sich das Leben in Jerusalem nicht leisten können oder Extremisten, die sich hier ansiedeln, um die Palästinenser zu vertreiben oder zumindest zu provozieren. Die meisten dieser Fundamentalisten sind Orthodoxe und weigern sich, zu arbeiten."

„Versteh ich nicht. Das sind doch die mit den großen Familien. Die arbeiten nicht?"

„Die meisten von ihnen. Sie bekommen staatliche Unterstützung, bezahlen keine Steuern und fahren auf gesicherten Straßen zwischen Jerusalem und ihrer Siedlung, die nur sie benützen dürfen. Und das Asozialste überhaupt: Sie leisten nicht einmal den Militärdienst, den ansonsten alle erbringen müssen – Männer knapp drei Jahre, Frauen zwei Jahre. Das gilt für alle bis auf die Ultraorthodoxen. Und natürlich die, die sich als solche ausgeben, um dem Militär zu entkommen."

„Mit welcher Begründung?"

„Sie sagen, sie studieren den Talmud und sie beten. Das ist ihr Beitrag für das Land."

„Klingt irgendwie schräg!"

„Leider wahr! Das ist auch unser Problem in Israel, denn die Orthodoxen werden im Verhältnis zur anderen Bevölkerung immer mehr und mehr! Während bei uns die meisten Familien ein, zwei Kinder haben, sind bei denen acht oder zehn Kinder ganz normal. Warten Sie ab: In zwanzig Jahren haben die die absolute Mehrheit im Parlament. Dann wird es hier mit den Palästinensern jeden Tag Zusammenstöße geben! Und damit nicht genug! Um die

Sicherheit dieser Siedler zu gewährleisten, muss das israelische Militär sie auch noch bewachen."

„Das klingt nicht nach guten Aussichten für ein friedliches Zusammenleben! Und diese Militärkontrolle eben, was tut die da? Hier ist weit und breit keine Siedlung. Wir sind hier doch schon in Hebron, oder?"

„Ja, das sind wir. Aber sogar hier, mitten in der Stadt, gibt es Siedler. Die Juden, die seit dem Mittelalter einträchtig hier gelebt haben, waren kein Problem. Seit dem Goldstein-Massaker ist jedoch alles anders."

„Was für ein Massaker?"

„Das Goldstein-Massaker vor zwanzig Jahren. Ich erzähle es Ihnen dann oben, bei der Höhle der Patriarchen."

„Ok. Und was ist seit damals alles anders?"

„Das ist so: In Hebron leben um die zweihunderttausend Menschen. Achthundertfünfzig von ihnen sind keine alteingesessenen Juden, sondern Siedler, die sich hier in der Altstadt niedergelassen haben, bloß um die Palästinenser zu provozieren. Großräumig um ihre Straßen herum werden sie rund um die Uhr von sechshundertfünfzig Soldaten bewacht. Verrückt, oder? Sechshundertfünfzig unserer jungen Männer bewachen achthundertfünfzig Provokateure!"

„Ja, schon."

„Mittlerweile ist Hebron offiziell geteilt. ‚H1' heißt der palästinensische Teil, ‚H2' der jüdische. Die paar palästinensischen Familien, die von früher her in H2 leben, haben ihre Fenster vergittern müssen, um sich vor den Steinwürfen der Siedler zu schützen. Aber die meisten haben ihre Häuser und Wohnungen aufgegeben. Die Altstadt ist heute eine einzige Geisterstadt. Fast alle Märkte sind geschlossen, Straßen komplett abgesperrt oder gar zugemauert, die Armee hat Wachtürme und Beton-Blockaden errichtet, viele Türen sind einfach zugeschweißt."

„Das kann doch keinen Spaß machen, hier zu leben!", war Andrea nun entsetzt.

„Sicher nicht. Aber die Siedler sehen sich als Helden, als Pioniere, die das Westjordanland von den Palästinensern säubern wollen."

„Das klingt wie etwas, das wir in Deutschland vor siebzig Jahren so ähnlich erlebt haben, nur umgekehrt."

Fred biss die Lippen zusammen und zuckte resigniert mit den Schultern. Von der Fröhlichkeit, die seine Augen noch in Tel Aviv ausgestrahlt hatten, war nichts mehr zu sehen.

Sie stellten das Fahrzeug auf einem kleinen Parkplatz hinter dem Checkpoint ab und gingen zu Fuß weiter. Von einer Hauswand grüßte ein riesiges Mosaik, das Arafat neben dem Logo einer Organisation namens ‚Hebron Rehabilitation Committee' zeigte.

„Wer wird da rehabilitiert?", erkundigte sich Ulli.

Fred sah ihn fragend an, dann verstand er und lachte: „Niemand. Rehabilitation Committee bedeutet nur so etwas wie Stadtrenovierungsgremium. Im Wesentlichen bauen sie die Häuser, die von israelischen Granaten zerstört wurden, wieder auf. Sie sehen, da gleich links, da wird gearbeitet."

Arbeiten sahen Ulli und Andrea niemanden, aber immerhin ein Gerüst an einer demolierten Hausmauer. Entlang der nun enger werdenden Straßen standen beidseitig Häuser aus grob behauenem Kalkstein. Die einzigen Farbtupfen bildeten die kräftig grün gestrichenen Fensterrahmen und die darin verankerten Fenstergitter. Sie erreichten den Souk. Von den etwa zwanzig Geschäften, die der erste Blick freigab, saßen nur vor dreien tatsächlich Händler, ältere Araber in braunen Hosen, Hemd, Weste und Sakko und einer weißen bestickten Mütze. Die anderen Läden waren mit hohen grünen Blechtoren verschlossen, die offenbar schon lange nicht mehr geöffnet worden waren.

Auf einem kleinen runden Metallofen bot ein Verkäufer auf einer großen Aluminiumtasse eine dampfende, offensichtlich süße orangefarbene Spezialität an. Gleichzeitig roch es verführerisch nach Kaffee.

„Das ist Knefeh", nahm Fred Ullis Frage vorweg. „Köstlich! Wollen Sie es probieren?"

Und ob Ulli das wollte!

Der Verkäufer schnitt eine Portion ab und reichte sie ihm mit einer Gabel auf einem kleinen Teller. Ulli versuchte herauszufinden, was er gerade bekommen hatte. Fred half wieder aus:

„Knefeh ist in der ganzen Levante sehr beliebt, von der Türkei bis Saudi-Arabien. Die obere Schicht ist Engelshaar, ein hauchdünner Nudelteig. Darunter befindet sich geschmolzener Ziegenkäse. Und damit das Ganze auch so richtig süß schmeckt, wird es mit Zuckersirup übergossen. Fein, nicht wahr?"

„Sehr!", mampfte Ulli mit vollem Mund. „Aber heiß!"

„Das ist, weil es völlig frisch ist. Die hier sind gut. Hebron ist ein erstklassiger Ort für Knefeh. Auch Nazareth ist dafür bekannt. Doch die Besten kommen aus Nablus."

„Noch besser?", fragte Ulli mit großen Augen.

„Die meisten sagen, ja."

Sie folgten dem Weg durch den Souk. Jetzt erst fiel ihnen auf, dass die gesamte Straße von einem Drahtnetz überdacht war, in dem jede Menge Gegenstände lagen.

„Was ist das denn?", fragte Andrea.

„Hebron ist ja sehr hügelig, wie Sie gesehen haben. Die Häuser hier rechts haben den straßenseitigen Eingang zwei Stockwerke höher auf der anderen Seite. Da leben die Siedler, von denen ich Ihnen erzählt habe. Die werfen immer wieder ihren Abfall durchs Fenster auf die Straße, die durch den Souk führt. Um sich dagegen zu schützen, haben die Palästinenser diese Netze aufgespannt."

Andrea verdrehte wortlos die Augen, Ulli schüttelte fassungslos den Kopf.

Nach einigen Minuten hatten sie eine zweieinhalb Meter dicke und enorm hohe, gut sechzig Meter lange Mauer erreicht. Oben entlanglaufende Zinnen machten sie wehrhaft. An einer Ecke war ein schlankes Minarett zu sehen. Sie traten durch das Tor und hielten am Eingang des dahinter befindlichen Gebäudes. Fred begann mit seiner Erklärung: „Wir sind jetzt am Höhepunkt der Tour. Hier gibt es Gutes und Entsetzliches zu erfahren."

„Bitte das Gute!", brach es spontan aus Andrea heraus.

„Gerne. Also, hier ist der Grund, weshalb Hebron für Juden, Araber und Christen eine heilige Stadt ist. Haben Sie schon von den biblischen Stammvätern gehört?" Als er keine Antwort bekam, fuhr er fort: „Der Erste, der im Talmud und im Koran und in der Bibel genannt wird, ist Adam."

Kopfnicken zeigte, dass Andrea und Ulli nun seine vorige Frage verstanden hatten.

„Die nächste wichtige Person ist Noach, Sie wissen schon, der mit der Arche und der Sintflut."

Die beiden nickten wieder brav.

„Der hatte drei Söhne, Sem, Ham und Japhet. Und der Enkel des Sem war ein gewisser Abraham. Von dem haben Sie auch schon gehört, nicht wahr?"

„Ja, natürlich."

„Er liegt hier symbolisch begraben, ebenso seine Frau, Sara. Der Überlieferung nach konnte sie keine Kinder bekommen, weshalb sie ihren Mann aufforderte, mit ihrer Dienerin Hagar einen Sohn zu zeugen, Ismael. Als der ein Kleinkind war, wurde auch Sara plötzlich schwanger, obwohl sie damals schon sehr, sehr alt war. Es heißt, sie war siebzig oder achtzig. Egal. Der Sohn jedenfalls, den sie geboren hat, war Isaak. Das ist der, mit dem Gott Abraham und seinen Glauben prüfen wollte. Sie kennen die Geschichte? Gott hat ihn aufgefordert, Isaak als Beweis seiner Gottesfurcht zu opfern. Als Abraham das tatsächlich wollte, hat Gott aber gesagt, er solle Isaak leben lassen und stattdessen ein Lamm töten. Wie immer man diese Überlieferung beurteilen mag: Sie gilt heute unter den Wissenschaftlern historisch als Begründung, weshalb man von Menschenopfern, die bis dahin gebräuchlich waren, abkommen sollte. Na ja, sei's, wie es sei. Der Sohn von Hagar jedenfalls, von Saras Dienerin, war Ismael. Von ihm stammen, so heißt es, die Araber ab."

Ulli und Andrea nickten brav. Fred wollte aber sichergehen, dass sie alles verstanden hatten:

„Wer war also der Großvater von Abraham?"

„Noach?"

„Nein, der war der Urgroßvater. Der Großvater war Sem. Fällt Ihnen bei diesem Namen etwas auf?"

„Hmm ..."

„Die Nachkommen von Sem sind die – Semiten! Also sind sowohl Juden als auch Araber Semiten, weil alle sind sie ja Abkömmlinge von Abraham."

„Ich dachte immer, Semiten sind die Juden. Antisemitismus heißt doch Judenfeindlichkeit. Bei Ihnen nicht?"

„Das versteht man häufig so, ist aber dennoch falsch. Wie gesagt, ich bin ja Atheist und Kommunist. Nichtsdestoweniger finde ich es interessant, denn eigentlich sind Araber und Juden demnach Brudervölker."

„... die sich gegenseitig bekriegen", ergänzte Ulli.

„Genau, die sich gegenseitig bekriegen. Und damit kommen wir zum Entsetzlichen, das ich Ihnen vorhin angekündigt habe. Aber zuerst gehen wir hinein."

Sie traten durch das Tor und schlüpften aus ihren Schuhen. Die stellten sie in ein Holzregal beim Eingang. Eine ältere Frau streifte Andrea einen leichten langen Baumwollumhang über, der sie von Kopf bis zu den Füßen umhüllte. Auf einem rot gemusterten Teppichboden kamen sie in eine kleine Halle. Wuchtige viereckige Marmorsäulen, mit breiten Spitzbögen verbunden, trugen die hohe Decke, von der beeindruckende Leuchter herunterhingen. Wunderschöne vielfarbige Deckenfriese mit orientalischen Mustern betonten die imposante Architektur. Als sie um die Ecke kamen und einen Schrein mit einem riesigen Sarkophag sahen, der mit einem grünen, über und über goldbestickten Tuch bedeckt war, hielt Fred an.

„Das hier ist das Grab von Abraham. Daneben ist seine Frau Sara begraben. Und gegenüber ihr Sohn Isaak mit seiner Frau Rebekka und dort drüben Jakob. Aber in Wirklichkeit liegt da niemand, das sind sogenannte Kenotaphe."

„Leergräber", wusste Ulli Bescheid.

„Genau, Leergräber. Frauen gehen jetzt dort links", instruierte Fred Andrea, „Männer rechts. Wir treffen danach wieder zusammen."

Die Kenotaphe waren umringt von Opfergaben: Blumen, Münzen, Kerzenhalter, bestickte Tücher, ja sogar Bonbons und Kaugummipackungen. Auf Ullis Seite knieten Männer in Reihen nebeneinander und beteten, während auf Andreas Seite Frauen jammerten, weinten und klagten. Warum? Weil Abraham und Sara vor viertausend Jahren verstorben waren?

Sie verließen den Saal durch ein kleines Marmortor. Gleich dahinter hielt Fred an.

„Haben Sie gesehen, wie die Menschen hier geweint haben?"

„Ja, natürlich. Wegen Abraham?"

„Nein, wegen Baruch Goldstein."

„Ach, ist das der mit dem Massaker, das Sie vorher erwähnt haben?"

„Richtig! Ziemlich genau heute vor zwanzig Jahren war gerade Purim. Zur selben Zeit war auch Ramadan, der arabische Fastenmonat, in dem die täglichen fünf Gebete besonders streng eingehalten werden. In der Siedlung Kirjat Arba, die wir dann gleich außerhalb von Hebron sehen werden, hat ein israelischer Militärarzt aus New York gelebt. Der war Major in der Armee und ein blindgläubiger Extremist. Sie müssen sich vorstellen, der war so verblendet, der hat sich sogar geweigert, palästinensische Patienten zu behandeln! So ein Idiot! Der ist also damals vor Sonnenaufgang in Uniform und mit einem Sturmgewehr und mehreren vollen Magazinen hierhergekommen, als gerade das Morgengebet der Moslems stattfand. Sie haben ja gesehen – die Gläubigen knien in Reihen vor dem Sarg; im Ramadan zu den Gebetszeiten sind es natürlich noch viel mehr. Dieser Goldstein ist bei den Wachen vorbeimarschiert und hat sich hinter die Betenden gestellt, zu der Wand dort drüben. Dann hat er sein Gewehr gezogen und in die Menge der Knienden geschossen! Neunundzwanzig hat er ermordet, über einhundertfünfzig verletzt, darunter unzählige Kinder! Die jungen israelischen Wachsoldaten, die ihren Militärdienst abgeleistet haben, sind einfach danebengestanden und haben zugesehen. Er war ja schließlich in seiner Majorsuniform und sie haben geglaubt, sie dürften nicht eingreifen oder gar auf ihn, einen Juden, schießen! Kann man sich das vorstellen?"

Andrea und Ulli sahen entsetzt auf den sich immer mehr echauffierenden Fred. Der fuhr fort:

„Erst als ihm die Munition ausgegangen ist, nach vier vollen Ersatzmagazinen, haben es die Betenden geschafft, sich auf ihn zu stürzen. Sie haben ihn mit einem Feuerlöscher erschlagen, diesen feigen Hund! Und seitdem ist hier in Hebron alles anders! Es hat noch am selben Tag schwere Ausschreitungen gegeben, jede Menge Palästinenser und Israelis sind dabei getötet worden. Der Ministerpräsident Rabin, der Friedensnobelpreisträger, hat die Tat als abscheulich verurteilt und damit den geistigen Grundstein für seine eigene Ermordung gelegt. Zumindest hat sich sein Mörder darauf berufen. Und Hebron wurde in H1 und H2 geteilt. Das Ergebnis haben Sie ja gesehen."

„Was für ein Verrückter! Wenigstens ist er nicht in einem Gefängnis gelandet. Wer weiß, was der gemacht hätte, wenn er wieder freigekommen wäre."

„Glauben Sie nicht, dass er hier der einzige Wahnsinnige ist! So etwas kann jederzeit wieder geschehen. Bei vielen gilt er als Märtyrer, ja sogar als Heiliger! Aus seiner Siedlung kommen jedes Jahr Anhänger hierher, und genauso Mitglieder der Kach-Partei, auch wenn die mittlerweile offiziell verboten ist. Manche reisen bewusst verkleidet an, weil sie das Attentat mit Purim verbinden. So verehren sie ihn hier, feiern und beten zu seinem Andenken!"

„Und niemand unternimmt etwas dagegen?"

„Es gibt in Israel heute genügend rechte Parteien, die solche Umtriebe heimlich oder gar offen unterstützen. Und glauben Sie mir, unter denen leiden wir alle am meisten. Wir Israelis würden auch lieber in Ruhe und Frieden leben, ohne Angst vor Attentaten, ohne ständige Bedrohungen und gegenseitige Sabotagen. Aber wie soll das möglich sein, bei solchen Verrückten im eigenen Volk?"

„Bei uns heißt es: Wehret den Anfängen. Wir in Deutschland haben unsere Lektion gelernt."

Andrea mischte sich korrigierend ein: „Nicht alle, fürchte ich. Denk doch nur …"

„Ja", räumte Ulli ein, „stimmt. Auch bei uns sind in den letzten Jahren politische Wirrköpfe am Werk. Ich hoffe, wir bekommen die in den Griff."

„Solche Menschen gibt es leider überall. Und deshalb bin ich Atheist und Kommunist. Der Friede auf der Welt beginnt in der eigenen Nachbarschaft."

2015 03 13 – Abdul – Or HaNer

Diese Kontrollen an der Grenze zwischen Gaza und Israel waren irgendwie lästig und unangenehm zugleich. Meistens waren sie in einer Viertelstunde erledigt. Manchmal aber musste Abdul wie die anderen gut zweihundert Taglöhner drei Stunden oder mehr warten, bis ihm die israelischen Soldaten am Check Point Erez erlaubten, zur Arbeit zu fahren. Lästig war natürlich das Warten an sich, das Warten, ohne dass man sehen konnte, weshalb man überhaupt zu warten hatte. Wirklich unangenehm war aber die zeitliche Unabwägbarkeit. Hätte die Kontrolle jeden Tag drei Stunden gedauert, hätte Abdul zwar in sich hineingeflucht, sich jedoch mit der Situation abgefunden. Er hätte sein Moped abgestellt und es sich neben dem Grenzzaun gemütlich gemacht, vielleicht noch eine Runde geschlafen. So aber musste er bei seiner Zündapp vor dem Grenzhäuschen stehen bleiben und warten, ob sich drinnen etwas tat. Man konnte jederzeit aufgerufen werden, und wenn man dann nicht innerhalb weniger Sekunden antwortete, war die Einreiseerlaubnis für den heutigen Tag auch schon wieder Vergangenheit. Und das zog eben das wirklich Unangenehme nach sich:

Die Ernte im Kibbuz begann um sieben Uhr. Pünktlich. Wer nicht rechtzeitig da war, hatte Pech, denn nur die Ersten bekamen Arbeit, die anderen konnten wieder umdrehen. Selbst, wenn alle Taglöhner wie Abdul später kamen und die Kibbuzleute keine Erntehelfer hatten, die die Arbeit in den Zitrusplantagen erledigten, änderte das nichts: Zu spät war zu spät. Die Rechtfertigung, dass die Kontrollen lange gedauert hatten, interessierte in Or HaNer niemanden. Aus diesem Grund fuhr Abdul jeden Tag um halb vier Uhr früh aus Gaza los. Die Fahrtstrecke selbst nahm eine halbe Stunde in Anspruch. Der Rest der Zeit war ein Puffer für den Fall einer zeitraubenden Grenzkontrolle. Dauerte die lange, betete er darum, noch rechtzeitig auf der Plantage zu sein und Arbeit zu bekommen. War die schnell erledigt, setzte er sich um viertel fünf vor das geschlossene gelbe Stahltor und wartete dort, bis es um halb sieben geöffnet wurde. Warten war somit Teil seines Berufs geworden, entweder hier oder dort.

Den anderen, die wie er zur Arbeit fuhren, erging es ähnlich, obwohl man sagen musste: Abdul hatte Glück, in einem der Kibbuzim direkt neben dem Gazastreifen arbeiten zu dürfen. Das galt natürlich auch für jene, die in Sderot in einer Fabrik arbeiteten. Wobei, die bekamen höchstens Ärger mit dem Chef, wenn sie nicht rechtzeitig da waren, denn sie hatten im Gegensatz zu den Taglöhnern richtige Anstellungen, bei denen Pünktlichkeit gefordert wurde. Viele aber hatten nach der Kontrolle am Check Point Erez noch einen weiten Weg, nach Ashkelon, zum Beispiel, nach Ashdod oder gar nach Tel Aviv. Hatte dort bereits der morgendliche Berufsverkehr eingesetzt, war jede Pünktlichkeit spätestens dann reine Glückssache. Wie gesagt, es war lästig und unangenehm.

Dabei musste man sagen: Die Soldaten, die ihn ja mittlerweile nicht erst seit gestern gut kannten, waren ihm gegenüber nicht unfreundlich. Sie erkannten ihn schon, wenn sie das Rattern seiner Zündapp hörten. Immerhin, die war Jahrgang 1982, also so etwas wie ein Oldtimer. Hundertmal repariert, mehrfach entrostet und neu gestrichen, doch immer noch gut in Schuss. Manchmal plauderten die Soldaten ein wenig mit ihm, und ab und zu schenkte er ihnen am Rückweg eine Orange oder eine Grapefruit, die er selbst vorhin bekommen hatte. An ihnen lag es auch nicht, dass die Abwicklung der Formalitäten so willkürlich erschien. Aber sie mussten nach Eingabe seiner Daten in den Computer jedes Mal auf die Freigabe warten, und wo die herkam, hatte Abdul trotz all der Jahre, in denen er hier vorbeigekommen war, nie herausgefunden.

Heute war die Kontrolle recht zügig verlaufen. Der Motor seiner Zündapp sprang beim ersten Startversuch schon an, wie Abdul stolz registrierte, und er fuhr auf der schmalen Landstraße nach Norden. Nur wenige Kilometer, dann war Yad Mordechai erreicht und er bog rechts ab in Richtung Sderot. Die vierspurige, in der Mitte geteilte Straße war noch völlig leer; nur weit vorne leuchtete das Rücklicht eines anderen Zweirads. Drei Minuten später nahm er die Ausfahrt und fuhr einen engen asphaltierten Weg zwischen Feldern und einem kleinen Wald entlang. Nach zwei Kilometern sah er schon den massiven gelben Stahlzaun, der rund um den Kibbuz Or HaNer führte. Am Schiebetor schaltete er die Zündung aus, stellte das Moped an den Straßenrand und legte sich wie üblich auf einer Böschung ins Gras, um zu warten. Es war knapp nach halb fünf, also hatte er gute zwei Stunden, bis ihn die Kibbuzleute abholten.

Fatima schlief jetzt wahrscheinlich noch. Und Nadim und Amara auch. Die konnten noch lange träumen, bevor sie aufstanden, um zur Schule zu gehen. Die beiden waren so tüchtig! In sämtlichen drei bisherigen Schuljahren waren sie immer unter den Klassenbesten gewesen. Das lag sicherlich daran, dass Fatima mit ihnen regelmäßig lernte und sie alle zusammen viel unternahmen. In eineinhalb Stunden würde Fatima für sie das Frühstück machen und, sobald die Großen weg waren, einkaufen und sich ums Haus kümmern. Und um die kleine Aliya natürlich. Sie war Abduls ganz besonderer Liebling, auch wenn er das den anderen gegenüber nie zugeben würde. Unglaublich – sie würde nächstes Jahr schon in die Schule kommen! Wie doch die Zeit vergeht! War das nicht erst gestern gewesen, dass Fatima sie unter großen Risiken deutlich zu früh geboren hatte und beide beinahe bei der Geburt gestorben wären? Allah hatte sie beschützt; die Ärzte hatten ihm selbst am Tag danach immer noch nicht viel Hoffnung gemacht. Erst nach sechs Wochen hatten sie nach Hause gedurft. Das waren die längsten sechs Wochen seines Lebens! Er war in ständiger Sorge um seine Frau und die jüngste Tochter gewesen. Wann immer jemand von der Straße her seinen Namen gerufen hatte, war er erschrocken zusammengezuckt, weil er stets das Schlimmste befürchtet hatte. In all der Zeit hatte sich seine Mutter um die zwei Großen gekümmert. Was für ein Segen! Und was für eine Freude erst dann, als Fatima und Aliya aus dem Krankenhaus entlassen wurden! Zwar mussten sie beide nach wie vor regelmäßig zu Untersuchungen, weil sie so geschwächt waren, aber das war nicht weiter schlimm. Sie mussten bloß aufpassen, sich nicht zu sehr anzustrengen, und sie sollten sich gesund ernähren.

Zur gesunden Ernährung würde er heute wieder beitragen können. Denn immer, wenn die Kibbuzleute mit seiner Arbeit zufrieden waren, bekam er nicht nur seinen vereinbarten Lohn, sondern sie gaben ihm auch häufig Essen mit, das in der Kantine übrig geblieben war. Und während der Erntezeit durfte er sich zusätzlich noch Obst mitnehmen. Nicht viel, aber immerhin so ein, zwei Kilogramm, soviel eben in seine Plastiktüte passte. Frische Orangen, Mandarinen oder gar Grapefruits, und zwar sogar rosa Grapefruits, das war ein Fest für die Kinder! Orangen und Mandarinen gab es zwar im Souk in Gaza auch zu kaufen, wenn auch ziemlich teuer. Aber rosa Grapefruits mit ihrem süßen und gleichzeitig bitteren Geschmack gab es in der ganzen Umgebung nur in Or HaNer! Er freute sich jetzt schon auf das begeisterte Geschrei seiner Kinder, wenn er abends heimkommen würde, sie sich um ihn drängen würden, weil er sie blind in den Sack greifen ließe, um die darin versteckten Früchte herauszuholen! Jetzt war die Jahreszeit für solche unbeschwerten Freuden. Könnte man derartige Tage bloß öfters haben!

Abdul war oft betrübt, wenn er darüber nachdachte, wie sich die Menschen das Leben schwer machten. Er kam mit den Israelis eigentlich recht gut aus. Rundherum in seinem Viertel herrschte ihnen gegenüber jedoch oft eine negative Stimmung, manchmal sogar Hass und Feindseligkeit. Natürlich war das der Hamas geschuldet, die ganz Gaza mittlerweile in einer Diktatur hielt. Irgendwann vor fünfzehn Jahren oder so waren sie gewählt worden. Ob das wirklich der Wille der Gazabewohner war oder ob die Hamas die Leute so eingeschüchtert hatte, sie zu wählen, darüber gingen die Meinungen auseinander. Aber seither hatte es keine Wahlen mehr gegeben. Abdul hätte zwar ohnehin nicht gewusst, wen er wählen könnte, denn Oppositionellen war in Gaza kein langes Leben beschieden und an die Zeit vor der Hamas konnte er sich nicht erinnern. Manche der Älteren sagten, unter Arafat und der PLO wäre es noch besser gewesen. Aber vielleicht war es lediglich so, dass Ältere immer alles besser fanden, was früher gewesen war? Die Fatah im Westjordanland jedenfalls, die als Nachfolgerin der PLO galt, stand bei den Palästinensern ebenfalls nicht gerade im Ruf, ihr Gebiet zum Vorteil der Bewohner zu regieren. Es hieß, die Führer der Fatah und die der Hamas hätten eine Wette laufen, wer mehr von den internationalen Hilfsgeldern, die aus der ganzen Welt einlangten, für sich zur Seite schaffen könne.

Abdul war diese ganze Politiksache zuwider. Er mochte die Hamas nicht und auch nicht die Fatah. Er wollte einfach nur in Frieden und Sicherheit leben, Arbeit haben, seine Familie ernähren können und in der Lage sein, den Kindern eine gute Ausbildung zu ermöglichen. Was von den Hamas-Milizionären in den Kellern unterhalb der Schule, in die Nadim und Amara gingen, veranstaltet wurde, interessierte ihn nicht, ja, wollte er nicht einmal wissen. Genauso fragte er im Krankenhaus nicht nach dem Zweck der schon ewig andauernden Bauarbeiten im Tiefgeschoß, wenn er Fatima und Aliya zu den Untersuchungen begleitete. Was da an Schutt und Erde herausgebaggert wurde! Aber das war nicht seine Angelegenheit; er wollte davon nichts hören und nichts wissen! Ebenso wenig wie von den Maschinenpistolen, die dort auf Pritschenwagen herumlagen und von der Heimlichtuerei seines Nachbarn, der für die Hamas angeblich Raketen zusammenbaute.

Viele aus seinem Freundeskreis hatten darüber heftig diskutiert und sich über die politische Führung in Gaza ausgelassen. Denn auch sie hatten nur in Ruhe leben wollen, ohne ständig in Auseinandersetzungen mit den Israelis hineingezogen zu werden, die sie nicht wollten und die sie unter Umständen sogar Gesundheit oder Leben kosten konnten. Einige hatten die Konsequenzen gezogen und waren ausgewandert, die meisten nach Europa oder Amerika. Solange seine Kinder noch nicht geboren waren, hatte auch Abdul das für sich überlegt. Aber er hatte sich schließlich doch dagegen entschieden, denn Gaza war seine Heimat. Es gefiel ihm hier einfach viel zu gut, egal ob in Gaza-Stadt oder in den südlicheren Orten. Konnte man sich etwas Schöneres vorstellen, als mit Fatima am Strand zu sitzen und den Sonnenuntergang zu beobachten? Der kaum wahrnehmbare Moment, wenn die Sonne vollständig im Meer versank und es schien, als würde ein kurzer grüner Blitz aus dem dunklen Wasser auftauchen? Die Minuten danach, in denen sich der Himmel rötlich färbte, manchmal gar orange oder tiefrot? Nein, Gaza, das war seine Heimat, und hier würde er mit Fatima sein Leben verbringen wollen. Und wer weiß? In fünfzehn Jahren würden vielleicht sogar schon Nadim und Amara ihre eigenen Kinder zu ihnen bringen, um sie mit den Großeltern spielen zu lassen!

Mittlerweile waren einige weitere Taglöhner angekommen und hatten sich wie Abdul im Straßengraben zum Warten ausgestreckt. Langsam begann der Kibbuz aufzuwachen. Abdul sah Lichter in den Häusern aufleuchten und nahm Bewegungen wahr. Ab und zu piepste ein Signal im Wachhäuschen hinter dem Zaun, das Tor schob sich auf, der Wachsoldat grüßte und ein Fahrzeug machte sich auf in Richtung Sderot. Er riss ein Stück des Fladenbrots ab, das er von zuhause mitgenommen hatte, und trank Wasser aus seiner Plastikflasche. Der Wächter nahm nun auch von ihm Notiz und winkte ihm zu. Noch zwanzig Minuten, so rief er, dann würden die Ernteleute herauskommen.

Er hatte Glück, dachte Abdul, denn hier in Or HaNer konnte man gut mit den Menschen auskommen. Das war in Nirim genauso gewesen, in dem Kibbuz etwas weiter im Süden, wo er früher gearbeitet hatte. Dort hatte er als Taglöhner in Glashäusern Pelargonien gezüchtet. Also, genau genommen, hatte er sie nicht gezüchtet, sondern von größeren Pflanzen jeweils zarte Blätter abgeschnitten. Die hatte er in eine Flüssigkeit getaucht, die die Wurzelbildung anregte. Danach waren die empfindlichen Pflanzenteile vorsichtig in eine Folie gewickelt und in Kisten verpackt worden. Die hatte dann jemand vom Kibbuz zum Flughafen gebracht, um sie nach Holland zu senden. Wenn sie dort angekommen waren, so hatte ihm ein Kibbuznik erzählt, wurden die kleinen Pflanzenableger, die mittlerweile Wurzeln ausgebildet hatten, in Töpfe gesteckt und in ganz Europa als holländische Blumen verkauft. Er hatte Fotos gesehen von Holzhäusern in den Alpen, deren Fenster und Balkone über und über mit Pelargonien geschmückt waren. Die, so war Abdul stolz gewesen, hätte es ohne seine Arbeit in Nirim nicht gegeben!

Nirim, ja, die Zeit dort war auch schön! Dieser Kibbuz gehörte zu einem von sieben, die fünfzehn Kilometer weiter südlich entlang der Grenze nach Gaza in der Höhe von Khan Yunes lagen. Wegen der gekrümmten Linie, in der sie nebeneinander angeordnet waren, nannte man sie Bananen-Kibbuzim. Er hatte lange gebraucht, um den Ursprung dieser Bezeichnung herauszufinden, fiel Abdul jetzt mit einem Lächeln ein. Es war für den Ortsfremden aber auch irreführend: Man nannte sie Bananen-Kibbuzim, obwohl dort nicht eine einzige Bananenpalme wuchs! Ach ja, Nirim! Die Menschen und die Arbeit waren dort ebenfalls gut gewesen. Dennoch hatte er sich gefreut, als ihn jemand aus Nirim nach Or HaNer empfohlen hatte, denn damit ersparte er sich doch jeden Tag dreißig Kilometer auf seiner Zündapp. Auch wenn die ein meistens recht zuverlässiges Fahrzeug war – man sollte sie in ihrem Alter nicht überbeanspruchen!

In diese Gedanken versunken, bemerkte Abdul gar nicht, dass das Tor wieder aufgegangen war und die Ernteverantwortlichen des Kibbuz herausgekommen waren. Lachend baute sich einer vor seinen Füßen auf: „Na, Abdul, willst du heute etwas tun oder lieber weiterschlafen?"

Eine Viertelstunde später arbeitete Abdul bereits gemeinsam mit den anderen Erntehelfern außerhalb des Kibbuz inmitten einer riesigen Orangenplantage. Eine um die andere reife Frucht drehte er vorsichtig vom Ast, prüfte sie kurz auf Verletzungen und ließ sie in den umgehängten Pflücksack gleiten. Wenn der voll war, entleerte er ihn gefühlvoll in einen der großen blauen Kunststoffcontainer, die auf Paletten zum Weitertransport bereitstanden. Orange um Orange, Kilo um Kilo, Sack um Sack arbeitete er wie die anderen alles bis zu zwei Metern Höhe ab. Die Arme schmerzten vom ständigen Hochheben und Über-dem-Kopf-Arbeiten, doch daran war er mittlerweile gewöhnt.

Als sie die beiden ersten Baumreihen durchgearbeitet hatten, kamen die Früchte oberhalb von zwei Metern dran. Das Prinzip blieb gleich wie zuvor: Hinauf auf die Leiter, Orange abdrehen, prüfen, in den Sack legen, das Ganze wiederholen, bis der Sack übervoll war, dann hinunter von der Leiter, den Sack ausleeren und weiter wie gehabt.

Um die Mittagszeit machten sie eine halbe Stunde Pause, in der sie unter den Bäumen saßen, Wasser tranken und einige der zuvor ausgeschiedenen Früchte aßen. Herrlich schmeckten die! So saftig und fruchtig, das war wie im Traum! Für den Transport waren sie aufgrund einer Beschädigung nicht verwendbar, aber so – einfach himmlisch!

Der Nachmittag verlief wie der Vormittag. Bald hatten sie mehrere der großen Transportbehälter gefüllt. Sie machten sich auf den Weg zurück zum Kibbuz. Unterwegs kamen sie an über und über vollen Kumquatbäumen mit kräftig orange leuchtenden Früchten vorbei.

„Wann kommen die denn dran?", fragte Abdul.

„Die lassen wir oben, die braucht niemand."

„Wieso? Die sehen doch wunderbar aus!"

„Ja, sie schmecken auch großartig. Aber das Pflücken und der Transport kosten mehr, als uns die Supermärkte in Europa dafür bezahlen wollen."

„Für die Orangen und Grapefruits zahlen sie bessere Preise?"

„Gut kann man nicht sagen; es deckt die Kosten. Bloß die Kumquats, die sind wesentlich langwieriger zu ernten, du weißt es doch selbst am besten. Das dauert deutlich länger als bei den Orangen. Und diese Kosten übernehmen sie einfach nicht."

„Was tut ihr jetzt mit den Kumquats?"

„Wir lassen sie hängen, bis sie herunterfallen. Willst du dir welche mitnehmen?"

Und ob Abdul wollte! Die waren etwas ganz Besonderes, das wusste er. Die Kinder könnten sie essen, gleich mit der Schale, so wie man Kumquats eben aß. Fatima könnte daraus Marmelade kochen, die sie aufs Fladenbrot streichen würden oder auch mit Joghurt vermischen. Ja, das wäre großartig!

„Dann nimm dir, so viel du willst", forderte der Ernteleiter ihn auf. „Wir gehen einstweilen zum Tor und machen die Auszahlung. Sieh zu, dass du gleich nachkommst!"

Das ließ sich Abdul nicht zweimal sagen. Er kostete die Früchte mehrerer Bäume, denn alle schmeckten sie verschieden. Die einen waren mehr süßlich, die anderen mehr säuerlich, die einen waren voll saftig, die anderen eher mehlig, die einen hatten eine ganz dünne Schale, die anderen eine dicke … Rasch hatte er eine gute Mischung gefunden, die er seiner Familie bringen wollte. Und auch den Grenzpolizisten, fiel ihm ein, die würden sich bestimmt genauso freuen. In Windeseile hatte er seinen Sack gefüllt und lief beseelt vor Glück den Zaun entlang zum Tor.

Seine Freude war so groß, dass sie ihn nichts rundherum wahrnehmen ließ, nicht das sich nähernde Pfeifen, das aus der Richtung von Gaza auf Or HaNer zukam, leider nicht die Sirenen, die im Kibbuz die Menschen in die Betonunterstände riefen und auch nicht den Krach, den eine der drei Raketen machte, als sie unmittelbar vor ihm in den Boden einschlug und alles im Umkreis von zehn Metern zerstörte.

2018 06 07 – Mayla – Abu Gosh

Was war das wieder für ein Tag! Mit hochrotem Kopf und verweinten Augen stand die fünfzigjährige rundliche Frau am Straßenrand zwischen ihren fünf schweren, randvoll gefüllten Tragetaschen und fluchte dem Bus hinterher. Dabei sammelte sie einige davongerollte Pfirsiche ein, während sie sich bemühte, dass ihre Einkäufe in den Einkaufsnetzen und Taschen stehen blieben und nicht auch noch umkippten und ihren Inhalt freigaben: Zucchini, Okras, Bohnen, Gurken, Zwiebel, Melanzani, Erdäpfel, Melonen, Nektarinen, Kirschen, Misqaui-Marillen, Mispeln und Maulbeeren … frisches Obst und Gemüse für die kommenden Tage.

Ohne allzu große Hoffnung stellte sie sich die Frage: Wann würde jetzt der nächste 185er kommen? Nächste Frage: Wann immer das war – wäre darin auch noch genügend Platz für sie und ihre Einkäufe? Und nochmals nächste Frage: Würde der Fahrer überhaupt stehen bleiben, wenn er sie schon von Weitem an ihrer Kleidung als Araberin erkannt hatte?

Nein, als Araberin in Israel zu leben, das war irgendwie eine Vorstufe für die allerletzte Prüfung, bevor man nach dem irdischen Dasein in den siebten Himmel aufgenommen wurde! Wieso hatten ihre Großeltern denn nicht seinerzeit, 1948, als die Juden ihren Staat gegründet hatten, wie Millionen anderer Araber das Land verlassen? Warum waren sie bloß hiergeblieben, haderte Mayla mit der Vergangenheit.

Gut, auf diese Art hatten sie einen israelischen Reisepass bekommen und in ihren Häusern leben bleiben dürfen. Das hatte sogar für die meisten Nachbarn hier in Abu Gosh gegolten, welches wie Nazareth und viele andere Städte und

Dörfer in Israel bis heute ein arabischer Ort geblieben war. Aber war das ein Leben, wie man es sich wünschte? Wären die Großeltern damals, als die Nakba, die Katastrophe, über sie hereingebrochen war, geflohen, hätten sie zwar keinen Reisepass und keine Nationalität gehabt und ihr Eigentum zurücklassen müssen. Aber sie hätten sich wie die Geflüchteten als Palästinenser bezeichnet und irgendwo in einem Lager ein neues Haus gebaut. Sie wären nach einiger Zeit Bürger Jordaniens oder Syriens oder des Libanons geworden und hätten relativ sorgenfrei leben können. Das Lager wäre wie die anderen bald zu einem ganz normalen Dorf geworden, mit gemauerten Häusern, Strom, Wasser, Kanalisation und so, mit dem einzigen Unterschied, dass es offiziell ein Flüchtlingslager wäre und von den Europäern und Amerikanern finanziert würde. Die Europäer hätten sie wie alle anderen Palästinenser unterstützt und ihren Lebensunterhalt gesichert. Sie hätten für ihre acht Kinder, darunter Maylas Mutter, alles bekommen, was nötig war, ohne darum betteln zu müssen. Und sie hätten keine Schikanen von den Israelis mehr zu ertragen gehabt. Und das hätten sie an die nächsten Generationen weitergeben können.

So aber verging kaum ein Tag, an dem Mayla sich nicht über die Selbstüberhebung der Israelis und ihre Böswilligkeiten ärgerte. Nicht zufällig hatten ihr ihre Eltern den Namen Mayla gegeben, was Hoffnung bedeutet. Sie hatten das wohl auch damals schon so gesehen wie Mayla heute – Palästinenserin müsste man sein, nicht Araberin mit israelischem Reisepass! Bisher war diese Hoffnung, die Hoffnung auf ein sorgenfreies und friedliches Leben, nicht in Erfüllung gegangen. Der heutige Tag war dafür ein treffendes Beispiel.

Am Vormittag erst war sie mit dem Bus aus Jerusalem zu ihren Eltern nach Abu Gosh gefahren, um sie zu besuchen. Das war keine weite Strecke, nur siebzehn Stationen und nicht einmal eine halbe Stunde Fahrtzeit. Und es kostete bloß fünf Schekel – das war nicht unwichtig, denn das Haushaltsgeld, das sie von ihrem Mann bekam, war alles andere als üppig, seit der nach vierzig Jahren am Bau nicht mehr am Gerüst herumturnen konnte. Außerdem sparte sie das Fahrgeld durch den Kauf von Obst und Gemüse wieder ein, denn Abu Gosh war nicht nur im ganzen Land für die Frische der Lebensmittel bekannt, sondern obendrein war hier alles deutlich günstiger als am Jerusalemer Mahane Yehuda Markt. Seit sich dort mehr Touristen als Einheimische herumtrieben, waren die Preise ins Unverschämte gestiegen. Einerseits war es ja verständlich. Andererseits aber sollten die Händler für die hier lebenden Menschen faire Preise anbieten. Manche machten das ja tatsächlich, doch die meisten wollten nur möglichst rasch und möglichst viel verdienen. Na ja, die letzte Abrechnung würde dann bei Allah sein, tröstete sich Mayla.

Vor der Abfahrt aus Jerusalem war sie wie üblich von ihrer Wohnung durch das Damaskustor gegangen. Wie immer gegen Ende des Ramadans waren die Menschen gereizter als sonst, besonders wenn der Fastenmonat wie in diesem Jahr in die heiße Jahreszeit fiel. Tatsächlich hatte sie außerhalb des Tores gesehen, wie ein junger Palästinenser mit Arafat-Kopftuch unvermittelt mit einem Messer auf ein paar orthodoxe Juden losgegangen war. Dabei hatte er mit überschlagender Stimme „Allâhu akbar!" gebrüllt, als ob er sich in einem heiligen Krieg befände. So ein Spinner! Wem hatte er damit etwas beweisen wollen? Den drei Männern etwa, mit ihren lächerlichen Schtreimeln, wie die streng religiösen Juden ihre Pelzmützen nannten, die sie selbst jetzt, im Sommer stets trugen, wenn sie auf die Straße gingen? Unmittelbar nachdem der Angreifer einen von ihnen durch den langen schwarzen Kaftan in die Schulter gestochen hatte, hatten zwei in der Nähe stehende Polizeibeamte in Zivil schon ihre Waffen gezückt und auf ihn geschossen. Der Bursch war zu Boden gestürzt und hatte sich im Schmerz gewunden. Da war einer der beiden Polizisten hinzugetreten, hatte kurz abgewartet, den Revolver auf den Kopf des Angreifers gerichtet und abgedrückt. Schnell war Blut durch das schwarz-weiß-gewürfelte Tuch gedrungen und hatte es rot gefärbt. Zeitgleich hatten die Sicherheitsleute die umstehenden Passanten angeherrscht, weiterzugehen. Unter ihnen hatte Mayla eine blonde Frau gesehen, die sie vom Fernsehen her kannte – die Reporterin eines deutschen Fernsehsenders? Mayla war sich ziemlich sicher gewesen, denn sie war stolz auf ihr Personengedächtnis. Und diese Frau, die da neben ihr in der Menge gestanden war, war ihr sehr bekannt vorgekommen. Sie hatte hier wie am Bildschirm gewirkt: sympathisch, natürlich und ehrlich. Offensichtlich war sie privat da, denn es war keine Kamera zu sehen und sie war in Begleitung. Wahrscheinlich war das ihr Mann. Auch sympathisch. Mayla hätte sie gerne angesprochen, aber das hier war leider keine passende Gelegenheit gewesen. Wie alle Umstehenden hatte auch Mayla zugesehen, möglichst rasch wegzukommen. Ansonsten hätte sie noch befürchten müssen – ja, selbst sie, trotz ihrer offensichtlichen Harmlosigkeit – als potentielle Komplizin in Handschellen abgeführt zu werden, und ihr Mann hätte erst ein paar Tage später von ihr gehört. Also, nichts wie weg von dort!

Der Besuch bei den Eltern war dann recht schön gewesen. Sie hatten gemeinsam gebetet und geplaudert, aber nichts gegessen oder getrunken. Denn auch wenn ihre Familie nicht religiös war – die Gebote des Ramadans hielten sie schon alleine wegen der Nachbarn ein.

Dann war Mayla in die Kvish ha Shalom Straße gegangen, wo etwas oberhalb des stets ausgebuchten Caravan-Restaurants ihr Lieblingslebensmittelhändler seinen Laden hatte. Im Geschäft, so wie logischerweise auch unten im Restaurant, waren beinahe nur Juden und Touristen zu sehen. Wie lange es hier noch gemütlich arabisch zugehen würde? Mayla befürchtete Schlimmes, denn nicht nur die Juden kamen in rauen Mengen aus den umliegenden Städten angefahren, um hier zu essen und einzukaufen, sondern auch bei Touristen wurde Abu Gosh immer beliebter. Das hatte sich bereits an den anziehenden Preisen bemerkbar gemacht. Noch aber konnte man aus einer unglaublichen Vielzahl an Obst und Gemüse wählen, bekam vom Eigentümer bei Bedarf gratis Plastiktaschen und – als Arabisch Sprechende – sogar einen etwas günstigeren Preis.

Nach ihrem Einkauf hatte Mayla ihre fünf prall gefüllten Einkaufsnetze und Taschen gegenüber ins Café Sultan getragen, in dem man bekanntlich die besten Baklavas und sonstige süße Leckereien aus Yufkateig bekam. Leider stand das mittlerweile wohl auch in allen Reiseführern, denn Mayla, die bloß fürs abendliche Fastenbrechen ein wenig einkaufen hatte wollen, hatte eine halbe Stunde hinter Touristen gewartet, bis sie endlich an der Reihe war. In der Zwischenzeit hatte sie immer wieder ihre Einkäufe aus dem Weg schieben müssen, wenn Gäste aus dem Lokal gekommen waren, denen sie unbeabsichtigt den Weg versperrt hatte. Sie selbst liebte das süße Zeug ja auch, aber ihrem Mann konnte sie damit eine noch größere Freude machen. Daher nahm sie die bekannt langen Wartezeiten im Sultan regelmäßig in Kauf.

Als sie alles erledigt und verstaut hatte, war sie die hundert Meter zur Haltestelle des 185ers hinuntergegangen. Auf die grün gestrichene Sitzbank in dem kleinen Wartehäuschen hatte sie sich schon gefreut, denn das lange Stehen und Herumgehen mit den schweren Einkäufen in der Hand, dazu das mittlerweile zwölfstündige Fasten hatten sie sehr ermüdet. Der Verzicht aufs Essen seit der Zeit vor dem Sonnenaufgang hätte ihr noch weniger ausgemacht. Aber dass sie nicht einmal einen Schluck Wasser trinken durfte, an das hatte sie sich nie gewöhnen können.

Als sie zum Haltestellenhäuschen gekommen war, hatte sie ihre Hoffnung auf ein angenehmes Warten im Sitzen schnell aufgeben müssen. Drei deutlich jüngere Jüdinnen waren dort gesessen und hatten sich gemütlich über eine zwischen ihnen liegende Schachtel mit Baklavas hergemacht. Dabei hatten sie sich lautstark unterhalten und trotz Maylas bittender Blicke keinerlei Anzeichen gemacht, für sie etwas zur Seite zu rücken. So war Mayla nichts übrig geblieben, als sich mit ihren Einkäufen neben das Häuschen in die Sonne zu stellen und dort auf den Bus zu warten.

Normalerweise kam der 185er jede halbe Stunde. Mayla hatte nicht auf die Uhr gesehen, aber da sich mittlerweile schon sehr viele Leute bei der Haltestelle eingefunden hatten und ihr eigener Schatten in der Zwischenzeit ein gutes Stück nach rechts gerückt war, wusste sie, dass wieder einmal ein Bus ausgefallen sein musste. Zum wievielten Mal eigentlich im letzten Monat?

Als endlich ein grüner 185er mit weißem Dach um die Ecke gebogen war und beim Wartehäuschen angehalten hatte, hatte sich alles zum Einstieg gedrängt. Mayla war mit ihren voluminösen Einkaufstaschen im Nachteil. Angesichts ihres Alters, ihrer schweren Einkäufe und der langen Wartezeit hätte es eigentlich der Respekt geboten, ihr den Vortritt zu lassen. So aber … Als alle anderen schon im Bus waren, hatte sie dennoch Glück: Der Busfahrer hatte sie einsteigen lassen, denn in der hintersten Reihe waren noch drei Plätze frei gewesen. Zwei ihrer Taschen hatte sie links und rechts neben sich auf die letzten beiden freien Sitze platziert, die anderen drei neben und zwischen ihre Beine auf den Boden gestellt. Bald, so hatte sie gedacht, würde sie in Jerusalem sein und sich dort in die Kühle des Hauses flüchten können. Und in ein paar Stunden würden sie sich über die Einkäufe hermachen und ihr Mann würde sie zum Dank für die Baklavas küssen. Das machte er seit ein paar Jahren ohnehin viel zu selten.

Während der Bus eine lange Schleife durch Abu Gosh gefahren war, hatte sie sich mit solchen Gedanken auf zuhause gefreut. Bei den nächsten Haltestellen waren keine weiteren Fahrgäste mehr zugestiegen. Nach vier Stationen aber waren drei Frauen eingestiegen. Mayla hatte sie sofort erkannt: Jene Jüdinnen, die beim Haltestellenhäuschen die gesamte Sitzbank mit ihren Baklavas belegt hatten! Wie waren die hierhergekommen? Hatten die gewusst, dass der Bus eine kleine Schleife machte und sie deshalb auch bei einer anderen Haltestelle einsteigen könnten?

Während der Bus seine Fahrt fortgesetzt hatte, waren die drei auf der Suche nach freien Sitzplätzen bis ganz hinten gekommen. Sie hatten auf Maylas Taschen gedeutet und sie harsch auf Hebräisch aufgefordert, sie wegzunehmen und zur Seite zu rücken, damit sie alle Platz hatten. Mayla hatte zuerst so getan, als würde sie sie nicht verstehen. Dann aber, als die drei lautstärker geworden waren, hatte sie eine leise Verwünschung auf Arabisch ausgestoßen. Keine wirklich schlimmen Worte; sogar ihre Mutter hätte diese Phrase verwendet, und die – nun, die war schon sehr konservativ, was solche Sachen anging. Aber kaum hatte sie beinahe unhörbar vor sich hin geflucht, waren drei Reihen vor ihr zwei Männer aufgesprungen, wie sie für die Sicherheit im Bus überall mitfuhren. Sofort hatte der Busfahrer das Fahrzeug angehalten. Die beiden Sicherheitsleute hatten sie angeherrscht, dass sie ihre Einkaufstaschen packen solle. Anfangs hatte Mayla protestieren wollen und sich entschuldigt. Aber die beiden waren hart geblieben und hatten sie rüde aus dem Bus gewiesen, ja sogar an ihrem Mantel gezogen. Zitternd vor Aufregung und Empörung hatte sie während des Rausschmisses zwei ihrer Taschen im Gang des Busses verloren; Obst und Gemüse waren hinausgerollt. Einige Frauen hatten ihr geholfen und die Einkäufe schnell in die Plastiktaschen gepackt und ihr hinausgereicht, während der Bus schon wieder die Türe schloss. Aber alles Obst und Gemüse war das bei Weitem nicht gewesen; es musste noch einiges am Boden liegen.

Neben dem Bus stehend, hatte Mayla zornig einen Sack an den Griffen gepackt und mit Schwung gegen die Scheibe des anfahrenden Busses geschleudert. Dem Bus hatte das sicher weniger geschadet als den Misqaui-Marillen und den Mispeln, aber für den Moment hatte sie sich etwas Erleichterung und Genugtuung verschafft. Doch nach nicht einmal einer Minute war auch das vorbei. Tränen und Zorn und ein Gefühl der Hoffnungslosigkeit überwältigten sie, während sie die herausgefallenen Früchte einsammelte und in den Plastiktaschen verstaute.

„Palästinenserin müsste man sein", haderte sie, „Palästinenserin, nicht Araberin mit israelischem Reisepass!"

2020 10 13 – Birte – Ramallah

„Du bist Kim, richtig?", sprach der hochgewachsene Hassan, den sein Stoppelbart und die schwarz-weiß-gemusterte Kufija über Kopf und Schultern als Palästinenser auswiesen, die vor dem Bahnhof wartende blonde Deutsche mit der Kurzhaarfrisur an. „Wir haben uns schon einmal vor fünf, sechs Jahren getroffen, wenn ich mich richtig erinnere."

„Ja, und das ist Birte", wies die Angesprochene auf die neben ihr Stehende, eine kleinere dunkelhaarige Brillenträgerin mit Pony.

„Dann sind wir ja fast komplett. Dort drüben hinter dem Allenby Square wartet der Toyota. Drei von anderen NGOs sind schon eingestiegen, einer kommt noch. Ich warte hier auf ihn. Ihr könnt schon einmal vorgehen."

Die beiden machten sich auf zum Bus.

„Er hat dich gleich erkannt?", war Birte beeindruckt.

„Kann sein. Ich kann mich an ihn nicht erinnern. Aber die Logos auf den T-Shirts sind auf jeden Fall ein gutes Erkennungsmerkmal. Die Buchstaben sind zwar nicht groß, aber ‚PISS' klingt irgendwie markant." Als Birte lachte, setzte Kim nach: „Auch wenn niemand, der uns nicht kennt, auf die Idee käme, dass das ‚Palestine & Israel Safety Support' heißen könnte … Sag", klang ihre Stimme nun neugieriger, „wie bist du denn eigentlich ausgerechnet auf uns gekommen? Es gibt hier ja ein paar hundert NGOs, die sich darum kümmern, dass die Israelis mit den Palästinensern nicht so umspringen können, wie sie gerne würden. Warum gerade PISS?"

„Mein Freund ist von hier, lebt aber jetzt auch in Berlin. Er hat mir erzählt, dass die israelische Armee täglich seine

Landsleute abschlachtet. Daher bin ich ins PISS-Büro in Berlin gegangen und habe mich beraten lassen."

„Guter Ansatz!"

„Danke! Dort habe ich erfahren, dass in Israel seit ewigen Zeiten nur mehr rechte Parteien an der Regierung sind und es keine wirkliche linke Opposition mehr gibt. Die echte, wirkungsvolle Kontrolle müssen die NGOs machen, haben sie mir anhand von Grafiken demonstriert. Da habe ich mich sofort beworben und seit Sonntag bin ich hier."

„Seit vorgestern erst?"

„Ja."

Kim nickte. Dann erkundigte sie sich weiter: „Dann ist das ja deine erste Aktion hier, deine Feuertaufe, sozusagen! Sag, dein Freund – lebt ihr zusammen?"

„Wir kennen uns noch gar nicht so lange, drei Monate erst. Und drei Tage", setzte sie rasch nach.

„Seine Familie kennst du schon?"

„Nein, wie gesagt, es ist noch alles ganz aufregend bei uns."

„Dein erster Freund?"

„Nein, vorher war ich zwei Jahre mit einem anderen Mann zusammen."

„Und warum nicht mehr?"

„Es ist schwierig geworden mit ihm. Er ist Jude, musst du wissen, und …"

Während Kim sie mit großen Augen ansah, fuhr Birte errötend fort: „Er hat sich ständig über den Antisemitismus in Deutschland beklagt. Da konnte ich irgendwann nicht mehr mit. Außerdem war er ein ziemlicher Macho."

„Und dein jetziger Freund?"

„Der ist das genaue Gegenteil. Sooo lieb, sooo aufmerksam, ich kann es kaum beschreiben!", schwärmte sie.

„Seid ihr viel zusammen?"

„Wenn er nicht gerade etwas mit seinen Freunden unternimmt, ja."

„Kennst du die?"

„Nein, mit denen hängt er lieber ohne Frauen ab. Das finde ich auch gut. Er hat mir erklärt, dass das ein Zeichen von Respekt ist, wenn Männer nur mit Männern unterwegs sind. Und für meine Ehre ist es auch besser so, das verstehe ich."

„Aber hier bist du jetzt ohne ihn?"

„Er kann leider nicht nach Israel einreisen. Da gibt es wohl irgendwelche Probleme mit seinem Reisepass, wie er mir gesagt hat."

„Na ja, kann sein. Klingt jedenfalls spannend. Sag, für seine Familie ist das in Ordnung, wenn er mit einer Christin zusammen ist? Also – bist du überhaupt getauft?"

„Ja, aber nur am Papier. Seine Familie kenne ich zwar nicht, aber da mache ich mir keine Sorgen. Außerdem werde ich vermutlich ohnehin konvertieren. Bist du auch schon …?"

„Ich?", reagierte Kim überrascht. „Ich habe mit Religion nichts am Hut, aber schon gar nichts! Ich bin hier, um den verbrecherischen Israelis das Handwerk zu legen!"

„… und dein Freund?", fragte Birte zögerlich.

„Mit Männern fange ich mir nichts an", schüttelte Kim angewidert den Kopf. „Ich bin seit Jahren radikale Feministin!"

Birte hörte mit großen Augen zu, während sich Kim erklärte: „Ich kämpfe gegen die vier wichtigsten geschlechtsspezifischen patriarchalen Unterdrückungen: Gender, Prostitution, Porno und die reproduktive Ausbeutung unserer Körper. Es ist höchste Zeit, dass Versklavung und Unterdrückung von uns Frauen beendet werden! Wahre Feministinnen kämpfen gegen jede Art von Repression. Deshalb bin ich hier. Die Israelis sind für mich eine Besatzernation, eine Diktatur, sozusagen die neuen Nazis; aus diesem Grund leite ich das hiesige PISS-Büro."

Am Wagen angekommen, grüßten sie die schon drinnen Sitzenden. Diese, Sven, Lena und Karla, stellten sich als Freiwillige einer schwedischen NGO vor. Nach einer Minute stieß Hassan mit einem jungen Mann aus Dänemark zu ihnen; sie waren vollzählig und es konnte losgehen.

Sie nahmen eine Straße in Richtung Osten, um bald einen Checkpoint zu erreichen. Die israelischen Soldaten, die an der Straßensperre kontrollierten, sahen Hassan an, warfen nur einen kurzen Blick ins Fahrzeug und ihre Reisepässe und winkten sie weiter. Hinter ihnen standen drei junge, finster dreinblickende Zivilisten mit Formblättern auf Klemmbrettern. Für jeden der Passagiere des Wagens machten sie einen Strich auf ihrer Liste. Ihre einheitlichen T-Shirts wiesen sie als Freiwillige einer österreichischen NGO aus.

Auf der gegenüberliegenden Seite des Checkpoints winkten zwei Uniformierte der palästinensischen Autonomiebehörde Hassan freundlich zu: „Marhaban sadiqaa, willkommen, Freund!" Keine Passkontrolle, keine Fahrzeugdurchsuchung, nur ein flüchtiger Halt, ein Händeschütteln durch das geöffnete Fahrerfenster – das war's; sie waren im Westjordanland.

Sie nahmen eine Landstraße Richtung Norden. Nach einer kurzen Fahrt durch mit Steinen und Felsbrocken übersäte Brachflächen war ein Dorf zu erkennen. Etwa hundert Meter davor standen israelische Soldaten an der Zufahrtsstraße, die die Siedlung bewachten. Nochmals einhundert Meter davor waren gut zwanzig Jugendliche und Kinder versammelt. Hassan hielt den Wagen bei ihnen an und rief nach hinten: „Wir sind hier, Leute! Die Party kann beginnen!"

„Welche Party?", erkundigte sich Birte bei ihrer Kollegin. „Ich dachte, es geht um eine Aktion?"

„Die Party ist die Aktion. Wir feiern heute zwanzig Jahre Intifada."

„Was ist das?"

„Der Aufstand gegen die Besatzer. Der hat vor zwanzig Jahren mit der Hinrichtung zweier Spione begonnen."

„Welche Spione?"

„Israelische Soldaten. Vorangegangen ist dem Ganzen irgendein Vorfall am Tempelberg; was genau, weiß ich auch nicht. Das war lange, bevor ich hierhergekommen bin. Zwei Wochen nach dieser Sache am Tempelberg sind zwei Fahrer der Besatzungsarmee nach Ramallah gefahren, verbotenerweise. Natürlich sind sie sofort von der Polizei der Autonomiebehörde festgenommen worden, denn Juden haben dort nichts verloren. Sie haben sich gerechtfertigt, dass sie sich nur am Weg zu einer jüdischen Siedlung verfahren hätten. Aber die Bewohner haben ihnen nicht geglaubt. Sie haben gleich vermutet, dass die beiden hier spionieren wollten. Tausend Menschen oder mehr sind mit Messern und Metallstangen zu der Polizeiwache gezogen. Dort haben sie die Herausgabe der Spione gefordert. Die Sicherheitsleute wollten sie aber nicht übergeben. Da sind ein paar Dutzend eingedrungen und haben die beiden hingerichtet und aus dem Fenster geworfen."

„Einfach so?"

„Na ja, nicht nur einfach so. Da war schon auch ein bisschen Grausiges dabei, mit Augen und Organe herausreißen und so. Das wäre nicht notwendig gewesen, meine ich. Aber im Prinzip, ja, einfach so. Am nächsten Tag hat dann das israelische Militär den Radiosender ‚Voice of Palestine' bombardiert. Auf dem hat nämlich ein Imam immer wieder Todesaufrufe gegen die Okkupationsmacht verbreitet. Genau weiß ich das auch nicht, weil – wie gesagt – das war lange vor meiner Zeit und ich kenne das nur aus Erzählungen. Jedenfalls ist es dann so richtig losgegangen. Es hat auch ziemlich Zoff mit der EU gegeben. Die hatte nämlich den Sender aufgebaut und finanziert. Das war genau heute vor zwanzig Jahren."

„Den Sender gibt es aber doch. Oder ist das ein anderer? Das weiß ich zufällig, weil mein Freund den immer hört."

„Ja klar gibt es den. Soviel ich weiß, hat die EU den nachher wieder neu errichtet und bezahlt jetzt auch den Betrieb. Genau kenne ich mich da aber auch nicht aus."

„Und der Beginn dieser Intifada war genau hier?"

„Nein, irgendwo in der Stadt. Aber das dort drüben", wies sie auf die Siedlung vor ihnen, „ist Psagot, eine Gründung der Besatzer. Die hat hier so wie alle anderen jüdischen Siedlungen nichts verloren. Deshalb feiern wir da heute eine Party."

Bei den Burschen und Mädchen, bei denen sie angehalten hatten, glühte Holzkohle auf einem Grill, der inmitten einer steinübersäten Wiese mit sporadischen Grasbüscheln stand. Hassan überzeugte sich vom Zustand der Kohle, nickte zufrieden und packte aus dem Toyota einen großen akkubetriebenen Lautsprecher. Daran schloss er einen MP3-Spieler an. Nach einem kurzen Krachen, das den Umstehenden in den Ohren schmerzte, funktionierte der Steckeranschluss und gleich war mitreißende arabische Musik zu hören. Wie auf Kommando sprangen die Jugendlichen hinzu, tanzten hüpfend um die Box und sangen mit: „Habibi, habibi, nour el ein".

Auch Kim war spontan dabei. „Los, mach mit!", rief sie ihrer neuen NGO-Kollegin zu. „Habibi, habibi, nour el ein! Kennst du das Lied?"

Birte reihte sich unter die Tanzenden: „Nein, noch nie gehört."

„Eines meiner Lieblingslieder. Amr Diab heißt der Sänger."

Während sie tanzten, verteilte Hassan an die NGO-Gäste Kufijas mit dem typischen schwarz-weiß-gewürfelten Muster. Danach trieb er mit einem Vorschlaghammer einen Teleskop-Fahnenmast mit einer palästinensischen Flagge in den harten Boden und stützte ihn mit herumliegenden Steinen. Als der Refrain des Liedes erneut einsetzte, stimmte Kim wieder lauthals mit ein: „Habibi, habibi, nour el ein, Liebling, Liebling, du Licht meiner Augen."

Birte war begeistert. Eine solche lockere, freundschaftliche Atmosphäre mitten in Arabien – das genau war es, was ihr Freund beschrieben hatte. Jeder hier fühlte sich als Teil einer Gemeinschaft. Das musste sie unbedingt mit dem Handy festhalten. Nachdem das Lied beendet war, kam eine ruhigere Musiknummer. Birte war vom Rhythmus und der Melodie und der lockeren Stimmung erregt: „Ein toller Song! Was magst du sonst noch?"

„Da gibt es eine Menge. Am liebsten höre ich Mashrou' Leila. Kennst du die?"

„Nein, wer ist das?"

„Eine Gruppe aus dem Libanon. Leider dürfen die nicht mehr spielen. Die sind schwul und haben deshalb in einigen Ländern Auftrittsverbote. Vor zwei Jahren hat es bei ihrem letzten Konzert in Kairo einen Skandal gegeben. Fans haben Regenbogenfahnen geschwenkt und LGTB-Shirts getragen. Da hat die Polizei eingegriffen und das Konzert abgebrochen."

„Und jetzt treten sie nicht mehr auf?"

„Ja, leider. Ich glaube, sie dürfen nicht und sie wollen auch nicht. Sie sollen sogar Morddrohungen bekommen haben."

„Nur weil sie schwul sind?"

„Wahrscheinlich. Vielleicht auch wegen der Texte."

„Sind die so arg?"

„Wie man's nimmt. Sie singen gegen die Vielehe, gegen Korruption, gegen den Krieg, für mehr Offenheit, alles so kritische Themen eben."

„Also gegen Israel?"

„Ja klar. Diese Besatzer hasst hier jede und jeder."

In der Zwischenzeit hatte Hassan Lammkoteletts auf den Grill gelegt, von denen rasch herrlich duftender Rauch aufstieg. Kim, Birte, die drei Schweden und der Däne gesellten sich zu den am Rost Wartenden, plauderten und genossen das zarte Fleisch, als es gar war. Die palästinensischen Jugendlichen und Kinder wurden immer ausgelassener. Die Stimmung bei einem Clubbing mit einem angesagten DJ in der Berliner Oranienstraße, sie könnte kaum besser sein.

Einer der Burschen hob einen Stein auf und warf ihn in Richtung der israelischen Soldaten. Die standen viel zu weit weg, um gefährdet zu sein, besprachen sich miteinander, aber reagierten nicht weiter. Daher liefen einige der älteren Partyteilnehmer auf die Uniformierten zu. Hassan bedeutete den NGO-Gästen, ihnen zu folgen. Als die Jugendlichen nahe genug an den Militärs waren, hoben sie Steine auf und warfen sie auf die Wachleute. Die ersten Brocken waren zu klein und flogen nicht weit genug. Sie nahmen größere, warfen erneut. Als auch das nicht zum gewünschten Erfolg führte, zog einer von ihnen aus der Hosentasche eine lederne Schleuder. Er legte einen beinahe faustgroßen Stein hinein, nahm Maß und drehte sie immer schneller mit der Hand im Kreis. Als er nach mehreren Umdrehungen die nötige Geschwindigkeit erreicht hatte, schleuderte er sein Geschoß auf die Soldaten. Diese trugen Helme und waren durch gepanzertes Material auf Brust und Rücken geschützt. Die Gesichter jedoch waren unbedeckt, und genau in einem solchen landete der Stein des Burschen. Während sich der Getroffene aufschreiend ans Auge griff und blutend zu Boden ging, erhob sich unter den Jugendlichen ein triumphierendes Gejohle, das bald in ein anhaltendes Gebrüll überging. Ein Kamerad kümmerte sich um den Verletzten, ein anderer schoss zur Warnung mit seiner Maschinenpistole in die Luft.

Währenddessen schrien die Tobenden: „Das ist unser Land! Heiliges arabisches Land! Ihr habt hier nichts verloren! Es gehört uns! Haut ab von hier!"

Die Soldaten blieben stehen.

Da ergoss sich ein regelrechter Steinhagel über sie, denn plötzlich hatten fast alle der Jugendlichen, klein wie groß, Burschen wie Mädchen, eine solche Schleuder und setzten sie gekonnt ein. Eine Zehnjährige und ihr vierjähriger Bruder rannten auf die Uniformierten zu und stießen sie mit den Fäusten gegen den Bauch:

„Haut ab, ihr Verbrecher! Mein kleiner Bruder hat mehr Würde als ihr, und der ist erst vier Jahre alt! Hörst du mich? Hey! Hörst du mich nicht? Hau ab!"

Der Soldat, selbst vielleicht acht Jahre älter als das Mädchen, wich verlegen zurück. Wie sollte er sich gegenüber einem zehnjährigen Mädchen verhalten, das ihn gerade noch mit Steinen beworfen hatte und ihre wütende Schimpfkanonade fortsetzte? Ein Mädchen, das im gleichen Alter war wie seine eigene jüngste Schwester?

„Raus mit euch! Runter von meinem Land! Du hast kein Recht, hier zu sein!"

„Kleine, gib Frieden!"

Ein weiteres Mädchen war dazugestoßen, etwa acht Jahre. Auch sie hämmerte dem Soldaten auf den Bauch: „Vertschüsst euch! Glaubst du, ich habe Angst vor deinem Gewehr?"

„Halt den Mund!"

„Du sagst mir nicht, dass ich den Mund halten soll, du Arsch! Ich werde den Mund nie halten!"

Ein zweiter, ebenso junger Soldat kam seinem Kameraden zu Hilfe und wollte die Kinder zum Umdrehen bewegen. Sofort wurde auch er zum Ziel der nicht nur verbalen Attacke:

„Du Feigling! Du versteckst dich hinter deinem Gewehr! Sonst kannst du nichts, du Angsthase? Wenn du nicht so ein erbärmlicher Hosenscheißer wärst, würdest du von unserem Land runtergehen. Denk daran: Alles hier gehört uns! Die Straße, auf der du stehst, die Luft, die du atmest, die Wolken und der Himmel, das alles ist islamisch!"

Ihre Freundin unterstützte sie: „Wir halten den Mund nicht! Wir werden ihn niemals halten! Das ist unser Recht!"

„Warum schießt du nicht auf uns, du Jammerlappen? Los, schieß doch", schrie ihn die andere an und öffnete den Zipp ihrer Jacke bis zum Bauch. „Los, schieß! Erschieß mich, wenn du dich traust! Oder trägst du dieses Gewehr ganz unnütz herum? Warum schießt du nicht auf mich?

Und du?", attackierte sie nun wieder den Ersten, „warum schießt auch du nicht?"

Die Soldaten sahen einander an, machten kehrt und liefen gemeinsam in Richtung der Siedlung, die sie zu bewachen hatten. Die Kinder rannten Steine werfend, schreiend und kreischend hinter ihnen her, und auch die anderen Jugendlichen, die gerade noch tanzend „Habibi, habibi, nour el ein" gesungen hatten, verfolgten die Gruppe. Fasziniert beobachteten die NGO-Freiwilligen das Ganze aus einiger Entfernung. Kurz vor dem stabilen Metallzaun und dem Stacheldraht machten die Soldaten kehrt und setzten die Gasmasken auf, die sie aus ihren Rucksäcken gezogen hatten.

„Los, film mit!", rief Hassan aufgeregt Birte zu. „Du hast das Handy in der Hand!"

Einer der Wachleute gab einen Schuss in die Luft ab, der anders klang als die üblichen Gewehrschüsse, die hier alle kannten. Eine Tränengasgranate explodierte hoch über ihren Köpfen und trieb die Kinder und Jugendlichen in die Flucht. Sie kreischten auf und machten kehrt, so gut sie den Weg zurück mit ihren übervollen Augen finden konnten. Einige stolperten hilflos und halb blind über den mit Steinen übersäten Erdboden. Der Vierjährige strauchelte über einen größeren Stein und fiel aufs Gesicht. Vor Schmerz schrie er laut auf; aus seinen Augen strömten noch mehr Tränen. Seine ältere Schwester lief auf ihn zu und nahm ihn schluchzend in die Arme. Dem Buben lief Blut aus einem Cut an der Stirn und aus der Nase.

„Hast du das auf Video?", fragte Hassan. „Mach Nahaufnahmen von den beiden!"

Kim ergänzte: „Schick es an Hassan, und auch an mich. Das muss sofort gepostet werden. Alle Welt soll die Wahrheit sehen, den verbrecherischen Terror der Israelis!"

2023 04 23 – Rabbi Yisroel – Brooklyn

Wir haben uns heute hier versammelt, weil vor fünfund-
siebzig Jahren ein großes Unglück geschehen ist. Was ist
1948 passiert? Nun, es kamen ein paar Leute zusammen,
gründeten einen Staat im Nahen Osten und behaupteten,
das sei der Staat von Millionen Menschen in Polen, England, Amerika und Frankreich. Seither inszeniert sich Israel als Nationalstaat des jüdischen Volkes. Das ist einfach
falsch, das ist Betrug! Ja, es ist noch mehr als Betrug: Es ist
verrückt, denn Zionismus ist in Wahrheit ein Angriff auf
unsere Religion!

Zur Unterstreichung dieser Aussage möchte ich heute
von den Schalosch Schewuot sprechen, von den drei Eiden.
Im Talmud heißt es im Traktat Ketubot in Anlehnung an
einen Vers aus dem Hohelied, dass G'tt uns Juden einen
dreifachen Eid abverlangt habe: Erstens, ‚dass Israel nicht
wie eine Mauer hinaufziehe.‘ Zweitens, ‚dass Israel sich
nicht gegen die Völker der Welt auflehne.‘ Und drittens,
‚dass die Völker der Welt Israel nicht übermäßig unterdrückten.‘

Welche Bedeutung haben diese drei Eide? Nun, der
zweite und dritte Eid sind für jedermann leicht verständlich. Der erste Eid allerdings wird von vielen, die vorgeben,
im Namen des Judentums zu agieren, falsch verstanden
oder, was noch schlimmer ist, ignoriert. Damit meine ich
vor allem die Vertreter des Zionismus. Denn im ersten Eid
ist klar festgehalten, dass Israel nicht mit Gewalt aus dem
Exil zurückkehren solle, in das es vertrieben wurde. Juden
sollten nie die Wiederherstellung ihres Staates durch sich
selbst versuchen. Das wäre Blasphemie! Wenn wir Juden
im Exil Reue zeigen und die Gebote wieder mit ganzem
Herzen befolgen, wird G'tt uns in das Land Israel zurück-

führen, aus dem wir vertrieben wurden. Das bedeutet entsprechend den Propheten: wenn der Messias erscheint.

Daraus folgt: Judentum und Zionismus sind strikt voneinander zu trennen! Das Befürworten eines politischen und militärischen Endes des jüdischen Exils leugnet das Wesen unserer Diaspora-Existenz. Wir sind durch g'ttlichen Beschluss im Exil und können nur durch g'ttliche Erlösung aus ihm wieder herauskommen. Alle menschlichen Bemühungen, eine metaphysische Realität zu verändern, sind dazu verdammt, im Scheitern und Blutvergießen zu enden. Die Geschichte hat diese Lehre eindeutig bestätigt.

Der Zionismus leugnete nicht nur unseren grundlegenden Glauben an die himmlische Erlösung; er schuf auch ein Pseudojudentum, das das Wesen unserer Identität in einem säkularen Nationalismus sieht. Dementsprechend haben der Zionismus und der Staat Israel konsequent versucht, durch Überzeugung und Zwang ein g'ttliches und auf der Tora beruhendes Verständnis unseres Volkes durch einen bewaffneten Materialismus zu ersetzen.

Die zionistische Bewegung gründete 1948 den Staat Israel. Seither hält unser orthodoxer jüdischer Widerstand dagegen beständig an. Die Welt und insbesondere die amerikanische Öffentlichkeit und ihre Politiker sollten verstehen, dass nicht alle Juden die Ideologie des Staates Israel unterstützen. Tatsächlich betrachten viele von uns diese Geisteshaltung als diametral entgegengesetzt zu den Lehren des traditionellen Judentums. Unser größtes Anliegen ist der Friede und die Sicherheit aller Menschen auf der ganzen Welt, einschließlich derer, die im Heiligen Land leben. Wir unterstützen und beten für Frieden für das Volk des Staates Israel, aber wir glauben, dass es dort idealerweise in einem nicht-jüdischen Staat leben sollte, nicht in einem jüdischen! Denn wir erkennen mit Sorge, dass das weitverbreitete Missverständnis, dass alle Juden den Staat Israel und seine Aktionen unterstützen, die Juden weltweit gefährdet. Der Antisemitismus, der allerorten im Ansteigen begriffen ist, beweist das nur zu deutlich.

Durch politische Parteien wie etwa Otzma Jehudit, die gegen die Rückgabe der besetzten Gebiete und gegen die Räumung der Siedlungen sind, aber die Errichtung von Schutzzäunen um arabische Dörfer befürworten, wird das wahre Judentum diskriminiert. Denn ihre Pläne widersprechen den drei Eiden diametral. Auch wenn sie sich ,jüdische Nationalisten' nennen – sie vertreten keine religiösen Juden, sondern erheben ihre eigenen Interessen über die des jüdischen Volkes. Zu solch geistig Verwirrten zählen wir unter anderem auch den Mörder von Jitzchak Rabin, obwohl er uns religiös nahesteht. Dabei ist der Begriff ,jüdischer Nationalismus' ein Widerspruch in sich. Es ist eine Neudefinition jüdischer Identität, wenn man Judentum von einer Religion in eine Nationalität umdefiniert. Judentum ist keine Nationalität im modernen Wortsinn. Juden sind nur deshalb Juden, weil sie G'ttes Gesetze akzeptieren, nicht weil sie ein gemeinsames Land oder eine gemeinsame Sprache haben.

Doch was erkenne ich, wenn ich etwa Ministerpräsident Benjamin Netanjahu sehe, der vorgibt, im Namen der Juden zu sprechen und zu handeln? Ich erkenne niemanden, mit dem ich als Jude etwas gemeinsam habe! Wir hier in Williamsburg, wir sind fromme Juden, wir sind religiös, Netanjahu nicht. Wir tragen eine Kippa, Netanjahu nicht. Wir halten den Schabbat, Netanjahu nicht. Israel ist nicht im Geringsten unser Staat, Netanjahu nicht unser Vertreter, der Zionismus nicht unsere Ideologie!

Man muss den Zionismus als eine zeitgemäß nationalistische Reaktion auf den Judenhass des neunzehnten und frühen zwanzigsten Jahrhunderts begreifen. Dieser hat besonders in Osteuropa zu zahlreichen Pogromen geführt. Aufgrund der Erfahrung der Ermordung von sechs Millionen Juden durch das nationalsozialistische Deutschland hat er starken Zulauf bekommen; der Staat Israel ist nach der Shoah für Tausende von jüdischen Überlebenden zur Zufluchtsstätte geworden.

Diejenigen, die der Idee des Zionismus gefolgt sind, lassen dabei aber außer Acht, dass unser Exil und alles, was wir darin zu ertragen hatten und haben, durch g'ttlichen Beschluss erfolgt ist. Es soll uns helfen, uns zu reinigen und G'ttes Gnade zu erlangen, wann immer das so weit sein wird. Im Verlauf unserer zweitausendjährigen Diaspora haben wir viel Leid und Tod erfahren. Als religiöse Juden erkennen wir jedoch die Gebote, die uns auferlegt wurden, in jeder Situation an. Daher haben alle Juden, wie etwa die Jerusalemer Gemeindemitglieder der Neturei Karta, der Wächter der Stadt, die am heutigen Unabhängigkeitstag, Yom Haatzmaut, mit schwarzen Fahnen durch die Heilige Stadt ziehen, unsere ungeteilte Sympathie.

Dagegen verstoßen jene nationalreligiösen, oft auch rechtsradikalen Siedler im Westjordanland, die glauben, dass die messianische Zeit bereits nach der Eroberung 1967 angebrochen ist, nicht nur gegen den ersten Eid, sondern auch gegen den zweiten! Ihnen sei er in Erinnerung gerufen: ‚dass Israel sich nicht gegen die Völker der Welt auflehne.' Auch wenn die Eide zwischen G'tt und dem jüdischen Volk beziehungsweise den Heiden geschlossen sind: Die Tatsache, dass die Heiden ihren Eid gebrochen haben, bedeutet nicht stillschweigend, dass das jüdische Volk auch dazu frei ist.

Nun stellt sich die Frage, ob religiöse Juden denn in Israel leben dürften. Natürlich dürfen sie das! Allerdings müssen sie das als Einzelpersonen und Familien tun, nicht aber als Mitglieder einer organisierten Masseneinwanderung. Und sie dürfen nur in das Land kommen, um dort zu leben, nicht um es zu erobern oder zu beherrschen. Sonst würden sie gegen die Eide verstoßen.

Das ist übrigens auch aus historischer Sicht so zu sehen, denn in der Balfour-Deklaration wird auf die Eide kein Bezug genommen. Welcher religiöse Jude kann sich daher auf diese Erklärung berufen und damit eine Landnahme in Palästina rechtfertigen? Ebenso kann die Zustimmung der Vereinten Nationen keine Erlaubnis für Juden sein, in Palästina einen Staat zu gründen. Eine solche Zustimmung müsste nämlich von jenen Menschen gegeben werden, die im Land leben. Dass der Staat Israel darüber hinaus kriegerisch seine Grenzen über die von den Vereinten Nationen mandatierten Gebiete erweitert hat, fällt da gar nicht mehr ins Gewicht.

Wir unterstützen daher unsere jüdischen Brüder und Schwestern in Israel bei ihrer Weigerung, einen Militärdienst zu leisten. Soldat zu sein, ist nicht jüdisch. Man kann als junger Mann beim Militär die Religion nicht voll ausleben. Außerdem ist das Umfeld schädlich. Es garantiert zum Beispiel nicht, dass man keinen direkten Kontakt mit Frauen haben muss, dass man den Schabbat halten kann oder dass man überall eine koschere Küche anfindet. Auch moderne Vorstellungen von Gendergerechtigkeit sind mit den Regeln der Halacha schwer vereinbar. Nach unseren Vorstellungen sollten Frauen früh heiraten, viele Kinder bekommen und sich um einen streng nach den Glaubensregeln geführten Haushalt kümmern. Männer sollten währenddessen den Talmud studieren. Wenn sie dabei G'tt nahe sind, ist das zum Wohle aller Menschen auf dieser Welt. Daher ist es nur billig, dass der Staat Israel den Unterhalt der Talmudschulen weiterhin bestreitet und die religiösen Familien unterstützt, auch wenn zionistische und linke Politiker das immer wieder in Frage stellen. Dass es zahlreiche Familien gibt, die sich als religiös bezeichnen, um staatlichen Pflichten wie dem Militärdienst zu entgehen, aber in Wirklichkeit entgegen den drei Eiden und den Gesetzen leben, ist aus unserer Sicht zu kritisieren. Wir lehnen ihr Verhalten ab, denn dadurch wird unsere Position in den Schmutz gezogen. Gegen solche Schmarotzer vorzugehen, ist allerdings Sache des Staates Israel.

Das bringt mich zum letzten Punkt meiner heutigen Rede, zur Politik.

Da wir den Staat Israel als solchen ablehnen, ist es nur konsequent, wenn wir uns auch nicht aktiv in die Politik einbringen. Das gilt insbesondere für die Frauen, denn warum sollen nicht auch Männer ihre Anliegen vertreten können? Dennoch ist es nicht unwichtig, wirkliche jüdische Interessen im Auge zu behalten. Mit Benjamin Netanjahu sehen wir in Israel zwar einen Politiker, dem ich echtes Judentum abspreche. Aber er ist auch ein Politiker, der zu seinem Machterhalt die Stimmen jener Parteien braucht, die unsere Positionen vertreten. Ich denke dabei natürlich an die ‚Schas‘ und das Bündnis ‚Vereinigtes Torah-Judentum‘. Die Konstellation in der Knesset ist glücklicherweise so, dass auch linke Bündnisse diese Parteien brauchen würden, falls sie den Auftrag erhalten sollten, eine Regierung zu bilden. Durch die Weigerung arabischer Wahllisten, an einer Regierung teilzunehmen, sind die uns nahestehenden Parteien in einer günstigen Lage. Die uns nahestehenden Politiker können für alle Seiten das Zünglein an der Waage bedeuten. Daher sollten wir niemanden unterstützen, der uns zwingt, unsere Traditionen aufzugeben. Denn die Tora steht über den Gesetzen des Staates, umso mehr, wenn es sich um einen Staat handelt, den wir als solchen ablehnen.

Als religiöse Juden warten wir auf die Erlösung durch den Messias und wissen: Die gibt es für uns nur als Belohnung für das Warten, das Beachten der Eide und das Einhalten der sechshundertdreizehn Gebote.

Schma Israel!

„Höre Israel: ER,
unser G'tt, ER ist einer!
So liebe denn
IHN, den einen G'tt
mit all deinem Herzen, mit all deiner Seele, mit all deiner Macht.

So seien diese Reden, die ich heute dir gebiete, auf deinem Herzen,
einschärfe sie deinen Söhnen,
rede davon,
wann du sitzest in deinem Haus und wann du gehest auf den Weg,
wann du dich legest und wann du dich erhebest,
knote sie zu einem Zeichen an deine Hand.
Sie seien zu Gebind zwischen deinen Augen,
schreibe sie an die Pfosten deines Hauses und in deine Tore!"

2023 07 12 – Gal – Jerusalem

„Freunde, Kameraden", begann der Siebzigjährige mit Wohlstandsbauch und Stoppelglatze auf einer Parkbank im Sacher-Park stehend seine Rede vor einigen hundert Gleichaltrigen. „Ich bin stolz auf euch! Ich bin stolz darauf, dass so viele von uns von Tel Aviv bis hierher gewandert sind, um gemeinsam mit anderen Gruppen gegen das Ende der Demokratie in Israel zu protestieren. Ich weiß", dabei klopfte er schmunzelnd auf die beachtliche Rundung in seiner Körpermitte, „das ist so manchem von uns nicht leichtgefallen. 1973 wäre es ein Leichtes gewesen. Damals waren wir alle noch junge Männer, sportlich, schlank und bereit, für die Heimat zu kämpfen. Und das haben wir getan! Ich bin als Leutnant in einem Panzer gesessen, so wie viele andere von euch ebenfalls. Und so wie wir in diesem Krieg unser Land am Golan verteidigt haben, so müssen wir auch jetzt dafür sorgen, dass Korruption und Kriminalität in einer israelischen Regierung keinen Platz haben! Dass wir einen Ministerpräsidenten haben, der seit dreißig Jahren immer wieder mit Bestechungsvorwürfen konfrontiert wird und es nur aufgrund seiner Ministerämter und maßgeschneiderter Gesetzesänderungen schafft, sich gerichtlicher Verfolgung zu entziehen, ist eine Schande für unser Israel!"

Applaus und zahlreiche Zwischenrufe unterbrachen seine Rede. Gal nahm das zum Anlass, sich den Schweiß von der Stirn zu wischen. Er trank aus einer mitgebrachten Wasserflasche und setzte fort: „Dass er vor einem halben Jahr nicht einmal genügend Selbstachtung gehabt hat, sich den Vorwürfen zu stellen, ist bezeichnend für seinen Charakter. Statt Rückgrat zu zeigen, hat er mit verurteilten Rassisten, bestechlichen Gesetzesbrechern und verlogenen Menschentäuschern eine rechtsradikale ultraorthodoxe Regierung gebildet, mit deren Hilfe er sich selbst Straffreiheit sichern will. Um das zu erreichen, nimmt er Entwicklungen in Kauf, bei denen sich David Ben-Gurion, Golda Meir, Jitzchak Rabin und sogar Ariel Sharon im Grab umdrehen: Er gefährdet die Sicherheit und Lebensqualität in unserem Land, indem er bewusst die radikale Hamas in Gaza unterstützt, während die geringfügig zugänglichere Fatah in den umstrittenen Gebieten gezielt benachteiligt wird. Dadurch will er Unfrieden und Konflikte innerhalb der Palästinenser nicht nur beständig am Köcheln halten, sondern sogar noch fördern. Ich sage euch, das wird sich rächen! Irgendwann, vielleicht in einem Monat, vielleicht in einem Jahr oder in fünf Jahren, wird die Hamas mit seiner Duldung über derart viele Bomben, Granaten, Drohnen und Raketen aus dem Iran verfügen, dass wir uns wundern werden! Diese Politik wird in einer Katastrophe münden! Auch die unzähligen Waffen, die aus dem Iran und Russland über unsere Nachbarländer zu den Clans in den arabischen Städten und Dörfern Israels geschmuggelt werden, schüren Unsicherheit und Gefahr. Man schätzt die Zahl der illegalen Revolver und Gewehre auf vierhunderttausend! Bei zwei Millionen israelischer Araber bedeutet das: Jeder fünfte von ihnen ist mit einer Schusswaffe ausgerüstet! Zusätzlich verfolgt seine Regierung die mafiösen Banden innerhalb der arabischen Gemeinschaft nicht, was dort natürlich die Gewalt ansteigen lässt. Das ist Teil seines Plans, uns für noch härteres Vorgehen und strengere Maßnahmen gegen Araber und Palästinenser zu gewinnen."

„Der wird doch von den Verbrecherbanden geschmiert!", schrie ein Demonstrant aufgeregt, während rundherum zustimmendes Pfeifen und Buhrufen ertönte. Gleichzeitig setzten Zwischenrufe ein:

„Er wollte ja seinerzeit schon Sharons Abzugsplan aus Gaza sabotieren!"

„Das ist ihm ja zum Glück nicht gelungen!"

„Aber dass Sharon ganz zufällig ins Koma gefallen ist, kurz nachdem er Gaza geräumt hat, glaubt wirklich nur ein hoffnungsloser Naivling!"

„Na, der hat vorher auch jede Menge Scheiß gebaut!"

„Doch irgendwann ist selbst er vernünftig geworden!"

„Das stimmt! Diese ständigen Provokationen der Palästinenser mit neuen Siedlungen hätten wir mit ihm nicht!"

„Er hat ja auch gegen den Oslo-Friedensprozess gehetzt, so gut er nur konnte!"

„… und der Rabin-Mörder hat sich auch auf seine Aussagen berufen!"

„… ein ultrakonservativer orthodoxer Jude, wie sie jetzt in der Regierung sitzen!"

„… dieser Pharisäer, der trotz seiner Orthodoxie meint, dass es über den zehn Geboten noch seine eigenen Gebote gibt!"

„Kameraden!", wandte sich ein hochgewachsener Teilnehmer an die Menge und ruderte mit den Armen, um sich Gehör zu verschaffen: „Auch ich war Leutnant am Golan. Nach dem Militärdienst habe ich als Manager in einer Bank gearbeitet. Dabei habe ich jede Woche miterlebt, wie Netanjahus Gesetze verhindern, dass die Araber in ihren eigenen Dörfern Häuser bauen. Sie haben sie natürlich trotzdem gebaut, illegal; ihr kennt das ohnehin. Wenn sie später Kredite brauchen, dürfen die Banken diese Gebäude nicht als Sicherheit akzeptieren. Damit treiben wir die Araber zu den Geldverleihern der Mafiaclans. Die verlangen unglaublich hohe Wucherzinsen und sind bei der Eintreibung nicht zimperlich. Die Zahl der Toten in den arabischen Ortschaften spricht für sich! Da muss man kein Araberfreund sein, um das pervers zu finden!"

„Na klar, nehmen die hohe Zinsen", rief ein anderer, „die müssen ja einen Teil davon an die korrupten Rechtsradikalen in der Regierung abgeben!"

„Frechheit! Denen muss man das Handwerk legen!"

„Diese Schmarotzer! Sogar seine Anzüge lässt er sich von Unternehmern bezahlen, für die er im Gegenzug Gesetze schneidert!"

„Das streitet er alles ab, dieser charakterlose Typ! Genau wie den Auslandsaufenthalt für seinen Sohn!"

„Stimmt! Dabei hat der New Yorker, der den bezahlt hat, das schon längst öffentlich zugegeben."

„Als ob sie als Minister so wenig verdienen würden, dass sie das nötig hätten!"

„Freunde, Kameraden", meldete sich Gal auf seiner Parkbank stehend nun wieder. „Das alles ist schlimm, peinlich und eine Schande für Israel. Eine Schande und Gefahr! Noch schlimmer ist aber, was Bibi und die Ultraorthodoxen in der Regierung unter dem Deckmantel ‚Justizreform' vorhaben! Es geht ihnen dabei um nichts anderes, als jede Kontrolle ihrer privaten Mauscheleien und hirnverbrannten politischen Vorhaben durch eine höhere Instanz zu verhindern. Sie sagen, das Recht müsse der Politik folgen!"

Schrille Pfiffe und laute Buhrufe unterbrachen seine Rede. Nach einiger Zeit konnte er fortfahren: „Diese Aussage ist demokratiebezogen absoluter Unsinn und überdies brandgefährlich für unser Land! Wir alle kennen die Hintergründe, warum Israel 1948 keine geschriebene Verfassung bekommen hat. Schon damals konnten sich die vielen jüdischen Interessengruppen nicht einigen. Diejenigen, die sich gegen alles quergelegt haben, waren die Ultraorthodoxen mit ihrer Botschaft, dass nur der Messias einen jüdischen Staat wiedererrichten dürfe. Deshalb wurde das Oberste Gericht beauftragt, eine Gewaltenteilung zu gewährleisten, wie sie für eine Demokratie erforderlich ist. Wenn nun auch noch die einzige Institution, die die Regierung kontrollieren kann, in ihren Möglichkeiten beschnitten werden soll, ja, wenn eben diese Regierung sogar bestimmen darf, wer in diese Institution nominiert werden soll, dann frage ich euch: Wer kann der Regierung in Zukunft überhaupt noch auf die Finger schauen? Wer kann die Gewaltenteilung sichern? Die Demokratie?"

Ein empörter zustimmender Aufschrei der aufgebrachten Demonstranten gab ihm recht.

Nach einer Weile konnte er fortfahren:

„Das ist ein Anschlag auf unsere Demokratie, auf die einzige Demokratie im ganzen Nahen Osten! Wir sind heute hier, um dem Ministerpräsidenten zu sagen: ‚Bibi, lass den Scheiß! Die Politik hat dem Recht zu folgen, nicht umgekehrt! Wenn du aus Israel nach Putins Muster ein zweites Russland machen willst, dann wirst du uns kennenlernen, uns alte Kämpfer des ‚Dreiundsiebziger-Veteranenklubs'! Wir sitzen nicht mehr wie damals am Golan im Panzer, aber wir verstehen es immer noch, für die Heimat zu kämpfen! Das sind wir all jenen schuldig, die unser Land aufgebaut haben. So wie mein Vater trotz aller Sperren und Sabotagen durch die Briten 1947 die Sabtai Lozinsky mit viereinhalbtausend Einwanderern nach Palästina gesteuert hat, so werden auch wir beharrlich immer wieder auf die Straße gehen und dir zeigen, dass du mit deinen zusammengewürfelten Rechtsradikalen nicht unser Land und unsere Zukunft zerstören kannst! Denn wir wollen unseren Kindern ein lebenswertes Israel übergeben, in dem man ohne Angst und in Frieden mit dem Volk und den Nachbarn leben kann! Politiker, die die Nation bloß spalten wollen, um ihre eigenen Vorstellungen durchzusetzen oder gar, um gerichtliche Konsequenzen für ihr korruptes Tun zu verhindern, brauchen wir nicht! Du kannst hundertmal anständige Menschen wie Noa Tishby als Sonderbeauftragte zur Bekämpfung des Antisemitismus und der Delegitimierung Israels entlassen, bloß weil sie nicht deiner Meinung sind – doppelt so viele werden nachrücken und dich auf den Boden der Realität herunterholen!' Das, Freunde und Kameraden, das ist unsere Botschaft an den Ministerpräsidenten!"

Immer wieder unterbrachen ihn die Demonstranten mit Zwischenrufen:

„Hätte das Oberste Gericht nicht Arie Deri abgelehnt, wären wir jetzt das einzige Land, in dem ein verurteilter Krimineller Innenminister wird!"

„Verurteilt wegen Betrug und Bestechlichkeit!"

„Die wollen Israel in einen Bürgerkrieg treiben!"

„Gut, dass die Reservistenoffiziere sich weigern, unter dieser Regierung ihren Dienst anzutreten!"

„Auch die Cyberexperten des Militärs verweigern ihren Reservedienst!"

„... und die Militärärzte!"

„... und die Piloten!"

„Sogar der Geheimdienst ist gegen diesen Staatsumbau!"

„... die USA sowieso!"

„Mit den Ultraorthodoxen in der Knesset werden dort auch noch die Prügeleien salonfähig!"

„Diese Heuchler! Den Militärdienst verweigern, uns kämpfen lassen und sie, sie richten sich inzwischen die Gesetze, wie sie es brauchen!"

„Wer einen Rechtsextremen zum Polizeiminister macht, will nicht das Volk beschützen, sondern sich selbst!"

„Dieser Rassist!"

„Mehrfach verurteilt und jetzt Minister! Ein tolles Bild, das wir abgeben!"

„Vergesst nicht, Bestechlichkeit hat in der Likud-Partei Tradition! Ich sage nur: Olmert!"

„Ja, aber der hat wenigstens dafür im Gefängnis seine Strafe abgebüßt."

„Auch kein Grund, darauf stolz zu sein. Ein ehemaliger Ministerpräsident im Knast!"

Gal hob auf seiner Parkbank beschwichtigend die Hände, um die aufgebrachte Menge zu beruhigen: „Freunde, Kameraden, ihr habt mit allem recht, was ihr da sagt. Als wir vorige Woche in die Azzastraße gezogen sind, um vor Bibis Wohnhaus zu demonstrieren, haben sie Wasserwerfer eingesetzt, und Tränengas! Mehrere von uns sind vorübergehend festgenommen und erst nach zwei Tagen wieder freigelassen worden, und das nicht ohne blaue Flecken! Aber ich sage euch: Gewalt und Repressionen werden uns nicht davon abhalten, für demokratische Werte einzutreten, insbesondere wenn sie von Ministern gesetzt werden, die aufgrund ihrer gerichtlichen Verurteilungen nicht einmal Taxifahrer oder Fremdenführer werden dürften! Dafür müssten sie nämlich ein Leumundszeugnis vorzeigen können. Ein Minister dieser Regierung braucht das nicht – er kann so oft schuldig gesprochen worden sein, wie er will. Verurteilungen wegen Rassismus, Volksverhetzung, Bestechlichkeit, Korruption, Betrug, Körperverletzung, Nötigung ... das alles ist in einem Netanjahu-Kabinett kein Hindernis, einen Ministerposten zu bekommen, wenn man ihn damit davor bewahrt, zur Rechenschaft gezogen zu werden!"

Wieder schrien, kreischten, pfiffen und brüllten die erbosten Demonstranten, sodass Gal Schwierigkeiten hatte, sie zum Zuhören zu bewegen. Nach einigen Minuten konnte er seine Rede schließen:

„Freunde, Kameraden, in ganz Israel wird heute erneut demonstriert; allein in Tel Aviv werden dreißigtausend erwartet. Wenn wir jetzt gleich hinunterziehen, werden wir uns wie üblich mit mehreren anderen Demonstrationsgruppen zusammenschließen. Vielleicht haben die Ultraorthodoxen und Rechtsextremen auch wieder ein paar Gegendemonstranten losgeschickt, die uns provozieren sollen. Lassen wir uns von denen nicht beeindrucken! Bleiben wir wie immer ruhig und besonnen, aber machen wir Bibi und der ganzen Welt klar, dass Israel kein Land ist, das von Gesetzesbrechern regiert werden darf! Wir sind Veteranen, wir haben keinerlei politische Ambitionen. Aber wir müssen unsere Werte und unser Land schützen! Wir sind nun siebzig Kilometer von Tel Aviv hierher gewandert und werden uns auch von Wasserwerfern, Tränengas und willkürlichen Verhaftungen nicht abhalten lassen, vor dem Haus des korruptesten Ministerpräsidenten zu demonstrieren, den dieses Land je gesehen hat! Wir zögern trotz seiner persönlichen Elitetruppen auch nicht, darauf hinzuweisen, dass wir wissen, wer unser Land über lange Zeit in diese verfahrene Situation gebracht hat, die schlimmer kaum sein könnte: Bibi, ata harosch – ata aschem! Du bist oben – du bist schuld! "

Mit Jubel, Pfiffen, Schreien und Schimpfen stimmten ihm die Kameraden aus dem Jom-Kippur-Krieg zu. Nach einiger Zeit reihten sie sich diszipliniert ein und marschierten, Protestslogans skandierend und die HaTikwa, die israelische Nationalhymne, singend, die verbleibenden fünfhundert Meter in die Azzastraße. Dort erwarteten sie bereits vor zahlreichen Einsatzfahrzeugen und Wasserwerfern eine riesige Phalanx schwer bewaffneter Polizisten mit großen Plexiglasschilden und gut fünfzig Polizeireiter auf großen schwarzen Pferden …

2023 10 07 – Jamal – Re'im

Gaza, 7. Oktober 2023
Palästinische Presse Agentur
Eigenbericht

Nach dem grenzenlosen Erfolg der heutigen Operation ‚al-Aqsa-Flut' stellen sich viele die Frage, wie dieser Überraschungsangriff so problemlos und erfolgreich gelingen konnte. Jamal A. ist einer der Kommandanten, die den Angriff auf die zionistischen Besatzer vor Ort geleitet haben. Er fasst diesen größten Tag in der Geschichte der Hamas exklusiv für die PPA zusammen, soweit militärische und geheimdienstliche Umstände das erlauben. Hier sein Bericht:

Am frühen Morgen des heutigen Tages begann die Umsetzung der Operation ‚al-Aqsa-Flut'. Sie war seit vielen Monaten generalstabsmäßig geplant und vorbereitet worden. Ihren Ursprung hatte diese Aktion allerdings bereits vor zwölf Jahren, nämlich 2011. Damals hatte die Regierung des Besatzungsregimes eintausend Gefangene im Austausch mit einem von der Hamas entführten Soldaten auf freien Fuß gesetzt. Unter den Freigelassenen hatte sich, wie als allgemein bekannt vorausgesetzt werden darf, auch Yahya Sinwar befunden. Noch während seiner Haft hatte er Kontakte geschmiedet und sich eingehend mit den Verteidigungssystemen der Besatzer auseinandergesetzt, darunter dem sogenannten ‚Iron Dome'.

Unmittelbar nach seiner Freilassung war er in die Führung der Hamas eingetreten und hatte begonnen, seine in der Gefangenschaft gewonnenen Erkenntnisse in konkrete Pläne umzusetzen, um mit ihnen den palästinensischen Freiheitskampf verstärkt fortzuführen. Der genannte Geiselaustausch hatte die Erpressbarkeit und Verletzlichkeit des Besatzungsregimes aufgezeigt. Das hatte zu der Idee geführt, eine Massenentführung ins Zentrum einer militärischen Spezialoperation zu stellen. Diese hätte 2014 bereits umgesetzt werden sollen. Wie in weiten Kreisen bekannt, war vorgesehen, nach einem lang anhaltenden Raketenbeschuss der Qassam-Brigaden und des Islamischen Dschihads durch unser Tunnelsystem die Grenzzäune der Besatzer zu unterwandern. Wir hätten auf diesem Weg problemlos zu mehreren nahe gelegenen Kibbuzim gelangen können. Dort war geplant, möglichst viele Feinde zu vernichten und zu entführen. Dieser Plan war jedoch vorzeitig durch menschenrechtswidrige zionistische Verhöre inhaftierter Hamas-Mitglieder, gegen die mehrere europäische Staaten dankenswerterweise solidarisch protestiert haben, aufgedeckt worden. Daher hatte der Plan damals nicht umgesetzt werden können.

Aufgrund weltpolitischer Ereignisse außerhalb unseres Einflussbereichs hatten wir bald danach die Unterstützung der ägyptischen Muslimbrüder und für kurze Zeit auch die des Irans verloren. Das hatte, ebenso wie die Maßnahmen kapitalistischer Banken in den USA bezüglich wohltätiger Spenden aus Qatar, der Türkei, Saudi-Arabien und Europa, zu einer Einschränkung unserer finanziellen Ressourcen geführt. Als eines von vielen Beispielen sei bloß der Wegfall der Unterstützungszahlungen durch den palästinensischen Leiter der NGO ‚World Vision' genannt, der sich bei unserem Volk größter Beliebtheit erfreut. Dass dieser Mann, der 2014 von den Vereinten Nationen noch zum ‚Helden der Menschlichkeit' ernannt wurde, in der Zwischenzeit aufgrund der völlig haltlosen Anschwärzung durch einen Ex-Mitarbeiter sogar von einem Gericht des Besatzungsregimes verurteilt wurde, beweist zweierlei: ihr skrupelloses heuchlerisches Vorgehen und ihren Einfluss auf die internationale Staatengemeinschaft. Zum Glück sind andere NGOs und Staaten eingesprungen, und das hat es uns nun ermöglicht, den bedeutendsten Tag in der Geschichte der Hamas seit der Gründung 1987 zu erleben. Unser besonderer Dank gilt der UNRWA, dem Internationalen Komitee vom Roten Kreuz und vom Roten Halbmond, aber auch dem Iran, der Türkei, Qatar, Russland, Deutschland, Österreich und weiteren europäischen Staaten sowie unseren Bruderorganisationen in Arabien und Europa.

Am heutigen frühen Morgen haben wir begonnen, den südlichen Teil des besetzten Palästinas, die Region von Be'er Sheva bis Tel Aviv, mit fünftausend Raketen zu überziehen. Dadurch haben wir das feindliche Militär überfordert, das sich auf hochgerüstete technische Hilfsmittel wie ‚Iron Dome' verlassen hatte. Mittels Drohnen haben wir Sprengsätze über den ferngesteuerten und automatisierten Überwachungs- und Kommunikationstürmen und Maschinengewehranlagen abgeworfen. Scharfschützen haben gleichzeitig die Überwachungskameras außer Gefecht gesetzt. Als sich die Besatzer noch in heller Aufregung wegen des fortwährenden Raketenhagels befanden, durchbrachen unsere Pioniere bereits an dreißig Stellen den Grenzzaun und Mauern. Rund dreitausend Soldaten gelangten durch die Öffnungen auf Motorrädern, Jeeps und Pick-ups ins besetzte Gebiet. Zur gleichen Zeit überwanden zweihundert Kämpfer die Grenzbarrieren mit Gleit- und Motorschirmen. Das alles wurde von Bodycams, Helmkameras und Drohnen festgehalten und teilweise von al-Aqsa TV übertragen.

Die Besatzer hatten allenfalls mit Angriffen durch Tunnel, die auf ihr Gebiet führen, gerechnet. Die Durchführung eines so detailliert durchgeplanten Angriffs hatten sie uns in ihrer Überheblichkeit nicht zugetraut. Davon konnten wir profitieren, denn befreundete Geheimdienste hatten uns informiert, dass Teile der Planung der ‚al-Aqsa-Flut' durchgesickert waren. Alles andere wäre aber auch überraschend gewesen, denn bei einer derart langen und umfangreichen Planung wie dieser ist es niemandem möglich, bis zuletzt alles geheim zu halten. Das Herrenmenschen-

Denken der Besatzer hat uns aber so sehr in die Karten gespielt, dass sie am frühen Morgen des heutigen Tages vollkommen überrumpelt waren. In Windeseile gelang es unseren Leuten, mehrere Außenposten und einen Militärstützpunkt der feindlichen ,Gaza Division' einzunehmen. Da die gegnerische Kommunikation durch diese Erfolge erheblich gestört war, war es ein Leichtes, bis zu achtzehn Kilometer hinter der Grenze in mindestens vierzig Kibbuzim einzudringen. Darunter, das darf ich mit Stolz sagen, waren, um nur einige zu nennen: Yad Morchai, Erez, Or HaNer, Nir Oz, Kfar Aza, Bei'eri, Re'im, Nirim, Urim, Nir Jitzchak und sogar Ofaqim. Selbst die Polizeistation in Sderot gelang es uns, einzunehmen, was für die Besatzer besonders demütigend sein muss.

Auch Versuche unserer Seestreitkräfte, mit Schnellbooten und Tauchern von Gaza aus Ashkelon zu erreichen, waren erfolgreich. In die Stadt konnten wir zwar nicht eindringen, sehr wohl aber in die angrenzenden Kibbuzim Zikim und Karmria.

In beinahe allen der genannten Kibbuzim gelang es unseren Einheiten problemlos, die dort befindlichen Notfalleinheiten zu überrennen und zu liquidieren. Anschließend konnten wir zahlreiche dort lebende Besatzer eliminieren und etwa die Hälfte ihrer Häuser zerstören. Genaue Zahlen liegen uns noch nicht vor. Wir rechnen damit, dass mindestens dreitausend Feinde getötet oder verletzt wurden. Besonders erfolgreich waren unsere Truppen in den Kibbuzim Be'eri, Kfar Aza, Nachal Oz und Re'im, wo zum Zeitpunkt des Angriffs gerade ein großes Open Air Musikfestival stattgefunden hatte.

Gerüchte über massenhafte Vergewaltigungen, brutales Abschlachten Wehrloser, sowie blutrünstiges Vorgehen gegenüber Kindern und Greisen weisen wir ausdrücklich zurück. Videos sterbender Feinde, die mit deren Handys aufgenommen und an ihre Angehörige versandt oder auf ihren eigenen Facebook-Profilen hochgeladen wurden, betrachten wir als unmenschliche Versuche einer gegnerischen Desinformationskampagne.

Zusätzlich zu den genannten Erfolgen konnten wir sowie der Islamische Dschihad, dreihundert Personen als Geiseln nehmen, die mittlerweile in sicherem Gewahrsam in Gaza festgehalten werden. Soweit bisher bekannt, verfügt etwa die Hälfte von ihnen über eine andere Nationalität. Wir werden uns diesbezüglich mit den jeweiligen Staaten, darunter USA, Deutschland, Großbritannien, Thailand, Frankreich, Argentinien und Russland, in Verbindung setzen.

Namens der Hamas rufe ich der Weltgemeinschaft in Erinnerung, dass die Operation ‚al-Aqsa-Flut' nichts ist als ein Akt der Selbstverteidigung eines seit Jahrzehnten unterdrückten Volkes! Die Verbrechen der Besatzungsmacht aufzuzählen, würde den Rahmen dieses Berichts sprengen. Es genügt wohl, beispielhaft darauf hinzuweisen, dass Benjamin Netanjahu vor nicht einmal zwei Wochen auf der UN-Generalversammlung eine Karte gezeigt hat mit dem Titel ‚The New Middle-East'. Auf ihr ist zu sehen, dass das gesamte Gebiet zwischen dem Jordanfluss und dem syrischen Golan bis hin zum Mittelmeer als ‚Israel' bezeichnet wird, ohne einen palästinensischen Staat auch nur zu erwähnen. Eine solche Grenzziehung kann nur als Karte der Annektierung verstanden werden und als Missachtung und Beleidigung sowohl der Grundprinzipien der Vereinten Nationen als auch der Existenzberechtigung unseres Volkes.

Jenen internationalen Organisationen aus Arabien, Europa und Amerika, von denen wir Gratulationen, ja sogar Videos mit palästinensischen Jubelgesängen erhalten haben, sagen wir aufrichtigen Dank. Unser Kampf wird weitergehen!

Und Herrn Netanjahu rufe ich als Antwort auf seine Verbrechen zu: „Sie haben sich in Ihrer Arroganz deutlich verschätzt! Sie sollten wissen: Wir sind noch lange nicht am Ende der Auseinandersetzung! Sie und Ihre Bevölkerung

werden einen hohen Preis für Ihre fortgesetzten Verbrechen zu zahlen haben!

From the river to the sea, Palestine will be free!"

2024 03 15 – Sumaja – Rafah

Die Schlange vor dem Verteilzentrum, das die UNRWA provisorisch eingerichtet hatte, war lang, ziemlich lang. Aber wer Wasser, Brot und vielleicht sogar Medikamente wollte, musste eben sechs oder acht Stunden des Wartens in Kauf nehmen. Sumaja war eigens noch vor Sonnenaufgang hingegangen und sie war tatsächlich eine der Ersten; vor ihr waren kaum dreihundert Menschen angestellt. Um sieben Uhr, als die Verteilung begann, war die Schlange auf eineinhalb Kilometer angewachsen. Die meisten der Wartenden waren Frauen; fast alle hatten leere Taschen in den Händen und trugen bodenlange dunkle Kleider, darüber bis zu den Knien reichende offene Mäntel in Kontrastfarben und dazu passende Kopftücher oder über den Kopf geschlungene Schals. Die palästinensischen Kufijas mit ihrem typisch schwarz-weiß-gewürfelten Muster, die früher allgegenwärtig gewesen waren, sah man kaum mehr, so als wären sie nach dem Tod Arafats aus der Mode gekommen.

Während sich in der Reihe der Anstehenden noch keine Bewegung zeigte, kam Sumaja mit der neben ihr stehenden Aisha ins Gespräch. Diese echauffierte sich über die aus ihrer Sicht Verantwortlichen an dieser Versorgungsmisere:

„Irgendwann werden wir die Zionisten aus unserem Land getrieben haben, und dann können sie sich um Lebensmittel anstellen. Dann werden sie sehen, wie das ist, stundenlang warten zu müssen wie die Bettler."

„Ja, es ist wirklich anstrengend", stimmte Sumaja zu. „Hast du auch Kinder?"

„Drei. Sie sind bei meiner Mutter. Und du?"

„Auch drei; zwei Buben und ein Mädchen."

„Wo sind die?"

„Eine Nachbarin im Zeltlager passt auf sie auf. Sie ist aus Khan Yunis. Wir kennen ja hier kaum jemanden."

„Ah, du lebst im Zeltlager! Das habe ich mir gedacht. Ich habe dich ja schon öfters hier gesehen."

„Ich dich auch! Dein pinker Mantel ist mir sofort aufgefallen!"

„Danke. Ich mag ihn sehr. Ich heiße Aisha. Du bist aus Khan Yunes?"

„Nein, aus Gaza. Nach Khan Yunis sind die Kinder und ich nur gekommen, weil die Israelis bei uns einmarschiert sind. Du weißt ja, sie haben uns aufgefordert, in den Süden zu gehen, weil sie angreifen wollten. Ich bin übrigens Sumaja."

„Verstehe. Dann bist du also wegen der Aufforderungen der Zionisten nach Khan Yunis geflüchtet und ein paar Wochen später, als sie dort ebenfalls angegriffen haben, hierher?"

„Ja, so war das. Ich hoffe, wir können bald wieder nachhause."

„Inschallah. Wo ist denn dein Mann? Auch in Rafah?"

„Nein, der ist in Gaza geblieben und passt auf, dass das Haus nicht geplündert wird. Viel zu finden gibt es bei uns ja nicht, aber wir haben lange dafür gearbeitet. Mittlerweile ist die Stadt beinahe völlig zerstört. Unseren Stadtteil haben sie verschont; da leben nur Zivilisten, keine Hamas-Soldaten. Ich bete jeden Tag zu Allah, dass meinem Mann nichts zustößt, inschallah. Er hat zwar niemals jemandem etwas Böses getan, aber man weiß ja nie ... Und dein Mann?"

„Der ist auch in Gaza. Er kämpft für die Hamas."

„Ah, als Soldat oder als Freiwilliger?"

„Als Offizier. Er ist im Al-Shifa-Krankenhaus stationiert und war dort für den Tunnelbau zuständig."

„Unser Nachbar in Gaza war auch daran beteiligt. Er hat erzählt, dass die Tunnel hunderte Meter weit unterhalb des Spitals verzweigt sind."

„Ja, und zwar tief unter dem Erdniveau, und noch dazu verteilt auf mehrere Stockwerke! Die hat alle mein Mann geplant. Er hat nämlich Tiefbau studiert, in Teheran!"

„Oh, in Teheran! Das soll eine schöne Stadt sein!"

„Das ist sie! Ich war auch ein paar Mal dort", war Aisha stolz. „Zur Ausbildung", ergänzte sie.

„So wie er, im Tunnelbau?"

„Nein, dafür braucht man ein Studium. Ich war dort zur, hmm …, zur Waffenkunde, könnte man sagen." Als sie Sumajas fragenden Blick sah, fuhr sie fort: „Also, mit Kalaschnikows umgehen zu können, dazu muss man nicht nach Teheran. Aber die Handhabung der Raketen und Drohnen, die wir seit Oktober auf die Zionisten schießen, die ist schon ziemlich anspruchsvoll. Da sind ganz neue Entwicklungen dabei, aus Russland und natürlich aus dem Iran. Die sollte man gut beherrschen, wenn man sie einsetzen will, sonst gefährdet man sich am Schluss noch selbst."

„Dann bist du also eine Drohnenpilotin?"

„Richtig. Das ist mein Beitrag zur Vernichtung des Zionistenstaates."

„Woher bekommst du denn die Drohnen?"

„Die werden uns geliefert. Die genauen Wege kenne ich auch nicht, das ist Militärgeheimnis. Ich bin ja keine Kommandantin. Aber oft, wenn eine neue Lieferung kommt, sehe ich Kämpfer aus dem Libanon, von der Hisbollah. Die besprechen sich regelmäßig mit unseren Kommandanten."

„Sind die ebenfalls in Rafah?"

„Die Kommandanten meinst du?"

„Ja."

„Die der zweiten und dritten Führungsebene sind an der Front, so wie mein Mann. Die oberste Führung und die ganze Regierung natürlich nicht. Die meisten von denen leben in Qatar. Es wäre viel zu riskant für sie, in Gaza zu bleiben. Und das Westjordanland ist schon gar keine Alternative. Die Fatah ist derartig korrupt, dort könnte es unser-

eins nicht lange aushalten. Ich weiß, wovon ich spreche!",
fügte sie vielsagend hinzu.

Sumaja sah sie mit großen Augen an: „Du warst im
Westjordanland?"

„Ja klar. Ich bin dort sogar geboren. In Beit Nattif."

„Ist das ein schöner Ort?"

„Es ist ein Flüchtlingslager. Das haben unsere Urgroßeltern errichtet, 1948, als sie während der Nakba mit meinen Großeltern aus Beit Nattif vertrieben wurden."

„Ah, verstehe. Das ursprüngliche Beit Nattif ist im heutigen Israel?"

„Zwanzig Kilometer südwestlich von Jerusalem. An
unserem Haus im Lager haben wir eine Tafel angebracht,
die daran erinnern soll: ,Besetzungstag: 21.10.1948. Atta-
ckiert von der Har'el Brigade. Ausdehnung 44,5 km^2. Bewohner: 2494.' Das ist zur Erinnerung, damit jeder weiß,
an wem wir ewige Blutrache zu üben haben."

„Wie viele leben da jetzt?"

„Im alten Beit Nattif? Keine Ahnung, ich war noch nie
dort. Bei uns im Flüchtlingslager sind es ungefähr zehntausend."

„Habt ihr es schön?"

„Ja, wir haben gute Häuser, saubere Straßen, Wasser,
Strom, Geschäfte, Kanalisation, alles, was man so braucht.
Von den NGOs und der UNRWA ist genug Geld da, um
das zu finanzieren. Es ist eigentlich ähnlich wie hier in
Gaza. Aber es ist eben nicht das Beit Nattif unserer Ur-
großeltern."

„Bist du deshalb dort weggegangen?"

„Nein, ich habe meinen Mann kennengelernt, Mahmut.
Der war in Hebron, um den Besatzern das Leben ein wenig
ungemütlicher zu machen. Die Fatah-Leute sind ja solche
Weicheier! Die glauben, dass sie mit ein paar Steinwürfen
und ab und zu mit einer Messerattacke die Zionisten vertreiben können. Die sind wie die Araber, die im Zionisten-
staat leben – nicht zu ernsthaften Aktionen zu bewegen!

Oder die Ägypter – von denen erhalten wir weniger Unterstützung als aus Europa und von der UNRWA, obwohl sie doch unsere arabischen Brüder sind! Ich weiß nicht, was mit diesen Scheinarabern los ist!", schüttelte sie verärgert den Kopf. Dann rief sie mehrmals hintereinander: „From the river to the sea, Palestine will be free!" Als nur wenige Wartende kurz einstimmten, kam sie wieder auf Aishas Frage zurück: „Na ja, das war vor dreizehn Jahren in Hebron, da haben wir uns kennengelernt. Mittlerweile sind meine Söhne auch schon junge Soldaten. Sie bekommen von den iranischen Ausbildern hier in Rafah bereits Unterricht."

„Du bist eine Kämpferin", stellte Sumaja fest. „Das würde ich nie zusammenbringen."

„Jeder aufrechte Palästinenser sollte seinen Teil dazu beitragen, die Zionisten zu vernichten!"

„Ich mag die Israelis auch nicht. Aber ich kann keine Waffe angreifen. Ehrlich gesagt, wäre es mir am liebsten, wenn wir in Frieden nebeneinander leben könnten, dort sie, hier wir. Ich fürchte bloß, das wird nicht so bald möglich sein. Vielleicht werden meine Kinder das noch erleben, das ist mein Wunsch für sie, inschallah. Die Ärmsten sind, seit wir aus Gaza flüchten mussten, völlig traumatisiert und verängstigt."

„Wie alt sind sie denn?"

„Acht, neun und elf."

„Fast wie meine, die sind zehn, elf und zwölf. Besucht uns doch einmal. Ich wohne bei meiner Mutter in der Jasserstraße, genau gegenüber der Taiba-Moschee. Ein einstöckiges Haus mit blauem Portal, du kannst es nicht verfehlen. Frag einfach nach Nadira, das ist meine Mutter."

Während des Gesprächs war Bewegung in die Schlange vor ihnen gekommen und sie waren nur noch zwanzig Meter von den LKWs entfernt, von deren Ladeflächen die Lebensmittel verteilt wurden. Als Sumaja und Aisha beinahe schon an der Reihe gewesen wären, kam von links ein Pick-up angefahren. Mehrere bewaffnete Männer stiegen aus und schoben die zuvorderst Wartenden grob zur Seite. Nach einigen kurzen Sätzen nickten die UNRWA-Mitarbeiter und halfen ihnen, so viele 50-Kilo-Mehlsäcke und zwanzig-Liter-Wasserbehälter auf den Wagen zu laden, bis der kleine Lastwagen voll beladen war. Es waren aber noch genügend Vorräte da, um Sumaja und Aisha ihre mitgebrachten Taschen füllen zu lassen. Mit einer herzlichen Umarmung verabschiedeten sich die beiden Frauen voneinander.

Zwei Wochen später klopfte Sumaja mit ihren drei Kindern unangekündigt an das Tor von Nadiras Haus mit dem blauen Portal. Ihre Augen waren leer; leergeweint nach den Nachrichten aus Gaza. Als Aisha öffnete, erkannte sie sofort ihre Bekannte aus der Warteschlange, wollte sie freudig begrüßen. Sie stockte jedoch, als sie den Schmerz in ihren Augen sah. Zuerst zögerte sie, dann umarmte sie Sumaja sanft und sagte nur:

„Merhaba, kommt herein."

„Nimmst du uns auf?", fragte Sumaja mit tonloser Stimme. „Mich und drei neue junge Kämpfer?"

2024 05 01 – Noam – Eilat

Umschlungen und händchenhaltend saßen Noam und Djamal in einem kleinen Palmenhain am HaShafim-Strand auf einer gemütlichen Teakholzbank. Wortlos beobachteten sie fasziniert den Sonnenuntergang, der das Rote Meer mit hinreißend schönen Farbtönen bestrich. In diesem zauberhaften Licht hätte man die beiden Verliebten vielleicht auf fünfundzwanzig oder dreißig Jahre geschätzt, jedenfalls deutlich jünger, als sie tatsächlich waren. Kleine rote Vögel flogen aufgeregt zwitschernd in die Palmenblätter; ansonsten unterbrach kein störender Laut ihre Zweisamkeit. Man hätte die romantische Szene für einen harmonischen Tagesausklang im Paradies halten können.

Wer es jedoch besser wusste, der vermisste die fröhlich ausgelassenen Unterhaltungen tausender Touristen, die üblicherweise um diese Jahreszeit hier zu hören waren. Er vermisste auch das helle Lachen der Kinder, die im Wasser plantschten und am Strand Sandburgen bauten, das Tok-Tok der tamburinförmigen Sportgeräte, mit denen Jung und Alt Bälle hin und her spielten, die Anfeuerungen, die sonst vom Beachvolleyballplatz lautstark zu hören waren und den Jubel der Sportler nach einem geglückten Schmetterball. Und er vermisste die Schlangen vor der Strandbar und Djamals Fruchtsaftstand, von denen in anderen Jahren zeitgleich unterschiedliche Musik die Umgebung beschallte. Dieses Jahr war alles anders.

„Es war schön hier", ergriff Djamal nach einiger Zeit das Wort und küsste seine Frau.

„Wunderschön!", stimmte ihm Noam zu. „Unendlich schade, dass das jetzt so ausgeht."

Beide nickten schweigend und konzentrierten sich wieder auf die versinkende Sonne. Dann nahm Noam das Gespräch wieder auf: „Warum hat es bloß so kommen müssen? … Andererseits, wenn ich mir vor Augen halte, was für Verrückte auf meiner Seite und auf deiner Seite herumrennen, wundert mich gar nichts mehr."

„Da hast du recht. Wie oft haben wir darüber geredet und fassungslos den Kopf geschüttelt? Ich verstehe bis heute nicht, dass meine Familie sechsundsiebzig Jahre nach der Nakba immer noch in einem Flüchtlingslager lebt und davon träumt, nach Ashkelon zurückzugehen. Zurückzugehen! Als ob seit meinen Urgroßeltern jemals jemand aus unserer Familie außer mir überhaupt dort gewesen wäre! Wie sehr im Gestern kann man geistig denn sein?"

„Das stimmt schon, aber Flüchtlingslager? Euer Dorf bezeichnet sich zwar so, doch seit ich dort war, weiß ich: Das ist eine ganz normale Siedlung mit gemauerten Häusern und Gärten, asphaltierten Straßen und Kanalisation. Ich verstehe unter diesem Begriff eigentlich etwas anderes, eher ein Zeltlager oder Wellblechhütten."

„Ich auch. Und ich sag es ja: Geistig sind sie immer noch im Jahr 1948!"

„Stimmt. So gesehen würde es mich interessieren, in welchem Jahrhundert meine Familie steckengeblieben ist."

„Vor zweitausend Jahren?", lachte Djamal. „Vor der Vertreibung durch die Römer?"

Noam stimmte in sein Lachen ein: „Das glaube ich dann doch nicht!"

„Wieso?"

„Damals haben die Römer von den Juden hohe Steuern kassiert. Meine Eltern dagegen, ebenso wie die anderen charedischen Juden in Me'a She'arim, haben in ihrem Leben noch keinen Schekel an Steuern bezahlt. Im Gegenteil, der Staat bezahlt ihre Talmud-Schulen, unterstützt sie mit monatlichen Zuwendungen, und die trägt mein ach so strenggläubiger Vater darüber hinaus dann auch noch zu einem guten Teil regelmäßig ins Bordell."

„Angeblich sollen die Ultraorthodoxen aber bald ebenso Militärdienst leisten müssen wie die anderen Israelis."

„Das steht noch lange nicht für alle fest, es wird nur diskutiert. Sobald die aktuellen Bedrohungen auch nur etwas zurückgehen, wird das Thema sofort wieder zur Seite gelegt, du wirst sehen! Oder es wird so viele Ausnahmen geben, dass eine solche Regelung schon wieder ausgehöhlt ist, bevor sie noch allgemein in Kraft tritt. Das ist seit der Staatsgründung so, und mit diesem populistischen Ministerpräsidenten und seinen ultraorthodoxen Regierungsmitgliedern kann ich mir schon gar nicht vorstellen, dass die Charedis einrücken würden. Das Problem ist aber: Damals, 1948, waren es bloß ein paar hundert Ultraorthodoxe, die sind nicht ins Gewicht gefallen. Heute sind sie über eine Million!"

„Dabei ist das Militär bei euch gar nicht schlecht. Dir hat die Zeit damals immerhin deinen Beruf gebracht. Die Ausbildung zur Tauchlehrerin hätte dich eine Stange Geld gekostet, wenn du sie selbst zahlen hättest müssen."

„Stimmt. Das wäre mir privat nicht möglich gewesen. Weißt du, ich denke gerne an diese Zeit zurück. Das waren zwei gute Jahre", deutete sie nach schräg rechts, wo sich drei Kilometer weiter vor über zwanzig Jahren ihr Ausbildungslager befunden hatte.

„Wir haben aber auch viele gute Jahre miteinander gehabt!", warf Djamal rasch ein. „Vierzehn sind es mittlerweile, und davon sind wir schon zwölf verheiratet."

„Ja, mein Liebling, vierzehn schöne Jahre!" Gedankenverloren streichelte sie ihm liebevoll über den Unterarm. Plötzlich kicherte sie: „Weißt du noch, wie du mich dort drüben", damit deutete sie nach links den Strand entlang in Richtung Aqaba, „als kuhäugiges Kamel bezeichnet hast und ich ganz beleidigt war?"

„Ja", lachte Djamal auf. „Damals hast du ja noch nicht gewusst, wie wichtig ein Kamel für uns Araber ist und wie schön für uns die großen Augen einer Kuh sind."

„Ich war wirklich böse auf dich!"

„Ich weiß! Doch das hast du rasch abgelegt."

„Aber erst, als du mir das mit dem Kamel und der Kuh erklärt hast. Vorher war ich knapp daran, dir eine runterzuhauen. Zum Glück habe ich rechtzeitig verstanden, dass das von dir als Kompliment gemeint war."

„Genau! Zum Glück hast du mich verstanden!"

Noam wurde philosophisch: „Wie schön wäre es, wenn sich alle Menschen besser verstehen würden!"

Djamal stimmte zu: „… es gäbe weniger Streit und Krieg …"

„… und allen ginge es besser … Weißt du was? Wir werden es drüben ebenfalls schön haben!"

„Da bin ich sicher! Ich glaube, Kalifornien ist so wie hier in Eilat, nur viel größer und noch lebendiger." Mit dem Kopf nach hinten deutend ergänzte er: „Also, noch lebendiger, als es hier früher war."

„Das glaube ich auch. Ich bin so froh, dass du seinerzeit um die amerikanische Staatsbürgerschaft angesucht hast. Später, als Trump Präsident war, hättest du die wohl nicht mehr so schnell bekommen."

„Das kann schon sein. Aber es hat sicher geholfen, dass du von Geburt an einen US-Zweitpass hast. Und ich gebe zu, dass ich anfangs gar kein Amerikaner werden wollte. Ich weiß noch, wie schockiert meine Eltern waren, als ich es ihnen gesagt habe."

Noam lachte erinnernd: „Ja, das war der zweite Schock für sie nach dem Geständnis, dass du eine Israelin heiraten möchtest. Aber ich kann deine Eltern auch ein Stück weit verstehen. Sie hatten nach wie vor gehofft, dass sie eines Tages nach Ashkelon umziehen können und wir das für sie organisieren. Damals war nicht abzusehen, dass sich die Lage im Land so entwickeln würde. Es war immer noch die Friedenslösung aus Oslo am Tisch, wenn auch schon stark abgeschwächt durch den ständigen provozierenden Siedlungsbau im Westjordanland …"

„… in den umstrittenen Gebieten, wie die Israelis sie nennen", korrigierte Djamal sarkastisch.

„Bohr nicht in offenen Wunden!", boxte Noam ihn liebevoll gegen den Oberarm. „Was ich sagen wollte: Es war nicht abzusehen, dass sich die Hamas-Leute wie im Drogenrausch als entmenschlichte Wesen aufführen würden. Schon eher wäre zu erwarten gewesen, dass Netanjahu und seinen kriminellen Ministerkollegen daraufhin nichts anderes einfallen würde als ein blindwütiger Rachefeldzug. Die Hamas zu vernichten", schüttelte sie verständnislos den Kopf, „und das ohne jede Rücksicht auf die Zivilbevölkerung!"

„Dabei wird die ohnehin schon doppelt unterdrückt, von den Israelis wie von der Hamas!"

„Das war, gewollt oder ungewollt, die beste Mitgliederwerbung für die Hamas, die die israelische Regierung da gemacht hat. Ordentlich in die Hose gegangen, würde ich sagen."

„Absolut!"

„Als ob Pläne zur gegenseitigen Vernichtung jemals gelingen könnten! Das ist nicht einmal Hitler gelungen. Oder den Russen und Amerikanern mit den Taliban und der Al-Kaida."

„Genau! Oder den Türken mit den Armeniern. Na ja. Inzwischen sitzt die Hamas-Führung wieder in Seelenruhe in Qatar und schmiedet ihre Pläne wie eh und je, die Finanzierungen von NGOs und befreundeten Staaten laufen wieder voll weiter, Europa schickt jede Menge Hilfsgüter und finanziert den Wiederaufbau."

„Und was macht die israelische Regierung? Statt mit den Palästinensern vernünftig zu reden, versucht sie, der Hydra einen Kopf abzuschlagen, und derweil wachsen zwei andere nach."

„Noam, ich glaube, wir machen es richtig. Mir blutet das Herz ebenso wie dir, wenn ich sehe, was aus Eilat geworden ist, eigentlich aus ganz Israel. Aber ich bin sicher: Du wirst drüben bald wieder eine eigene Tauchschule haben und ich einen Fruchtsaftstand. Wir werden das Leben genießen! Und schau mal, alle vernünftigen Leute, die wir hier gekannt haben, sind schon weg: Gal und Ruti in Zypern, Baruch und Alex in Wien, Yehuda in London, Lowa und Natascha in Kalifornien …"

„Ach, das heutige Israel ist sicher nicht das Land, das die Gründungsväter 1948 im Sinn gehabt haben."

„Es waren aber auch Gründungsväter, die vorher selbst mehrheitlich Terroristen waren, wie wir beide wissen."

Noam zuckte resigniert mit den Schultern. Die Sonne war mittlerweile vollständig im Meer und hinter den Bergen des Sinai verschwunden. „Ja, gut möglich, dass uns jetzt die Geschichte einholt. Dabei könnten mit etwas gutem Willen hier zwei Völker gut miteinander leben. Platz genug gäbe es ja."

„Aber kein Verständnis füreinander."

„Leider. Ohne Respekt kann das nicht klappen."

„Richtig, es fehlt am Respekt!"

Nach etwa einer Minute, in der sie still in ihren Gedanken versunken waren, sahen sie einander an. Wie abgesprochen kam es beinahe gleichzeitig:

„Ach, lass uns doch unseren Abschiedsabend genießen!"

Fragen über Fragen

Geschätzte Leserinnen und Leser, da Sie nun also bis zu dieser unfassbaren Zustandsbeschreibung gekommen sind, werden Sie sich vermutlich viele Fragen stellen.

Die häufigsten davon lauten erfahrungsgemäß: „Wie kommt das Ganze? Wer trägt Verantwortung für diese Misere? Wieso können Juden und Araber nicht gemeinsam in Frieden leben?"

Tatsächlich ist es schwer, zu verstehen, dass es im einundzwanzigsten Jahrhundert zwei Nationen gibt, die überzeugt sind, das Anrecht auf ein und dasselbe Gebiet zu haben und gleichzeitig das Existenzrecht der jeweils anderen Nation nicht anerkennen. Generationen von Politikern aus allen Kontinenten haben versucht, diese verfahrene Situation zu einem friedlichen Nebeneinander oder gar: Miteinander zu wandeln. Bisher war das vergeblich. Warum das so ist?

Die folgenden Kurzgeschichten versuchen, darauf eine Antwort zu geben. Sie alle sind, so wie die vorherigen Episoden, nicht fiktiv, sondern real und gründlich recherchiert.

1903 08 15 – Theodor – Wien

„Herzl, wie sehen Sie denn aus? Haben Sie keinen Schirm dabei?", begrüßte Oskar Marmorek in der gepolsterten Loge neben dem Eingang des Café Rüdigerhof den eintretenden Theodor Herzl. Dieser klopfte die Regentropfen von seinem Überzieher und hängte ihn auf einen schwarzen Garderobenständer.

„Den habe ich vermutlich im Café Dobner vergessen. Das Gewitter war ja überfallartig da. Ich war gerade auf der Höhe des Naschmarkts, da hat es begonnen. Auf den verbleibenden dreihundert Metern hierher hat es mich ganz gut erwischt."

„Sehen Sie! Sie sollten zukünftig Ihre Treffen immer gleich hier vereinbaren!"

„Da haben Sie durchaus recht, lieber Marmorek. Aber im Ernst, ich muss Ihnen gratulieren. Das Café ist, wie man es sich von einem guten Lokal erwartet. Überhaupt, das gesamte Gebäude finde ich außerordentlich gelungen. Eine Wohltat für die Augen! Ich hoffe, Sie werden noch mehrere Häuser entlang des Wienflusses planen dürfen?"

„Das hoffe ich auch. Doch momentan habe ich dafür keinen Kopf. Dieses hier ist gerade erst fertig geworden. Die Anspannung der letzten Zeit legt sich erst langsam. Mittlerweile bin ich schon so weit: Ich kann mich daran erfreuen und es genießen. Sie riechen es ohnehin selbst: das Holz, die Stoffbezüge, der Fußboden … alles noch ganz neu!"

„Warten Sie nur ab. In ein paar Jahren wird es hier so gemütlich riechen wie in jedem anderen Wiener Café. Aber das Café Rüdigerhof kommt genau zur richtigen Zeit. Seit das Größenwahn schon wieder neu übernommen worden ist, soll es nicht mehr wie früher sein, wie ich gehört habe. Richtig?"

„Das Griensteidl? Ja, schade darum. Alles hat eben seine Zeit."

„Das ist ein gutes Stichwort, denn unsere Zeit kommt soeben. Ach, Herr Ober", drehte er sich kurz dem vorbei-eilenden Kellner zu, „bringen Sie mir bitte einen Einspänner und, wenn Sie haben, den Le Figaro und The Times." Wieder Marmorek zugewandt, fuhr er fort: „Spätestens jetzt, nach dem Pogrom von Kischinjow ist es dringend geboten, einen Judenstaat zu gründen. Nicht alle Juden können oder wollen sich assimilieren. Doch auch die sollen in Frieden und Sicherheit leben können!"

„Sie leben ja in Paris, lieber Herzl, da bekommen Sie viel nicht mit, was wir hier jeden Tag erleben. Aber ich kann Ihnen versichern, hier in Wien ist es für uns Juden oft ausgesprochen befremdlich. Für die Stadt ist Dr. Lueger ein recht guter Bürgermeister, aber für uns? Er ist ein ausgesprochener Antisemit! Nach seinen Reden kommt es in der Leopoldstadt und rund um den Stadttempel regelmäßig zu Krawallen. Aber nicht nur in Wien – selbst im deutschen Reichstag gibt es jede Menge Abgeordnete, die uns lieber am Mond wüssten. Oder in der Hölle."

„Freund Marmorek, das erlebe ich in Frankreich ebenfalls, seit ich dort Korrespondent bin, in mindestens demselben Ausmaß. Es heißt, die Grande Nation wäre die Mutter der Judenemanzipation. Da kann ich nur lachen! Sie hätten den Mob in Rennes, im Pariser Marais und in anderen Städten erleben sollen, als Dreyfus von der Teufelsinsel nach Frankreich zurückgebracht wurde!"

„Sagen Sie, ich bin jetzt nicht am aktuellen Stand, aber ist der denn nicht vor einigen Jahren freigesprochen worden?"

„Nein, er wurde nach seiner ersten Verurteilung degradiert und wegen Hochverrats auf die Teufelsinsel deportiert. Weil dieses Urteil so offensichtlich politisch motiviert und nur auf sein Judentum zurückzuführen war, wie zahlreiche Intellektuelle und auch ich offen angeprangert haben, kam es vor fünf Jahren zu einem zweiten Prozess."

„Sie meinen Émile Zola und seinen Artikel ‚J'accuse'?"

„Ja, ihn und viele andere auch. Aber in diesem Berufungsprozess wurde Dreyfus nicht freigesprochen, sondern zu zehn Jahren Festungshaft verurteilt."

„Ich dachte …"

„Die Justiz wollte das Gesicht nicht verlieren und außerdem vermeiden, die Antisemiten zu vergraulen. Daher hat man, so wie zuvor die Beweise, nun Milderungsgründe für ihn erfunden, und unter der Bedingung, dass er nicht Rekurs einlegte, wurde er begnadigt."

„Ah, und dann haben die Franzosen vermutlich erst recht getobt?"

„Genau so war das. Aber möglicherweise kommt es jetzt zu einem dritten Prozess. Zumindest hat die neue Regierung, die nach den Wahlen im Vorjahr ins Amt gekommen ist, das so vor. Vor dem, was sich gegen uns dann auf den Straßen abspielen wird, graut mir aber bereits heute. Sie sehen, wir brauchen dringend eine Heimat, in der wir uns sicher fühlen können."

„Sie haben das ja schon lange in Ihrem Pamphlet ‚Der Judenstaat' gefordert."

„Und was hat sich geändert? Damals habe ich beschrieben, was seither noch schlimmer geworden ist: In unseren Vaterländern, in denen wir ja auch schon seit Jahrhunderten leben, werden wir als Fremdlinge verunglimpft … Wenn man uns bloß in Ruhe ließe! … Aber ich glaube, man wird uns nicht in Ruhe lassen. Daher brauchen wir einen eigenen Staat, und ich denke, wir sind auf gutem Weg dorthin."

„Was den Judenstaat angeht, bin ich mittlerweile ebenfalls recht guter Dinge. Erinnern Sie sich, in Basel, nach dem ersten Zionistenkongress? Da haben Sie mir im Vertrauen gesagt, dass Sie das Gefühl hätten, mit dem Basler Programm den Judenstaat gegründet zu haben. Das ist mittlerweile sechs Jahre her und seither ist, wie ich finde, eine Menge geschehen, auch wenn man das nicht alles sofort erkennt. Sehen Sie es doch so: Als Zionisten wollen wir eine öffentlich-rechtlich gesicherte Heimstätte für alle Juden errichten, am besten in Palästina. So eine Heimstätte ist wie ein Haus. Von der ersten Planung bis zur Fertigstellung vergeht eine Menge Zeit. Ich weiß, wovon ich rede", zuckte er schmunzelnd mit den Schultern und drehte die Handflächen nach außen.

„Da haben Sie schon recht. Ich werde bloß langsam etwas ungeduldig. Immerhin haben wir nächste Woche bereits den sechsten Zionistenkongress und immer noch keine Übereinstimmung, wo unser Judenstaat gegründet werden soll. Die Abgeordneten sind sich nicht einmal darüber einig, auf welchem Teil dieser Erde das sein könnte!"

„Das ist aber auch eine schwierige Entscheidung. So vieles spricht für Palästina, so vieles dagegen."

„Ach, wir haben, wie Sie wissen, schon vor mehreren Jahren begonnen, erste Schritte getan. Wir kaufen über die Jüdische Kolonialbank Grundstücke in Palästina auf und erschließen die dann. Ihr Bruder ist sogar Mitglied der Kolonisationskommission. Der Jüdische Nationalfonds finanziert ebenfalls diverse Landkäufe."

„Ich weiß, Alexander erzählt mir öfters davon. Aber er berichtet auch von den Schwierigkeiten, die jeweiligen Verträge mit dem Provinz-Gouverneur und seinen untergebenen Provinzverwaltern zu schließen. Wann immer mit denen ein bestimmter Preis längst vereinbart ist und es zur offiziellen Unterschrift kommen sollte, fordern sie noch mehr Schmiergeld für sich."

„Das ist tatsächlich mehr als ärgerlich, aber so ist eben deren Mentalität. Deshalb wäre die offizielle Unterstützung von Kaiser Wilhelm so wichtig. Der könnte auf den Sultan einwirken, regulierend einzugreifen. Ich habe ihn in Konstantinopel und in Jerusalem getroffen. Doch er ist zwiegespalten. Einerseits wäre es ihm nicht unrecht, wenn wir einen eigenen Staat errichteten und er uns los wäre. Andererseits fürchtet er, das Osmanische Reich durch die Gründung eines Judenstaats in Palästina weiter zu schwächen. Solange der Freundschaftsvertrag zwischen Deutschland und der Hohen Pforte besteht, werden wir seine Zustimmung, einen Staat auf dem Gebiet des Osmanischen Reichs zu gründen, nicht bekommen, fürchte ich."

„Das sieht zum Glück das Britische Empire genau entgegengesetzt. Seit dem vierten Kongress in London haben wir von fast allen Seiten und besonders von König Edward unumschränkte Unterstützung. Die Zeitungen waren voll mit unseren Ideen und Plänen; sie haben sich durchwegs wohlwollend geäußert."

„Ja, der vierte Kongress war tatsächlich erfolgreich, was das zionistische Auftreten in der Öffentlichkeit angeht. Obwohl, das muss man schon zugeben: Das hat viel damit zu tun, was Weizmann gegenüber der Presse über die Macht des internationalen Judentums zusammenfantasiert hat. Einige der englischen Politiker waren von seinen Übertreibungen zutiefst beeindruckt, so wie der Earl of Balfour."

„Mit dem haben wir Glück gehabt! Dass ausgerechnet Balfour im Vorjahr zum britischen Premier gemacht wurde, spielt uns in die Karten."

„Schon, aber ich fürchte, die Angeberei Weizmanns kann sich irgendwann gegen uns drehen. Wir müssen immer bedenken: Wir sind zwar weltweit mehrere Millionen Juden. Doch nur wenige von uns sind einflussreich, besonders wenn ich nach Osteuropa sehe. Darüber hinaus sind wir untereinander vollkommen uneinig über so ziemlich jede Kleinigkeit, wenn nicht gar zerstritten. Von einer Macht des Weltjudentums zu sprechen, wie es Weizmann gemacht hat, halte ich für höchst riskant. Aber wissen Sie, was mich wirklich am Londoner Kongress gefreut hat?"

„Nein, sagen Sie!"

„Dass zum Abschluss erstmals die HaTikwa gesungen wurde", richtete sich Herzl im Sitz hoch auf.

Marmorek nickte lächelnd und zitierte aus dem Refrain: „Die uralte Hoffnung, ins Land unserer Väter zurückzukehren, in die Stadt, wo David sein Lager errichtet hat." Dann beugte er sich vor: „Das wird unsere Staatshymne! Aber jetzt spannen Sie mich nicht auf die Folter: Was haben Sie nächste Woche in Basel vor?"

„Nach den Pogromen in Rumänien und Russland habe ich Lord Chamberlain und Lord Lansdowne getroffen. Ich habe ihnen die Idee präsentiert, eine groß organisierte Auswanderung der osteuropäischen Juden nach Palästina und auf die Sinai-Halbinsel zu unterstützen. Ich habe betont, dass das nur als vorläufige Zuflucht verfolgter Juden aus dem Zarenreich und dem Balkan gedacht sei. Sie waren mit der Idee nicht glücklich und haben mir vorgeschlagen, uns stattdessen fünftausend Quadratmeilen in Britisch-Ostafrika anzubieten, auf einem Waldplateau in der Nähe des Victoriasees. Das werde ich nächste Woche am Kongress präsentieren."

„Ich kann mir schwerlich vorstellen, dass unsere russischen Freunde das akzeptieren würden. Wenn wir uns jährlich zum Abschluss des Sederabends verabschieden, mit ‚L'Shana Haba'ah B'Yerushalayim', sagen wir ‚Nächstes Jahr in Jerusalem', und nicht ‚Nächstes Jahr in Afrika'! Da werden nicht viele mitspielen."

„Mir gefällt diese Idee auch nicht. Aber wir müssen für jeden Vorschlag offen sein. Jedenfalls habe ich vorige Woche bei einigen der einflussreicheren russischen Delegierten vorgefühlt und sofort heftigen Widerstand erhalten. Besonders David Josef Grün, ein nicht einmal Zwanzigjähriger aus dem Zarenreich, hat angekündigt, eine bewaffnete Untergrundorganisation gründen zu wollen, wenn wir nicht Jerusalem bekämen. Er meint, anders als wir Älteren habe er sein ganzes Leben noch vor sich und habe vor, es in Palästina zu verbringen."

„Eine ungehörige Aussage!"

„Ja, schon. Aber er brennt wie Feuer für diese Idee. Und ehrlich gesagt: Wir sind beide bereits über vierzig. Wie viel Zeit bleibt uns noch? Die Jungen denken anders als wir, viel radikaler."

„Vielleicht hat er ja recht. Das Osmanische Reich beginnt ohnehin zu zerbröckeln. Möglicherweise ergibt sich eine Chance für uns. Vorige Woche erst ist im mazedonischen Sandschak der russische Konsul von einem Polizisten erschossen worden, weil er im russischen Auftrag die Aufständischen gegen die Hohe Pforte angestachelt hat."

„Die Welt gerät zunehmend aus den Fugen. König Karl von Rumänien redet vermutlich derzeit gerade mit Franz Josef in Bad Ischl über die angespannte Lage am Balkan. Und König Edward ist sicherlich auch nicht nur wegen einer Kur ausgerechnet jetzt in Marienbad."

„Ob die Krönung des neuen Papstes das Ganze beruhigen kann?"

„Pius X.? Das kann ich mir nicht vorstellen. Wer hätte gedacht, dass nach Leo XIII. jemand kommen könnte, der noch konservativer ist als ein Papst, der der katholischen Kirche das Dogma der Unfehlbarkeit verordnet hat?"

Marmorek schüttelte verständnislos den Kopf: „So ein Dogma hätte ich für uns auch gern. Aber bei uns gilt: drei Juden, fünf Meinungen."

Herzl lachte auf: „Da ist etwas dran! Apropos Meinungen: Oppenheimer haben Sie ja schon kennengelernt?"

„Franz Oppenheimer, den Berliner?"

„Ja, genau. Er hat einen interessanten Vorschlag. Wir sollten nämlich, um in Palästina wirtschaftlich erfolgreich sein zu können, kooperative Siedlungen gründen."

„Was meint er damit?"

„Selbstverwaltete Dörfer, in denen es kein Privateigentum gibt, sondern alle für das Gemeinwohl zuständig sind. Er nennt so etwas ‚Kibbuz'. In diesem Verbund werden auch die Kranken und Alten versorgt. Ich finde das unterstützenswert, jedenfalls aber diskussionswürdig. Er hat darüber vor einiger Zeit eine Publikation herausgebracht. ‚Die Siedlungsgenossenschaft' heißt sie, glaube ich."

„Das klingt nach Kommunismus."

„Irgendwie ja, aber es ist doch etwas anderes. Ich habe ihn gebeten, mir ein Exemplar zu senden, damit ich mich damit auseinandersetzen kann. Apropos Kommunismus: Haben Sie mitbekommen, was sich in London beim Parteikongress der russischen Sozialdemokraten abgespielt hat?"

„Nein, was hat es gegeben?"

„Ein gewisser Lenin hat gefordert, dass die Partei in Zukunft zentralistisch gelenkt werden sollte."

„Das heißt, er will abweichende Meinungen verbieten?"

„So klingt das für mich. Ich werde aber dann gleich in der Times nachlesen, ob ich dazu etwas finde."

„Wissen Sie, wie die Delegierten auf diese Forderung reagiert haben?"

„Es hat heftige Auseinandersetzungen gegeben, auch körperliche. Es sollen sogar Messer im Spiel gewesen sein. Die Partei hat sich danach aufgespalten. Es gibt jetzt zwei sozialdemokratische Parteien im Zarenreich, eine bolschewistische und eine menschewistische."

„Was bedeutet das für uns und unsere Glaubensbrüder?"

„Das kann ich nicht abschätzen. Wir werden es nächste Woche am Kongress zu besprechen haben. Doch wie Sie so gut wissen wie ich: Für uns sind Veränderungen noch selten gut ausgegangen."

1917 07 06 – Lawrence – Aqaba

Auf ihren Kamelen trabten Lawrence und Auda neben-
einander an der Spitze ihrer Krieger durch den Sandsturm
in das unverteidigte Aqaba. Sie empfanden eine seltsame
Mischung aus Triumphgefühl und Verwunderung. Auf der
staubigen Straße, die von vielleicht zweihundert niedrigen
Lehmhäusern gesäumt war, liefen einige Dutzend Kinder
aufgeschreckt schreiend zur Seite. Erwachsene standen vor
Haustoren, riefen nach ihren Kleinen und verschlossen die
Türen rasch hinter ihnen. Aber nirgends war die braune
Uniform eines osmanischen Soldaten erkennbar; kein ein-
ziger Schuss zur Verteidigung der Hafenstadt war zu hören.
Je näher sie nun zum Meer kamen, umso mehr zerstörte
Häuser waren zu sehen. Die Kanonaden durch englische
und französische Kriegsschiffe hatten die Hafenanlage
der einst stolzen Siedlung in eine nahezu menschenleere
Ruinenlandschaft verwandelt.

Die beiden Reiter lenkten ihre Kamele direkt ins hoch
aufspritzende Meer, das den Tieren die ersehnte Abkühlung
bot. Sie stiegen ab, tauchten kurz ganz ins Wasser ein, genossen das aus ihrer Kleidung rinnende Nass und sahen
einander erschöpft und erleichtert an. Es hatten sich tatsächlich keine feindlichen Truppen mehr hier befunden; die
Einnahme von Aqaba war – anders als die Erlebnisse der
vergangenen beiden Monate – ein Kinderspiel gewesen.

Während der Beduine nun gemeinsam mit seinen Howeitats jubelte, Freudenschüsse knallten und erschreckte
Kamele laut brüllend Amok liefen, führte Lawrence sein
Tier hinaus aus dem Wasser und ließ sich im Schatten eines
Palmenhains erschöpft nieder. Unvermittelt fühlte er sich
leer, ziellos, enttäuscht. Viele Wochen hindurch hatte er
keinen anderen Gedanken gehabt, als Aqaba, die für den

osmanischen Nachschub so bedeutende Hafensiedlung am Roten Meer, in heldenhaftem Kampf zu erobern. Nun, als das Ziel ohne das erwartete letzte große Gefecht erreicht war, starrte er ausdruckslos mit erhitztem Gesicht in die Palme über sich, wo unzählige grüne vollrunde Datteln dichte Dolden bildeten. Den Lärm der siegestrunkenen Beduinen hörte er wie durch Watte, als ob er aus weiter Ferne herrührte.

Und nun?

War nach der unerwartet leichten Einnahme der kleinen Stadt am Roten Meer seine gesamte Mission auch schon wieder beendet? Sollte das wirklich schon alles gewesen sein, wovon er einmal in seinen Memoiren berichten würde?

Denn das hatte er sich fest vorgenommen, irgendwann, wenn er wieder in der englischen Heimat sein würde, ein Buch über seine Heldentaten zu schreiben. Sogar einen Titel hatte er sich schon überlegt: ‚Die sieben Säulen der Weisheit'. Ein guter Buchtitel, griffig, Interesse weckend, intellektuell klingend, irgendwie exotisch, aber doch auch nicht zu reißerisch. Dazu müssten jedoch noch weitere Abenteuer kommen, noch aufregendere. Der mühelose Einmarsch in Aqaba konnte nicht den Höhepunkt einer aufregenden Heldengeschichte bilden, seiner Heldengeschichte, der Geschichte von ‚El'Lawrence'!

Andererseits, was sollte er denn folgen lassen, jetzt, wo durch die Einnahme der Stadt den osmanischen Truppen der Nachschubweg übers Rote Meer verwehrt war? Müsste nicht alles, was nun noch kommen könnte, nur mehr ein müder Abklatsch sein? Vielleicht sollte er bei der Schilderung seiner Erlebnisse ein wenig kreativ werden. Ja, das wäre es! Er müsste seiner Fantasie freien Lauf lassen! Mit seinem Namen würde er beginnen. Nicht ‚T. E. Lawrence', wie sein bürgerlicher Name lautete, würde er sich in den sieben Säulen der Weisheit nennen, auch nicht ‚El'Lawrence', sondern ‚El'Lawrence Abu Arab'! Ja, das wäre es!

Und man musste schon zugeben, er hatte viel erreicht, seit er vor eineinhalb Jahren vom britischen Geheimdienst in Kairo dem Sherif Hussein, Emir von Mekka, zur Seite gestellt worden war. Der Aufstand gegen den osmanischen Thron, zu dem ihn Lawrence aufgestachelt hatte, war für die Kriegsstrategie der Briten nahezu perfekt. Denn London wollte die Kontrolle über den kürzlich gebauten Suezkanal nicht verlieren. Würde der Sultan aber die Hedschasbahn von Istanbul über Damaskus und Beirut weiter nach Süden ausbauen, würde er bald auch den Sinai durchqueren können und problemlos Truppen und Kriegsgerät an den Suezkanal entsenden können. Das galt es für die Krone zu verhindern. Deshalb war er, Lawrence, von Kairo nach Mekka entsandt worden.

Den Sherif von Mekka mit Hilfe von Gertrude Bell zu einem raschen Kriegszug gegen die Osmanen zu ermutigen, war ein Leichtes gewesen. Ach ja, die Bell, überlief es Lawrence heiß! Denn genau genommen war sie es ja gewesen, die die Araber von den Attacken gegen die Osmanen überzeugt hatte. Aber das musste in den sieben Säulen der Weisheit nicht überbetont werden. Schließlich war sie, bei aller kollegialen Sympathie, doch nur eine Frau. Hauptsache, die Araber waren bereit, eine Aktion gegen die Osmanen zu unternehmen. Aber nach einem einzigen Coup hatte der Beduine auch schon wieder genug, denn eigentlich hatte er ja nur nach alter Tradition das benachbarte Medina überfallen und die Osmanen berauben wollen. Es hatte eine Menge Überzeugungsarbeit und Verhandlungsgeschick verlangt, bis es zu weiteren Feldzügen kommen sollte. Zuerst hatten Lawrence und Bell mit allen Mitteln versucht, Hussein zu einem Aufstand seines gesamten Volkes gegen die osmanischen Besatzer zu ermutigen. Die Freiheit, so war ihr wichtigstes Argument, und die Kontrolle über das eigene Land, das müsste nun erkämpft werden! Das hatten britische Diplomaten den arabischen Führern immer wieder eingeschärft, und es hatte auch in vielen Ländern funktioniert, wenn das Empire gegnerische Staaten schwächen wollte.

Doch der Sherif hatte nur lächelnd erwidert, dass sich wohl manchmal in seinem Gebiet ein paar osmanische Soldaten sehen ließen, diese aber ihn um einen Schutzbrief fragen mussten, wenn sie es betreten wollten. Oder noch genauer gesagt: wenn sie es unverletzt und lebend wieder verlassen wollten. Also, eine „Arabische Revolte" sollte er beginnen? Wozu? Um ein freies Arabien zu erhalten? Das gab es doch schon, denn im ganzen Hedschas, dem westlichen Teil der arabischen Halbinsel, geschah ohnehin nur, was Hussein wollte. Die Howeitats konnten Kriegszüge durchführen, wie und wann immer sie Lust dazu verspürten, am liebsten gegen die wahabitischen Sauds im Osten. Und wenn es dem Sherif einmal einfallen sollte, einige Garnisonen mit osmanischen Soldaten zu plündern und anzuzünden, dann machte er das ohnehin, so erst vor wenigen Wochen. Doch ein groß angelegter Freiheitskampf der Howeitats? Das entsprach eher dem Denken der Europäer, also nach einer Angelegenheit, die die Briten und ihre Feinde untereinander ausmachen sollten. Aber er? Also ... nein, wirklich nicht! Außerdem, was sollten sie machen? Aqaba von den Osmanen erobern? Hussein war noch nie dort gewesen, wusste bloß, dass diese Hafenstadt mit zahlreichen Kanonen gesichert und wohl nur schwerlich einzunehmen war.

Lawrence war am Ende seiner Überredungskünste angelangt, aber dann hatte Bell so richtig losgelegt. Sie hatte Hussein, zu dem sie einen unverständlich guten Draht hatte, beinahe überzeugt, dass es ruhmreich und Gewinn bringend wäre, erfolgreiche Raubzüge in entfernt gelegene Gebiete durchzuführen. Als sie dann auch noch, sozusagen als allerletztes Argument, Geld ins Spiel gebracht hatte, genaugenommen Gold, sehr viel Gold, war der Durchbruch gelungen. Großzügig hatte er Lawrence nach Erhalt der Goldlieferung fünfzig berittene Krieger für dessen

Vorhaben mitgegeben. Das später regelmäßig dafür fällige Gold hatte General Allenby gemäß Lawrence' Instruktionen immer wieder aus Kairo nachgesandt.

Fünfzig streitlustige, ungeordnete Beduinen auf Kamelen gegen tausende gut ausgebildete und organisierte osmanische Soldaten? Eine offene Feldschlacht hatte unter diesen Umständen keine große Aussicht auf Erfolg versprochen. Daher hatten sie direkte kriegerische Auseinandersetzungen vermieden und sich auf Anschläge gegen osmanische Infrastruktur und Nachschubwege beschränkt. Telegrafenleitungen waren ein ideales Ziel für solche Attentate, ebenso die Hedschasbahn.

Überfälle auf Züge, Sprengungen von Telegrafenmasten und Schienen waren probate Mittel, hatten jedoch einen Haken: Die Beduinen waren lediglich am Beutemachen interessiert, nicht am Sprengen von Brücken, Unterminieren von Bahngleisen, Zerstören von Lokomotiven oder Töten osmanischer Soldaten. Züge aber, die sie nicht ausrauben konnten, wollten sie auch nicht bekämpfen. Wann immer die Begeisterung seiner Howeitats nachgelassen hatte, hatten sie abgewartet, bis Lawrence eine neue Lieferung Goldmünzen erhalten hatte. Sobald die verteilt waren, war auch die Motivation der Howeitats wieder ausreichend für weitere Aktionen. Das hatte Lawrence bei den Beduinen bald den Namen ‚Zayech' eingebracht, ‚Goldmann'.

Goldmann – damit war Lawrence nicht glücklich. Denn es war kein heroisch klingender Name, und schon gar keiner, mit dem er in England von seinen Heldentaten berichten wollte.

Nachdem er längere Zeit darüber nachgedacht hatte, war Lawrence auf die Idee mit den Memoiren gekommen. In diesem Zusammenhang war erstmals die Idee geboren worden, sich anders zu nennen. Damals hatte er, quasi als Andeutung der kriegerischen Ereignisse in Arabien, den Namen ‚El'Lawrence' für sich gefunden. Oder noch besser, nach Art der Araber: ,El'Lawrence ibn Thomas', um den Vater seiner unehelichen Geburt zu nennen.

Sein Vater!

Er wäre gewiss stolz, wenn er sähe, welchen Abenteuern und Gefahren sich sein Sohn im Namen der Krone gestellt hatte!

Schade, dass es in der christlichen Kirche keine Möglichkeit einer Mehrfachheirat gab wie im Islam. Andernfalls hätte sein Vater, Sir Thomas Chapman, sicherlich Sarah Lawrence geheiratet, mit der er als Zweitfamilie – neben seiner ersten Familie – fünf Kinder hatte, darunter T. E., der sich in England einfach nur Lawrence nannte. Niemand in Oxford hätte dann mehr herablassend über die ,Familie von Bastarden' herziehen können. Aber so …

Seit seiner frühen Jugend hatte sich Lawrence nach einem liebevollen Vater gesehnt. Vielleicht war das auch der Grund, weshalb er sich von jeher zu Männern hingezogen fühlte und so gut wie nie seine Vornamen benutzte, sie bestenfalls auf ihre ersten Buchstaben reduzierte: ,Thomas Edward' wurde zu ,T. E.'.

Ja, sein Vater wäre sehr stolz auf ihn!

Lawrence starrte auf die zartgrünen Datteln über ihm, die sich wie auf einem Gemälde vom ockerfarbenen Stamm der Palme, deren dunkelgrünen Blättern und dem strahlenden Blau des Himmels abhoben. Kleine rotbäuchige Vögel schwirrten zwitschernd immer wieder zwischen die Palmblätter, wo sich wohl ihre Nester versteckten.

Die Buntheit des Orients war unvergleichlich. Sie war klar und intensiv, wie er es sonst nirgends gesehen hatte, schon gar nicht in England. Die schlichte und zugleich überwältigende Farbenkraft des Morgenlandes war es, die ihn diesen Erdteil so sehr lieben ließ.

Sie belebte nicht nur die duftenden Gewürze in den geschäftigen Souks. Nein, sie beseelte auch die einfachen Kleider der Beduinen, die braunen Kamele, die scheckigen und schwarzen Pferde, die sich vom kräftigen Gelb und Goldbraun der hitzeflimmernden Wüste abhoben, als wären sie von einem Künstler dorthin gesetzt worden. Sie faszinierte ihn, nein, mehr noch: Sie erregte ihn! Wenn er zum Beispiel sah, wie das über die braunen Uniformen strömende Blut der verletzten Soldaten langsam in die Farbe ihrer Fese und Schärpen überging ... dann spürte er sein Herz bis zum Hals hinauf pochen! Was für eine unheimliche, schaurige Schönheit, wenn die nackten Leiber der hellhäutigeren toten Osmanen im Mondlicht wie mattes Elfenbein glänzten!

Niemand, der Arabien, oder vielleicht auch Indien, nicht gesehen hatte, konnte diese Kraft jemals erleben. Und nur wenige wussten um die Notwendigkeit der Krone, ihre Interessen in diesem Teil der Erde zu verfolgen. Er, Lawrence, hatte seinen Beitrag jedenfalls geleistet und würde das weiterhin tun. Er hatte am Aufstand der Araber teilgenommen, ihn sogar angefacht! Zugegeben, da war auch noch die Bell nicht unbeteiligt gewesen, aber jetzt ging es um ihn! Er war ein Held des Britischen Empires, vielleicht sogar einer der Araber! Als solcher sollte er von allen bewundert werden, nicht mitleidig oder verächtlich angesehen! Alle sollten sie es wissen, alle, alle, alle! Seine Professoren, seine Studienkollegen aus Geschichte und Archäologie, seine Nachbarn, seine Mitspieler in der Fußballmannschaft. Alle!

Und deshalb würde er seine Memoiren schreiben! Und er würde selbst entscheiden, was darin zu lesen sein sollte. Punktum!

Was würde er wohl von den Arabern berichten?

„Ach ja, die Beduinen", seufzte Lawrence. Er legte sich flach auf den sandigen Boden unter der Palme und verschränkte die Hände hinter seinem Kopf. „Was für ein eigenartiges Volk! Um mit ihnen umzugehen, bedarf es einer Geduld, weit und tief wie das Meer. Sklaven ihrer körperlichen Begierden, ohne jede Hemmung, gießen sie ungeheure Mengen von Kaffee, Milch und Wasser in sich hinein, verschlingen ganze Haufen von Fleisch und sind die zudringlichsten Bettler um Tabak. Vorher und nachher träumen sie von ihren sexuellen Erlebnissen, und in der Zwischenzeit kitzeln sie sich und ihre Zuhörer mit den Erzählungen schlüpfriger Geschichten. Sie wären die reinsten Sinnesmenschen wie im alten Rom, würden es ihnen die Umstände erlauben. Lediglich die Kärglichkeit Arabiens mäßigt sie. Und den einen oder anderen auch der Koran. Dabei werden sie beim geringsten Druck störrisch oder rennen gar davon! Man kann sie nur mit Täuschung dazu bringen, etwas zu tun, das sie nicht aus eigenem Antrieb wollen: Stellt man es ihnen als etwas Verlockendes oder Ehrenhaftes dar, dann tun sie alles, um es zu erreichen. Immer aber muss Geld mit im Spiel sein! Doch mutig, ja, mutig, das sind sie, so viel muss man ihnen lassen. Mutig, in gewisser Weise auch gerissen, und bewundernswert ausdauernd."

Vor vier Tagen erst waren sie nach einem mehrwöchigen Ritt von Mekka aus durch die Wüste Nefud bis vor die Tore Ma'ans gekommen. Das war zwar nicht der kürzeste Weg nach Aqaba, aber sein Plan war es, die Stadt zu umgehen und vom Land her anzugreifen, da sie nur zum Roten Meer hin befestigt war. Außerdem konnten sie so immer wieder Anschläge auf die Bahntrasse durchführen. Nasir, der zweite Anführer neben Auda, hatte sie geleitet, Wasserstellen erkundet, Passiererlaubnisse und Schutzbriefe von den einzelnen Beduinenstämmen eingeholt, weitere Mitstreiter gewonnen und dafür gesorgt, dass sie alle, mittlerweile immerhin gut fünfhundert Mann, ausreichend zu essen und trinken hatten.

Entlang der Hedschasbahn hatten sie immer wieder Telegrafenmasten gesprengt, Züge überfallen, ausgeraubt, die Passagiere niedergemetzelt und die Waggons in Brand gesteckt. Mit Gefangenen wollten sie sich gar nicht erst aufhalten. Das Gold war Lawrence mittlerweile ausgegangen, sodass er und Auda dazu übergehen mussten, Schuldscheine auszustellen, die durch die Plünderung Aqabas getilgt werden sollten. Anfangs nur zögerlich hatten die Beduinen diese Papiere akzeptiert, aber dann doch bei allen Unternehmungen mitgemacht.

Auda wiederum hatte besonderen Spaß, wenn es darum ging, Brücken oder Bahngleise zu sprengen, denn er hatte Dynamit bis dahin nicht gekannt. Wenn sie Sprengladungen in die Wasserrinnen der Brückenmauerwerke gelegt und dann zum Detonieren gebracht hatten, die Brückenbögen sich nach einem höllischen Knall neigten, mit lautem Knirschen nachgaben und schließlich zusammenstürzten, brach eine kindliche Freude in ihm durch. Hymnenartig besang er vor geborstenen Brücken, umgefallenen Telegrafenmasten und in die Höhe ragenden Bahnschienen den Ruhm der gewaltigen Macht des Sprengstoffs.

Vor wenigen Tagen erst hatten sie die Bahnstrecke bei Ma'an unterbrochen. Danach hatten sie rasch nach Süden auf Aqaba zu weiterziehen wollen, weil sie befürchtet hatten, dass feindliche Truppen ihnen den Weg abschneiden könnten. Etwa dreißig Meilen vom Ziel entfernt hatten sie frühmorgens eine riesige Garnison erspäht, in der soeben ein neues osmanisches Bataillon mit gut fünfhundert Mann angekommen war. Die Soldaten waren im Tal herumgesessen, ahnungslos und sorglos im Schatten der Pistazienbäume an der Straße nach Aqaba, während Audas Beduinen rundum unbemerkt die höher gelegenen Höhlen besetzt hatten.

Unbarmherzig hatte die Sonne auf sie heruntergebrannt; wie schon in den letzten Tagen hatte sich nicht eine einzige Wolke am Himmel gezeigt. Kurz nach Mittag hatte die glühende Hitze Lawrence arg zugesetzt. Hundeelend und mit einem Gefühl der Gleichgültigkeit gegenüber allem, hatte er sich zu einer überhängenden Felswand geschleppt, wo aus dem Gestein Wasser gesickert war und sich in einer kleinen schmutzigen Wasserlache gesammelt hatte. Gerade als er versucht hatte, den Ärmel seines Kleides als Filter zu verwenden und durch ihn die Feuchtigkeit der Pfütze aufzusaugen, war unerwartet wie ein biblischer Racheengel hinter ihm der mächtige Schatten Audas aufgetaucht. Erbost über frühere abfällige Bemerkungen, die Lawrence über seine Beduinen gemacht hatte, hatte ihn der alte Krieger wild mit blutunterlaufenen Augen angestarrt. Dann hatte er ihn, der sich sterbenselend gefühlt hatte, mit erregt zuckendem Gesicht verächtlich grinsend verhöhnt:

„Nun, wie ist das mit den Howeitats? Immer nur schwätzen und nichts tun?"

„Wahrhaftiger Gott, ja", hatte Lawrence matt erwidert, so gut er konnte. „So sind deine Leute! Und sie schießen viel und treffen wenig."

Auda hatte Lawrence fassungslos angestiert. Dann hatte er sein Kopftuch heruntergerissen und wütend vor ihm auf den Boden geschleudert. Danach war er wie ein Besessener zurückgelaufen, den Berg hoch, und hatte seine Leute zusammengerufen.

Lawrence hatte befürchtet, diesmal den Bogen überspannt zu haben. So gut er dazu in der Lage war, war er Auda, sobald er gekonnt hatte, auf allen vieren gefolgt. Endlich oben angelangt, hatte er bemerkt, wie Auda mit verschränkten Armen vom Felsen aus den Feind unter ihnen beobachtete. Als er Lawrence mehr stolpernd als gehend auf ihn zukommen gesehen hatte, hatte er ihm zugerufen:

„Nimm dein Kamel, wenn du sehen willst, was der alte Mann tut!"

Verwirrt hatte Lawrence wahrgenommen, wie sich in einer Mulde die gut vierhundert Kamelreiter versammelt hatten, während von den Pferdereitern nichts zu sehen war. Lawrence hatte Naama, sein Rennkamel, kaum bestiegen, als ein fürchterliches Geheul angehoben hatte und die Krieger auf ihren Kamelen in Richtung der Garnison galoppiert waren. Vierhundert Kamele, die in hohem Tempo auf ein Bataillon Soldaten zukamen, waren vierhundert gute Gründe zur Flucht, das hatten auch die Osmanen sehr schnell erkannt. Unter Nasirs Führung waren die Araber über den Abhang hinunter gestoben und dem panisch flüchtenden Feind nachgejagt. Zeitgleich waren von links Schüsse und Schreie zu hören gewesen, wo die Pferdereiter gemäß Audas Instruktionen den Osmanen überraschend in die Flanke gefallen waren.

Der Hang war nicht so abschüssig, dass ein Kamelgalopp völlig unmöglich gewesen wäre. Bei einer solch tollen Jagd über steiniges abfallendes Gelände jedoch nicht nur die Kontrolle über sein Kamel haben zu müssen, sondern auch noch ein Gewehr zu bedienen, war eine besondere Herausforderung. Dennoch war es den Arabern immer wieder gelungen, auf die Osmanen zu feuern, während diese so schnell geflüchtet waren, wie sie nur konnten.

Auch Lawrence hatte mitgemischt. Das Gewehr hatte er tunlichst stecken gelassen, denn die Sonne hatte das Metall so erhitzt, dass man Brandblasen bekommen konnte, wenn man es länger in der Hand hielt. Außerdem waren ohnehin sehr viel Übung und Geschick erforderlich, von einem rasenden Kamel aus zu schießen. Daher hatte er nur seinen Revolver gezogen. Aber auch damit konnte man Pech haben, wie bald zu bemerken war. Mitten im gestreckten Galopp und bereits nahe an der feindlichen Stellung, war Lawrence bemüht, sich im Sattel zu halten. Plötzlich war Naama gestürzt und Lawrence war in weitem Bogen vom Kamel geschleudert worden. Halb bewusstlos war er liegen geblieben.

Hilflos hatte er erwartet, dass ihn nun die Osmanen niedermetzeln oder die rasenden Reittiere zertrampeln würden. Wie gelähmt vor Angst hatte er sich darauf vorbereitet, bald seinem letzten Richter entgegenzutreten. Wieder und wieder hatte er einige Zeilen, die ihm vorhin eingefallen waren, zum Beginn eines Gedichts geformt und gebetsmühlenartig wiederholt:

„O Herr, vor mir standen all deine Blumen,

doch ich wählte die Welt der düsteren Rosen,
und darum sind nun meine Füße wund
und die Augen sind mir blind vom Schweiß."

Schier endlos lang war er so im brennend heißen Sand gelegen und mit seinem Gedicht nicht und nicht über die vierte Zeile hinausgekommen. Endlich hatte es sich angefühlt, als würde eine Binde von seinen Ohren genommen: Er hatte wieder den tobenden Kampflärm gehört, die Schreie und Schüsse und das Brüllen verwundeter Kamele. Nach und nach hatte er nun auch seine anderen Sinne wahrgenommen.

Vorsichtig hatte er sich auf seine Ellbogen aufgestützt und auf das Schlachtfeld gestarrt. Er hatte Mühe gehabt, das Gesehene zu begreifen: Die Araber hatten gerade die letzten Feinde zusammengetrieben; die Schlacht war gewonnen, der Weg nach Aqaba frei!

Einige Meter hinter Lawrence war Naama tot im Sand gelegen. Auf allen vieren war er zu seinem Kamel gekrochen und hatte es untersucht, um herauszufinden, warum es plötzlich zusammengebrochen war. Das Ergebnis – nein, das würde er in seinen Memoiren sicher nicht festhalten! Wie würden seine Studienkollegen lachen, wenn bekannt würde, dass im Hinterkopf des Tieres eine Revolverkugel gesteckt hatte? Eine Kugel aus seinem eigenen Revolver!

Mittlerweile war Auda zu ihm geeilt, die Augen hatten vor Kampflust und Wut geglüht. Zusammenhanglos hatte er gestammelt: „Tun! … Tat! Wo sind Worte … Tat … Kugeln … Auda ibu Tayi …"

Erregt und mit fahrigen Bewegungen hatte er Lawrence seinen durchlöcherten Pistolenhalfter gezeigt, sein zerschossenes Fernglas, seine aufgerissene Säbelscheide. Der alte Howeitat hatte eine Salve abbekommen, aber wie durch ein Wunder nur mehrere Streifschüsse davongetragen. Er war gewaltig stolz gewesen, besonders auch, weil er Lawrence damit bloßstellen und ihm zeigen konnte, wozu sein Stamm fähig war.

Später hatte Auda diese Prahlerei gereut. Gegen die Zusage strengster Vertraulichkeit hatte er ihm erzählt, dass er vor dreizehn Jahren für einhundertzwanzig Pfund einen kleinen gedruckten Amulett-Koran gekauft hatte, den er immer bei sich trug. Dieser Talisman war für ihn nun ein mächtiger Schutzzauber. Ob von Allah oder von irgendwelchen Geistern kommend, war egal. Jedenfalls war er seitdem nie wieder verwundet worden. Das Büchlein, hatte Lawrence erkannt, war ein billiges Fabrikat aus Glasgow, keine achtzehn Pence wert. Aber war er nun, nach seinem Missgeschick mit Naama, in der Position, den Alten wegen seines Aberglaubens zu belächeln?

Nach der Schlacht hatte Auda auf sofortigen Aufbruch bestanden, teils weil er die Nähe der Toten scheute, teils weil er befürchtete, die wenigen Osmanen, denen die Flucht gelungen war, könnten mit Verstärkung aus Ma'an zurückkommen.

Die nächste Zeit war beinahe ereignislos gewesen. Bis auf einige bedeutungslose Scharmützel mit versprengten osmanischen Truppenteilen war es ein angenehmer Ritt durch die grandiose Szenerie im Wadi Rum gewesen. Faszinierende Felsenformationen, unglaubliche Farbenspiele, unbedeutende Wadis mit grünen Büschen mitten im ockergelben Sand, ab und zu eine Schlange oder ein Käfer und einmal sogar ein Fuchs. Und schließlich das Ziel – Aqaba …

Hier war er also angekommen, angekommen am Ziel seines Auftrags. Langsam wichen Leere und Ziellosigkeit aus Lawrence. Während die johlenden Beduinen durch die Siedlung stoben und sie plünderten, der Sandsturm riesige Wolken von Staub durch die Straße trieb und das Meer hoch aufpeitschte, richtete er sich auf und lehnte sich mit dem Rücken an den Palmenstamm.

Nein – Aqaba, das sollte nicht das Ende sein. Aqaba war bloß ein wichtiger Schritt. Nun musste es ein neues Ziel geben! Damaskus!

Und danach, wer weiß? Vielleicht die Gründung des arabischen Staates? Ein Königreich Hedschas mit Nasir von Medina als König? Ein Königreich Syrien mit Hussein von Mekka als Landesherrn, eventuell sogar als Kalifen? Mehrere unabhängige arabische Fürstentümer, wenn auch unter englischer Oberhoheit anstelle von osmanischer Besetzung? Er wusste, die englischen Diplomaten hatten solche Überlegungen – also, die Feinheit mit der englischen Oberhoheit natürlich nicht, versteht sich! – längst mit den hiesigen politischen Führern geteilt. Auch wenn sie diese Angebote noch nicht begeistert übernommen hatten – irgendwann würden selbst sie die Vorteile erkennen, in einem eigenen Staat zu leben. Und General Allenby müsste nicht ständig neue Goldlieferungen zu ihnen schicken, um Sauds und Howeitats zu Aktivitäten gegen die Osmanen zu bewegen.

Wie es hier, in Arabien, wohl seitens des Empires weitergehen würde? Großes Vertrauen in die Aufrichtigkeit und Zuverlässigkeit britischer Diplomaten hatte Lawrence nicht. Darin war er sich mit Bell einig, die noch skeptischer war als er. In London war die Abstammung aus einer alten Familie immer noch wichtiger als Sachkenntnisse, Fähigkeiten und Handschlagqualität. Dieser Sykes etwa, immerhin Leiter des ‚Arabischen Büros‘ in Kairo und damit Chef des hiesigen Nachrichtendienstes, wurde als großer Verhandler im Namen der Krone gepriesen! Das war doch, wenn man ehrlich war, blanker Unsinn! Lawrence hatte ihn Bell gegenüber einmal in einem Brief beschrieben: ‚Ein einfallsreicher Verfechter nicht überzeugender Weltbewegungen, der, behaftet mit Vorurteilen, Intuitionen und Halbwahrheiten, einen Funken Wirklichkeit aufnehmen würde, um ihn von seinen Umständen zu lösen, aufzublasen und zu verdrehen‘. Bell hatte herzlich gelacht und ihm beim nächsten Zusammentreffen für seine höfliche Beschreibung gedankt. Sie kannte Sykes nur zu gut und hätte weniger diplomatische Worte gefunden.

So eigenartig konnte die Welt sein! Dort ein Karrierist, der sich in seinem klimatisierten Büro ahnungs- und skrupellos die Welt zurechtbog und dafür höchste Anerkennung bekam! Hier dagegen ein engagierter, in seiner Arbeit aufgehender Diener der Krone, der täglich sein Leben aufs Spiel setzte, und aufgrund seiner Familienverhältnisse schief angesehen wurde!

Na ja, jedenfalls würde man ihn, Lawrence, ab sofort nie wieder Goldmann nennen, und Bastard schon gar nicht! Und dieser unglückliche Reitunfall während des Angriffs auf die Garnison, nun, den würde er sicherlich richtig darzustellen wissen.

Schließlich war er es, der davon berichten würde, niemand sonst. Und es war seine Geschichte, die Geschichte des arabischen Aufstands, die Geschichte von der heldenhaften Einnahme Aqabas.

Die Geschichte von den sieben Säulen der Weisheit!

Und der Sieger in seiner Darstellung – der sollte ‚El'Lawrence' heißen!

Nein, noch besser: ‚El'Lawrence Abu Arab', der ‚Vater Arabiens'!

1917 11 26 – Sir Winston – London

In London hatte Sir Winston bereits in zehn oder mehr Häusern gelebt. Unmittelbar, nachdem er sich erst kürzlich südlich der Hauptstadt mit seiner Frau Clementine und den Kindern auf Lullenden, einem beeindruckenden Anwesen aus elisabethanischer Zeit, niedergelassen hatte, war er als Rüstungsminister wieder in die Regierung geholt worden. Eine gewisse Ironie war in diesem Zusammenhang nicht zu leugnen, denn der Zweck des Kaufs von Lullenden war es gewesen, seine Kinder von den Bombenangriffen auf London fernzuhalten. Doch diese Ironie passte zum Charakter Sir Winstons, und die Wahl des neuen Wohnorts hatte auch ihr Gutes: Clementine hatte sich in die heimelige Atmosphäre mit den alten Eichenholzwänden verliebt. Sie genoss es, die weiten Gärten zu gestalten und zu bepflanzen, die das Haus umschlossen und der Familie Privatatmosphäre boten.

Sechsundzwanzig Meilen südlich des Buckingham Palace gelegen war der Fachwerkbau einerseits aus der Stadt gut zu erreichen. Selbst die Flughäfen Penshurst und Godstone lagen nicht weit entfernt. Andererseits gab einem der Ort das Gefühl, in einer völlig anderen Welt zu sein, in einer Welt, die den Trubel der Großstadt bestenfalls erahnen konnte. Wann immer ihm seine Geschäfte Muße und Ruhe ließen, griff Sir Winston zum Pinsel und malte, malte, malte. Außerdem war es mehr oder weniger egal, wo er gerade wohnte – sein jeweiliges Haus war stets schon ein beliebter Treffpunkt der britischen Aristokratie und Politik gewesen.

Seit aber die Regierungen in dichtesten Abständen wechselten, weil in den Koalitionsregierungen immer die eine oder die andere Partei gerade das Gefühl hatte, zu kurz zu kommen, gaben einander die führenden Personen des Vereinigten Königreichs sozusagen die Klinke in die Hand. Schließlich waren fortwährend Angelegenheiten von großer Tragweite zu besprechen, etwa ob ein bestimmtes Kabinettsmitglied seinen Posten verlieren oder zumindest gegen ein weniger wichtiges Amt eintauschen sollte, wer unbedingt ins Kabinett aufgenommen werden musste, ob die Aufteilung der Ministerposten nach Anzahl und Bedeutung der sich ständig ändernden Stimmung im Land Rechnung trug und derartige Themen. Nebenbei wurde auch noch regiert.

Zum Glück gab es selbst in dieser Zeit einige Politiker, die in der Lage waren, hinter die Schleier solchen Gemauschels zu blicken und denen das Wohlergehen der Bürger ein größeres Anliegen war als ihr persönliches Fortkommen.

„Kommen Sie herein, lieber Finlay", begrüßte der pausbäckige, stets breit lächelnde Hausherr mit der hohen Stirn den ankommenden Gast. „Der Premierminister und der Außenminister sitzen bereits in der Halle."

„Danke, lieber Churchill. Ich hoffe, ich bin nicht zu spät?"

„Keineswegs! Die beiden sind vor wenigen Minuten angekommen."

Der Großgewachsene mit dem schütteren weißen Haar, dessen Gesicht man Last und Resignation des Alters ansah, trat ein: „Ich bin sehr gespannt, den Grund für das kurzfristig anberaumte Treffen zu hören!"

Die Halle war ein aufragender, doppelt hoher Raum mit einer gewölbten Decke. Ein gewaltiger schmiedeeiserner elektrischer Leuchter, der auf einem massiven Eichenbalken hing, spendete kräftiges Licht, was angesichts des nebeligen Novembertages die Lobby wunderbar erhellte. Diese wurde von einem wohligen Feuer, das im acht Fuß breiten Kamin prasselte, erwärmt. Die Jahreszahlen 1624 und 1582, die am Kaminsims und auf der Rückwand prangten, bezeugten das Alter des Hauses. Seitlich führte eine breite geschwungene Eichentreppe zu den Privaträumen. Riesige doppelflügelige Fenster gaben den Blick in den Garten frei.

Wenige Minuten später saßen vier plaudernde, genüsslich Zigarre schmauchende, korrekt gekleidete Herren in gemütlichen Lederfauteuils um einen niedrigen Ebenholztisch: Robert Bannatyne Finlay, Viscount Finlay, Lordkanzler seiner Majestät; Premierminister David Lloyd George, Earl Lloyd-George of Dwyfor; Außenminister Arthur James Balfour, Earl of Balfour; sowie der Gastgeber Sir Winston Leonard Spencer-Churchill, seit Kurzem Rüstungsminister.

„Churchill, was ist los? Ich habe in den letzten sechs Monaten niemanden ernsthaft Ihren Rücktritt fordern gehört. Sie lassen nach!"

Der Angesprochene lachte: „Wer weiß? So etwas kann schnell gehen, wie wir alle schon erfahren haben. Bei mir war es vor eineinhalb Jahren eine Angelegenheit weniger Tage. Im Handumdrehen war ich ohne Büro, ohne Sitz, ohne Partei und ohne Blinddarm."

„Ach ja, Sie waren ja damals gesundheitlich nicht ganz auf der Höhe. Ich hoffe, davon hängt Ihnen nichts mehr nach?"

„Nein, keine Spur, danke. Aber ich will Ihre Zeit nicht zu sehr in Anspruch nehmen, denn auf uns wird in den nächsten Tagen einiges zukommen."

Lloyd-George und Balfour sahen erstaunt auf, während Finlay seufzend aufstöhnte: „Nicht schon wieder etwas Neues! Was ist es denn diesmal?"

Sir Winston griff nach der Zeitung, die neben ihm in einem Ständer steckte, hob sie hoch und fragte:

„Haben Sie den heutigen Manchester Guardian gelesen?"

Dreifaches Kopfschütteln zeigte ihm, dass er als Einziger bereits über diese Informationen verfügen dürfte. Er richtete sich an Balfour: „Es könnte leicht sein, dass die Revolution in Russland Auswirkungen hat, die wir uns nicht wünschen."

„Ich wüsste nicht, welche das sein sollten. Anstelle des Zaren regiert nun ein Volkskomitee, das mit Mittelmächten einen Separatfrieden anstrebt. Und möglicherweise geht es den Romanows an den Kragen, aber das kann uns egal sein. Doch ansonsten? Die Bolschewiken haben gewonnen."

„Nicht immer gewinnen die Guten. Und ob Zarenregime oder Revolutionäre, da gebe ich Ihnen recht, das wird keinen großen Unterschied ausmachen. Die Russen waren seit Urzeiten ein Volk, das Meinungsverschiedenheiten mit Waffengewalt gelöst hat. Ihre Nachbarvölker können zahlreiche Lieder davon singen. Da wird sich nicht viel ändern. Die Frage ist: Wird sich im Verhältnis zu uns etwas ändern? Denn ich finde, es wäre eine maßlose Katastrophe, wenn die russische Barbarei die Kultur und Unabhängigkeit der alten Staaten Europas überlagern würde."

„Was steht im Guardian?", wurde Finlay ungeduldig und wies auf die Zeitung, die Sir Winston in derselben Hand hielt wie seine Havanna.

„Es geht um diverse Dokumente, die an die Öffentlichkeit gekommen sind." Der Hausherr nahm die Zigarre in den Mund, während er die großformatige Gazette auf dem Tisch zwischen ihnen ausbreitete. Dann nahm er die Havanna in die andere Hand und las vor:

„Russland und die Geheimverträge – Bedingungen veröffentlicht Petrograd, Samstag

M. Trotzki, Kommissar für auswärtige Angelegenheiten, hat eine Reihe geheimer Telegramme und Dokumente veröffentlicht, die teils aus dem Jahr 1915, teils aus der Zeit der Regierungskoalitionen stammen. In jenen, die sich auf Konstantinopel und die Meerenge beziehen, drückt M. Sazonoff, der Minister für auswärtige Angelegenheiten, Russlands Ansprüche auf Konstantinopel, die Westküste des Bosporus, das Marmarameer und die Dardanellen und zahlreiche weitere Gebiete und Inseln aus."

Lloyd-George hob die Augenbrauen, während Finlay resigniert Luft ausstieß.

Sir Winston fuhr fort:

„Großbritannien, Frankreich und Italien hatten eine Reihe von Ansprüchen vorgebracht, denen die russische Regierung zustimmte. Diesen Forderungen zufolge sollte Konstantinopel ein Freihafen für Waren werden, die weder nach Russland gingen noch aus Russland kamen. Die Alliierten forderten außerdem die Anerkennung ihrer Rechte über die asiatische Türkei sowie die Erhaltung der heiligen Stätten in Arabien und die Einbeziehung der neutralen Zone in Persien in den britischen Wirkungsbereich. Russland war bereit, all diese Forderungen anzuerkennen …"

Balfour unterbrach: „Das muss dieses Abkommen sein, das Sir Mark Sykes – Sie wissen, wer das ist? Sykes, der das arabische Büro in Kairo leitet? – also, das Sir Mark Sykes vor zwei Jahren mit dem französischen Generalkonsul in Beirut ausgehandelt hat; wie hieß der doch gleich?"

„Picot, François Georges-Picot", half Sir Winston aus, „und sehen Sie, hier: Hier sind auch noch Landkarten abgebildet mit grafischen Darstellungen, wie wir die arabischen Provinzen des Osmanischen Reichs untereinander aufteilen werden."

„Wie ist der Manchester Guardian denn an diese Informationen gekommen?", wollte Finlay wissen.

„Einleitend steht, Trotzki habe die Dokumente an die Zeitungen übergeben. Sie wurden in der Iswestija und in der Prawda bereits detailliert gezeigt."

„Stimmt, Churchill, das haben Sie gesagt. Welches Kalkül vermuten Sie hinter diesen Veröffentlichungen? Was meinen Sie?", richtete er sich an den Lordkanzler.

„Das sieht so aus, als hätte Trotzki das aus Rache getan, weil wir die russischen Ansprüche auf die Türkei nach der Revolution nicht mehr unterstützen."

Balfour reagierte spontan: „Was erwarten sich die Bolschewiken denn, wenn sie aus der Entente ausscheiden und ohne uns mit Deutschland, Österreich und der Türkei über einen Frieden verhandeln?"

Sir Winston zuckte mit den Achseln. „Es sind in dem Artikel noch weitere Dokumente publiziert, vor allem solche, die Frankreich, Deutschland und Österreich betreffen. Aber für uns besonders nachteilig können die Darstellungen sein, die unsere geplanten Interessensgebiete in Arabien berühren. Sehen Sie, hier", zeigte er auf eine Karte, „die grüne Fläche südlich von Anatolien, das alles soll Italien erhalten. Das gelb eingezeichnete Gebiet wird Armenien; Anatolien und die angrenzenden Landstriche mit dem Kaukasus werden russisch. Frankreich bekommt ebenfalls Teile Anatoliens, und zwar hier, die blaue Fläche rund um das Taurusgebirge bis tief hinunter in den Süden, inklusive Beirut und Damaskus. Der Rest wird britisch, von Basra über Bagdad und Jerusalem bis zum Mittelmeer und zum Suezkanal."

Lloyd George bestätigte: „Das entspricht genau dem, was wir vereinbart haben. Und indirekt besiegelt die Aufteilung der Interessensgebiete auch unsere Kriegsziele, wie ich sie schon vor einem halben Jahr deklariert habe: die Beseitigung der reaktionären Militärregierungen und die Etablierung von gewählten Regierungen als Basis des internationalen Friedens."

„Das klingt zu schön, lieber Premierminister", antwortete Sir Winston. „Bloß, wird uns dieser Plan dabei helfen?"

„Die neue Landkarte muss so gezeichnet werden, dass sie keinen Grund mehr lässt für Auseinandersetzungen, die Europa später in einen weiteren Krieg ziehen würden. Unsere Interessen sollen in diesem Zusammenhang natürlich gewahrt werden. Die Türken haben für ihre Verbrechen zu bezahlen! Vergessen Sie nicht ihren Völkermord an den Armeniern und die für uns so verlustreiche Dardanellenschlacht von 1915. Wir müssen sie endlich aus Europa verdrängen!"

„Das verstehe ich schon, aber die nächsten Konflikte sind doch vorhersehbar. Ich denke", wandte sich Sir Winston an Balfour, „die Deklaration, die Sie vor einigen Wochen an Baron Rothschild so öffentlichkeitswirksam übergeben haben, steht zu diesen Dokumenten hier im Widerspruch."

„Keine Spur! Ich habe die zionistischen Vertreter getroffen, Weizmann, Herzl und wie sie alle heißen, und habe ihnen im Namen der britischen Regierung lediglich zugesagt, die Zionisten bei der Errichtung einer nationalen Heimstätte für das jüdische Volk in Palästina zu unterstützen. Im Gegenzug haben die Zionisten jüdische Bataillone aufgestellt, die an unserer Seite gegen die Osmanen kämpfen. Mit meiner Zusage haben wir eine weitere Partei in dieser Region, die langfristig verhindert, dass die Türken sich dort wieder ausbreiten können."

„Was werden denn die Araber dazu sagen, wenn sich das hier bis Bagdad und Damaskus durchspricht? Denen haben wir doch auch Zusagen gegeben."

„Was sollen sie schon sagen? Lassen wir sie einfach Staaten gründen, so viele sie wollen. Solange wir die Kontrolle über diese Gebiete haben, können uns solche formaljuristischen Dinge egal sein."

„Lieber Balfour, ich bin überzeugt, die Ära des Aufschiebens, der halben Maßnahmen, der beruhigenden und verwirrenden Mittel und der Verzögerungen geht zu Ende. Stattdessen treten wir in eine Zeit der Konsequenzen ein. Und ich fürchte, wir werden neue Probleme bekommen."

„Mit denen werden wir leben müssen. Divide et impera! Mit Machiavelli sind wir noch immer gut gefahren, oder?"

1922 01 20 – Gertrude – Bagdad

Liebster Vater,
die letzte Luftpost brachte mir, wie erwartet, zwei Stapel
Briefe von Ihnen und meiner Mutter, am 14. und 28. De-
zember. Sie können sich nicht vorstellen, wie froh ich war,
sie zu bekommen. Auch die beiden Times-Artikel – nein,
ich erhalte die Zeitungen nicht per Luftpost und ich wäre
Ihnen sehr dankbar, wenn Sie mir etwas Wichtiges aus-
schneiden und schicken könnten. Manchmal kommt meine
Post erst nach einigen Wochen an und zu diesem Zeitpunkt
ist vieles nicht mehr aktuell. Dennoch verschlinge ich selbst
dann fast jede Zeile, die in der Times geschrieben steht.

Ach, wie gerne hätte ich die Weihnachtstage mit Ihnen
und meiner Mutter verbracht. So sehr ich das Leben hier ersprießlich und erfüllend finde – um diese Jahreszeit scheint
es mir, als verspürte ich beinahe so etwas wie Heimweh.
Ich ertappe mich dabei, dass ich von Nordengland träume,
vom kühlen Wetter im County Durham, von einem Regen,
der mir ins Gesicht peitscht und von anschließenden hei-
meligen Stunden mit Ihnen, meiner geliebten Mutter und
meinem Bruder. Dass ich diese Träume ausgerechnet jetzt
habe, wo es hier in Bagdad ohnehin gerade ungewöhnlich
kalt ist, finde ich eigenartig, ja beinahe amüsant. Habe ich
Ihnen geschrieben, was für eine schlimme Erkältung ich
hatte? Anfangs habe ich sie ignoriert, aber schließlich musste ich nachgeben und eine Woche im Haus verbringen, was
ich wahrscheinlich früher hätte tun sollen. Es war ein langwieriger Prozess für meinen Geist, die Lungenentzündung
zu akzeptieren. Doch irgendwann habe ich mich krank
genug gefühlt, um dankbar für das Erreichte zu sein und
einmal nichts zu tun. Eine Menge Menschen, Araber und
Engländer, kamen und hielten meine Hand. Auch hatte ich

großes Glück, dass ich gerade mein neues Wohnzimmer mit Kamin bezogen hatte – überlegen Sie bloß, was für eine vorteilhafte Fügung! – sodass ich mich sehr wohl fühlte und fühle. Ich möchte erwähnen, dass Kohle etwa 12 Pfund pro Tonne kostet und Holz ist noch teurer! Aber jetzt geht es mir wieder gut und ich werde nicht mehr viel Heizmaterial benötigen.

Wenn ich hier in Bagdad an meine Jugend denke …! Wie aufwühlend hatte ich die Zeit und die weite Entfernung von zuhause empfunden, als Sie mir den Schulaufenthalt am Queens College in London und dann gar das Studium im Oxford ermöglicht haben! Hier und heute kommt mir meine damalige Aufregung beinahe lächerlich vor! Ein britischer Archäologe hat mir übrigens kürzlich erzählt, dass Frauen mittlerweile in Oxford nicht nur offiziell studieren dürfen, sondern sogar zum Abschluss einen akademischen Grad erhalten können. Ich weiß nicht, ob ich das gut finden soll. Auch ich komme ohne eine solche formelle Bestätigung sehr gut zurecht. Es ist doch schon ein Vorzug, überhaupt an einer anerkannten Universität zugelassen zu werden, meinen Sie nicht? Ebenso halte ich die Forderungen der Frauenwahlrechtsbefürworterinnen für überzogen, selbst wenn ich nicht mehr an der Spitze der britischen Anti-Suffragetten-Bewegung stehe. Denn, so bin ich überzeugt, es sollte doch vollkommen ausreichen, dass Frauen ins Parlament gewählt werden können, wie es seit drei Jahren der Fall ist. Dieses passive Wahlrecht sollte uns Frauen doch genügen. Ich weiß, Sie und meine liebste Mutter denken da liberaler. Dass Frauen ein aktives Wahlrecht erhalten sollen, finde ich allerdings, anders als Sie das tun, nicht für notwendig. Überhaupt meine ich, dass diese Forderungen nach Gleichberechtigung einem Minderwertigkeitsgefühl entspringen, wie es schwachen Menschen häufig eigen ist. Dass Frauen, wie ich in der Times gelesen habe, betrübt sind, bloß weil sie nicht dieselben Rechte haben wie Männer, finde ich eigenartig. Mit Rechten gehen auch Pflichten einher, das sollten die Suffragetten nicht unterschätzen.

Mich dagegen betrüben zwei gänzlich unterschiedliche Dinge: Ihre wirtschaftliche Lage einerseits und andererseits die Unzuverlässigkeit des Brieftransports aus der Levante nach England.

Dass es Ihnen so schlecht geht – es tut mir unendlich leid, liebster Vater, dass Sie sich all diese Sorgen machen müssen! Vielleicht wäre es besser, so schrecklich es ist, einen klaren Schnitt zu machen und das Anwesen Rounton Grange für eine Weile stillzulegen. Das Schlimmste an einem Umzug ist wohl, dass es für Sie und auch für meine Mutter sehr unangenehm sein wird, wenn Sie nicht in Ihren großen Räumen arbeiten können. Ich hasse den Gedanken daran für Sie beide. Maurice ist so ein Philosoph, dass er alles gelassen hinnimmt, sogar die Trennung von seinen Ställen und seinen Zwingern – ich schäme mich, zu glauben, dass ich nicht so weise sein sollte wie mein Bruder. Sobald ich die dringendsten Aufgaben hier erledigt habe, das könnte eventuell noch in diesem Sommer sein, werde ich wieder nach Hause zurückkehren. So habe ich das zumindest mit Sir Percy Cox vereinbart, der mir seit Jahren ein wunderbarer Vorgesetzter ist.

Sie haben mir, wie ich vorhin bereits kurz angedeutet habe, geschrieben, dass Sie zahlreiche meiner Briefe nicht erhalten haben und deshalb nur zusammenhanglose Bruchstücke meines hiesigen Tuns verstehen konnten. Einiges haben Sie ja aus den Zeitungen erfahren, doch so manches war für Sie widersprüchlich oder unverständlich. Daher will ich Ihre Fragen, die sich aus Ihren zuletzt eingelangten Briefen ergeben haben, so knapp wie möglich, aber so ausführlich wie nötig beantworten.

Sie wollten wissen, wer vor einem Monat die Grenzen des neuen Königreichs Irak entworfen hat? Nun, geliebter Vater, das war, wie auch die Times ausgiebig berichtet hat, tatsächlich ich. Dabei habe ich mich bemüht, der Region

Mesopotamien und ihren Bewohnern und auch den Nachbarvölkern gerecht zu werden. So wie bei der Auswahl der Regierungsmitglieder, zu der ich König Faisal beraten durfte, wie auch bei der territorialen Frage habe ich darauf geachtet, alle drei Provinzen zu berücksichtigen: die kurdische im Norden, die sunnitische im Zentrum und im Süden die schiitische. Unter den Sunniten findet man aufgrund ihrer früheren Aufgaben im Osmanischen Reich relativ leicht geeignete Verwaltungsbeamte. Bei den Kurden, für die eine Autonomie in Aussicht steht, ist das nicht im selben Maß gegeben. Die Schiiten jedoch, die halte ich für gefährlich. Wenn sie an die Macht kämen, würde dem jungen Staat eine Theokratie drohen. Sie sehen also, die faktischen Bedingungen erforderten im Sinne von Ausgewogenheit und Beständigkeit lange und tiefgehende Überlegungen. Gleichzeitig hatte ich die Grenze zum Machtbereich der wahabitischen Ibn Sauds zu beachten, die den östlichen Teil der arabischen Halbinsel beherrschen. Denn trotz der unbestreitbaren Erfolge hatte das arabische Büro unseres Geheimdienstes in Kairo Zweifel, dass Hussein und die Haschimiten, die im westlichen Teil der arabischen Halbinsel siedeln, für ausreichende Stabilität in der Region sorgen könnten. Dementsprechend hat sich das Machtverhältnis innerhalb der Araber zugunsten der Sauds verschoben. Dass das Empire dennoch dem haschimitischen Faisal den Thron eines unabhängigen Königreichs Irak anbieten sollte, ja müsste, habe ich schon aus Fairnessgründen angesichts der Kriegsverdienste Mekkas vertreten.

Darüber hinaus stünde es uns Engländern am besten an und würde unendliche Komplikationen vermeiden, wenn wir uns bei unseren Verbündeten als verlässliche Partner zeigten. Ein unabhängiges Königreich Irak mit einem König Faisal wäre für mich die fairste Lösung. Das Empire bevorzugt dagegen, einen Marionettenstaat unter der bestehenden britischen Mandatshoheit zu errichten. Dabei ist der Begriff Mandat hier äußerst unpopulär. Ein frei ausgehandelter Vertrag zwischen gleichberechtigten Partnern käme unendlich besser an, außerdem gäbe er uns weit freiere Hand. Wir wussten immer, dass Faisal ultimativ auf einen Vertrag statt des Mandats beharren würde – jetzt haben wir die Möglichkeit, eine schöne Geste zu setzen und aus freien Stücken zu geben, was wir später ohnehin auf sein Fordern hin zugestehen müssten.

Das gilt meiner Meinung nach auch in den anderen Mandatsgebieten, insbesondere in Palästina. Warum nicht sollen dort Juden und Araber in einem gemeinsamen freien Staat zusammenleben können? Ich meine, einen wirklich freien, unabhängigen Staat. Verdient hätten es sich beide Nationen doch aufgrund ihrer Leistungen an unserer Seite im Krieg gegen die Türken! Dieses Herumlavieren und Ausspielen der einzelnen Bevölkerungsgruppen gegeneinander wird langfristig nur zu noch größeren Überforderungen führen, als wir und Frankreich sie bei der Ausübung der Mandatshoheiten jetzt schon haben. Ich würde mir wünschen, dass die Krone diesen Nationen mit Fairness und auf Augenhöhe begegnete!

Eine andere Ihrer Fragen war, welcher mein Anteil am arabischen Kriegszug unter Auda und seinen Howeitats gegen das Osmanische Reich war. Nun, ich darf Ihnen berichten, dass Sherif Hussein von Mekka mich schon bald nach unserem ersten Kontakt als seine engste Vertraute bezeichnet hat. Ich vermute, er hat an meinen roten Haaren und den grünen Augen mehr Gefallen gefunden, als er jemals zugeben würde. Im privaten Gespräch nennt er mich, dabei jeden Anstand wahrend und ohne anzüglich zu sein, gerne ‚Wüstentochter‘ und manchmal sogar ‚Khatun‘, Königin. Bei offiziellen Gesprächen mit muslimischen Würdenträgern werde ich mit demselben Respekt als ‚Mann ehrenhalber‘ behandelt. Ich glaube, Sherif Hussein schätzt an mir meine Offenheit, die ich lebe, soweit es mir der geheimdienstliche Auftrag erlaubt, und meine Kenntnis von Kultur und Geschichte des arabischen Volkes.

Bei Mister Lawrence, der von Kairo aus zu ihm gesendet worden war, hatte er das nicht in demselben Ausmaß geschätzt, wobei er ihm da vermutlich Unrecht tat. Ich habe ihn ja schon seit vielen Jahren gekannt, damals noch als einen Spezialisten mittelalterlicher Töpferkunst. Vielleicht aufgrund unserer Liebe zur Archäologie haben wir uns auf Anhieb gut verstanden. Leider haben wir, als wir für den Secret Service arbeiteten, bald bemerken müssen – das erwähne ich nur zwischen uns! – dass wir im Namen der Krone Versprechungen abgeben mussten, die uns fragwürdig erschienen. Denn viele dieser Zusagen, insbesondere was einen unabhängigen freien Araberstaat nach dem Ende des Osmanischen Reichs anging, schienen uns schwerlich umzusetzen, sofern diese Absicht jemals überhaupt bestanden hat. Das Gleiche gilt für einen Judenstaat, aber ich fürchte, ich beginne, mich zu wiederholen.

Dennoch ist es mir im Sinne meines Auftrags in zahlreichen langen Gesprächen gelungen, Hussein und vor allem seinen Sohn Faisal zu ermutigen, Scheich Auda und fünfzig seiner Howeitats gegen die Osmanen loszuschicken. Mister Lawrence hatte diese Zusage mehrfach zu erlangen versucht, war mit diesem Ansinnen jedoch nicht erfolgreich. Vielleicht hat es einfach eine weibliche diplomatische Art gebraucht? Jedenfalls haben die intensiven Gespräche meine Freundschaft zu Hussein und Faisal vertieft. Mister Lawrence hat nach deren Zustimmung wie vereinbart an mehreren Anschlägen gegen die Osmanen teilgenommen und sogar Aqaba erobert. Es steht ihm also durchaus zu, dafür Lob und Auszeichnungen einzufordern, so wie auch mir als erster Frau überhaupt der Majorsrang als ‚Orientsekretärin‘, sowie der ‚Ritterorden des British Empire‘ verliehen wurden. Seine Leistungen sind angesichts fehlender Landkarten, ortskundiger Führer und der unzureichenden Versorgung mit Lebensmitteln durch die in den verschiedenen Gebieten ansässigen Stämme durchaus als hoch einzustufen.

In noch einem sind Mister Lawrence und ich uns einig, nämlich, dass wir hier nach dem Untergang des Osmanischen Reichs praktisch den gesellschaftlichen Kollaps erreicht haben. Die Araber spüren das, auch wenn sie es mir gegenüber aus Höflichkeit nicht zur Sprache bringen. Der Kredit der europäischen Zivilisation ist aufgebraucht! Wie können wir, die wir unsere eigenen Angelegenheiten so schlecht bewältigt haben, den Anspruch erheben, anderen beibringen zu wollen, wie sie ihre Angelegenheiten besser bewältigen?

Mein Bericht über die Zivilverwaltung Mesopotamiens, den ich vor einem Jahr im Auftrag des Britisch-Indien-Ministeriums als Weißbuch für die beiden Häuser des Parlamentes erstellt habe, fasst die Entwicklungen in Mesopotamien in den letzten Jahren zusammen. Er ist – wie Sie mir geschrieben haben – auch von der Presse erfreulich positiv aufgenommen worden. Dennoch haben mich die Artikel in der Times verärgert. Man scheint es, um einen Vergleich zu bringen, ganz allgemein höchst bemerkenswert zu finden, dass ein Hund auf den Hinterbeinen stehen kann – denn das hielte ich für genauso wenig verwunderlich, wie dass ein weibliches Wesen einen Informationsbericht zu Händen der Regierung schreibt! Was soll daran erstaunlich sein? Ich hoffe, dass sie von ihrer albernen Verwunderung ablassen und dem Bericht selbst inhaltliche Aufmerksamkeit schenken, damit er ihnen begreifen hilft, was in Mesopotamien und der ganzen Levante vorgeht. Er hat hierzulande mittlerweile zu praktischen Umsetzungen geführt, was beweist, dass die arabischen Führer über mehr Verstand verfügen dürften als so mancher, der sich mit solchen Attributen brüstet.

Zuletzt möchte ich Ihnen noch eine herzenswärmende Mitteilung zu meinem liebsten Steckenpferd berichten, den archäologischen Forschungen: Faisal hat zugestimmt, für die Fundstücke aus Mesopotamien, die teilweise unter meiner Leitung ausgegraben wurden, ein Museum zu gründen.

Es soll, wenn es so weit ist, ‚Archäologisches Museum Bagdad' heißen. Darin werden sich viele Artefakte befinden, wie sie in vergleichbaren Museen der Region nicht zu sehen sind, weil die Forscher aus Europa und Amerika den Großteil der Fundstücke in ihre Heimat mitgenommen haben. In Zukunft wird im Irak das Prinzip für sämtliche archäologische Ausgrabungen gelten, dass die wesentlichen Funde im Land verbleiben müssen und in diesem Museum gezeigt werden. Was für ein wunderbarer Triumph!

Geliebter Vater, ich komme nochmals auf Ihre Briefe zurück – ich war so betrübt, als ich von Sir Arthurs Augenproblemen hörte. Übermitteln Sie ihm meine herzlichen Grüße und Wünsche für seine Genesung. Ich liebe Ihren ganzen Familienklatsch und die Art, wie Sie die Spatzen und alles andere überlistet haben – kluger Vater! Einen Spatzen zu erlegen, ist nach dem Erlegen einer Fliege wirklich das Beste, was man tun kann, um Ruhe zu haben. Mit den Spatzen in meinem hiesigen Garten habe ich völlig versagt – sie fressen die Samen weiterhin so schnell auf, wie ich sie eingepflanzt habe.

Was Mutter betrifft, bin ich wie immer vollkommen verblüfft darüber, wie viel sie aushält, ohne mit der Wimper zu zucken. Das Buch „Die Katze und die Geige" halte ich für ein Meisterwerk – sie hätte sich gefreut, mich beim Lesen kichern zu sehen. Zum Glück kam gerade, als ich entschieden hatte, dass ich krank war, eine ausgezeichnete Ladung Bücher, darunter „Vera" und „Mr. Waddington von Wyck" – wie klug sie beide auf ihre Art waren! Ich danke ihr dafür!

Nun, ich habe heute wieder unzählige Stunden gearbeitet. Ich bin rechtschaffen müde und muss unbedingt ins Bett.

Ihre stets hingebungsvolle Tochter Gertrude.

1929 10 20 – Ibrahim – Hebron

„Abraham, mein Freund! Salam aleikum und schalom! Komm rasch herein!", zog der fünfzigjährige Araber seinen Nachbarn ins Haus, der unerwartet an die Tür geklopft hatte. „Die Briten haben dich hoffentlich nicht gesehen?"

„Wa aleikum assalam, mein Lebensretter, und auch dir ein schalom! Keine Sorge, Ibrahim, wir waren vorsichtig. Wir haben abgewartet, bis sie mit ihrer Patrouille bei unserem Haus vorbei waren."

„Du weißt, dass die Briten alle Juden einsperren, die sich heimlich zurück nach Hebron schleichen?"

„Ja, klar. Aber wir mussten einfach zurückkommen. Seit diesem furchtbaren Tag des Wahnsinns sind bereits zwei Monate vergangen. Irgendwie müssen wir jetzt an ein paar Dinge kommen, bevor so viel Gras über die Sache gewachsen ist, dass sich niemand mehr darum kümmert, ob unsere Häuser erneut geplündert werden."

„Komm, setz dich. Möchtest du Tee?", bat er seinen Nachbarn ins Wohnzimmer.

„Ja, bitte."

„Fatima", rief Ibrahim, als sie sich auf dem Teppich niederließen. „Schau, wer da ist! Psst, leise!", bremste er die Überraschte. „Nicht, dass es draußen jemand hört! … Machst du uns bitte Tee?"

Während seine Frau in die Küche verschwand, erkundigte er sich: „Geht es euch gut? Wo seid ihr denn?"

„Wäre ich nicht Notar, sondern Rechtsanwalt wie du, würde ich jammern: Man kann nicht genug klagen! Nein, im Ernst: Es ist schon in Ordnung. Wir sind in einem Kibbuz im Norden untergekommen, in Ein Harod. Es ist zwar nicht gerade bequem; wir teilen uns ein Zweizimmer-Haus mit zwei anderen Familien. Aber wenigstens sind wir dort nicht bedroht."

„Das freut mich! Den Kindern geht es auch gut?"

„Anfangs haben ihnen ihre Freunde gefehlt. Doch du weißt ja, wie junge Menschen sind: Sie haben schnell neue Gleichaltrige gefunden, mit denen sie sich gut verstehen."

„Du hast vorhin von ,wir' geredet. Ist außer dir noch jemand da?"

„Judith. Sie ist gerade in unserem Haus und holt Dokumente und ein paar Wertsachen, wenn die noch da sind. Viel ist es ja nicht, wie du weißt. Das Silberbesteck, das ihre Mutter seinerzeit aus Wien mitgebracht hat, die guten Federpolster, die Menorah und den Davidstern, und vielleicht auch die Mesusa."

„Die Mesusa? Ich wusste gar nicht, dass die wertvoll ist."

„Ist sie eh nicht. Aber wenn die draußen am Türstock zu sehen ist, weiß gleich jeder, dass hier ein jüdisches Haus ist. Und wer weiß, auf welche Gedanken dann jemand kommt, der nicht von hier ist."

„Da habt ihr wahrscheinlich recht. Obwohl – hier sind auch mehr als genug Verblendete. Und in Hebron weiß ohnehin jeder, wo Juden wohnen und wo Araber. Hast du schon die Nachrichten im Radio gehört?"

„Nein, wir waren die letzten drei Tage unterwegs hierher. Was gibt es denn?"

„Heute sind die Urteile gegen einige der Wahnsinnigen gesprochen worden."

„Und?"

„Fünfundzwanzig Araber wurden verurteilt, und auch zwei Juden."

„Was? Nur fünfundzwanzig? Das waren ja Hunderte!"

Ibrahim zuckte mit den Schultern: „Na, was hast du erwartet? Dass das Gericht die alle schuldig spricht und hinrichten lässt?"

„Das stimmt, das wäre zwar gerecht gewesen, aber dann bräche hier wahrscheinlich die Hölle aus. Die Zeitungen haben in den letzten Wochen ohnehin mehrfach geschrieben, der Hochkommissar hätte ausdrücklich eine ‚ausgewogene Entscheidung' des Gerichts gefordert."

„Das haben wir auch gehört. Welcher Richter würde es da wagen, ein abweichendes Urteil zu fällen, wenn die Mandatsverwaltung schon vorentschieden hat? Wir sind nicht in einer Demokratie. Hier bei uns beugt sich das Recht der hohen Politik."

Abraham kniff die Lippen zusammen und seufzte: „Eigentlich war das Ergebnis schon vor Wochen abzusehen. Denn wer einen Judenhasser wie diesen Temini als Staatsanwalt einsetzt, um die Massaker in Hebron und Jerusalem zu verfolgen, will vermutlich das Ganze möglichst unter den Teppich kehren."

Ibrahim nickte zustimmend: „Man möchte sicher keinen Staub aufwirbeln. Hier bei uns redet man davon, dass Cafferata ausgesagt hätte, dass arabische Führer gezielt Gerüchte verbreitet und nationalistische Reden gehalten hätten, um die Stimmung aufzuheizen und die Menge gegen euch Juden aufzubringen."

„Cafferata? Der Polizeipräsident? Ausgerechnet der? Wieso hat der uns denn nicht geholfen, als hunderte Verrückte mit Schwertern, Messern und Pistolen in unsere Häuser eingedrungen sind und die Menschen abgeschlachtet haben?"

„Er sagt, er hätte dafür zu wenig Leute gehabt. Hilfe aus Jerusalem hätte er angefordert, jedoch nicht bekommen."

„Der ist doch draußen auf der Straße gestanden und hat zugesehen, ohne etwas zu tun!"

„Ich will ihn nicht verteidigen, Abraham. Aber ich habe selbst gesehen, dass er in Bethels Haus gegangen ist, aus dem ihre Schreie zu hören waren."

„Ja, die Geschichte kenne ich auch. Dort hat er diesen Polizisten aus Jaffa erschossen, als der gerade der alten Bethel die Kehle durchschneiden wollte. Ihre kleine Enkelin hatte der Verbrecher zu dem Zeitpunkt aber schon in vier

Teile zerstückelt! Nein, komm mir nicht mit diesem Cafferata! Der ist um kein Haar besser als die, die er beschuldigt hat, den Mob aufzuwiegeln. Apropos: Ist zu al-Husseini auch verhandelt worden?"

„Zum Großmufti von Jerusalem? Was glaubst du denn! Wo hast du bloß in den letzten zwanzig Jahren gelebt?"

„Der hat doch seit dem Frühjahr unter Strafandrohung von allen Arabern verlangt, uns Juden zu vernichten!"

„Ja, das hat er. Aber wie du ja gesehen hast, haben sich die meisten von uns nicht daran gehalten."

„Gott sei Dank, das stimmt, mein Freund! Ich bin dir unendlich dankbar, dass du uns gleich zu dir geholt hast, als es losgegangen ist. Und so viele andere haben das auch getan. Wenn das nicht Freundschaft beweist und gute Nachbarschaft, ja noch viel mehr: echte Menschlichkeit!"

„Der Koran verbietet es uns, Andersgläubigen Unrecht zu tun. Und das, was sich da abgespielt hat, war nichts anderes als tiefstes Unrecht. Die ganze Sache mit der Westmauer und der Abtrennung von Männern und Frauen, die die Jerusalemer Juden dort installiert haben, war nichts als ein fadenscheiniger Vorwand. Uns stört das in Wahrheit überhaupt nicht."

„Einige Tausend hat es anscheinend sehr wohl gestört."

„Das sind doch verblendete Idioten! Das sind dieselben, die auch glauben, dass ihr Juden unsere Kinder am Tempelberg in geheimen Ritualen abschlachtet und aufesst! Aber noch ein interessantes Detail haben sie zum Urteil im Radio berichtet, und zwar zu Scheich Taleb Markah."

„Ich hoffe, er war unter den fünfundzwanzig Verurteilten?"

„Ja, schon. Bloß …"

„Todesstrafe oder nur lebenslang?"

„Keines von beiden. Er wurde zwar vom Staatsanwalt als Hauptaufrührer des Massakers beschuldigt, aber er selbst hat sich als Freund der Juden bezeichnet. Er hat zu seiner Verteidigung behauptet, sogar noch einen Buben geohrfeigt zu haben, der gerade einen Stein auf einen Rabbi werfen wollte."

„Das ist doch lächerlich! Und …?"

„Na, wie es eben so ist: Er hatte zwei Zeugen, die ihn just beim Ausbruch des Angriffs in einem Café sitzen gesehen haben."

Abraham brauste empört auf: „Du und ich, wir haben selbst erlebt, wie er die Bewaffneten in die Straße kommandiert hat, wie er sie angefeuert hat, alle Juden auszurotten!"

„Ja, schon", stimmte Ibrahim zu. „Aber da gibt es auch diese beiden Zeugen. Und dir brauche ich das ja nicht zu erklären. Der Richter hatte wohl die Vorgabe des Hochkommissars im Hinterkopf, als er befand, dass die zahlreichen Zeugenaussagen, die den Scheich belasteten, wegen der beiden Gegenzeugen nicht hundertprozentig ausgereicht haben. Daher wurde er nicht wegen Mordes verurteilt, sondern wegen Beteiligung an der Störung der öffentlichen Ordnung."

„Störung der öffentlichen Ordnung? Das gibt es doch nicht! Das ist ja auch dann der Fall, wenn jemand zur Klagemauer beten kommt und keinen Übermantel trägt!" Abraham rang sichtlich um seine Fassung. „Welche Strafe hat er dafür bekommen?"

„Das wird dir jetzt auch nicht wirklich gefallen. Es war einerseits eine Geldstrafe; die ist eher bescheiden ausgefallen und wird ihn nicht sonderlich schmerzen. Und andererseits zusätzlich zwei Jahre Haft."

„Das glaube ich jetzt nicht! Er lässt siebzig Menschen umbringen – und wenn ihr uns nicht trotz der Gefahr, selbst ermordet zu werden, geholfen und versteckt hättet, wären es wohl fünfhundert gewesen – und muss dafür nur zwei Jahre ins Gefängnis?"

„Nicht einmal das, Abraham! Weil er ja Scheich ist, muss er die zwei Jahre nicht absitzen, sondern darf sie im Hausarrest verbringen!"

„Na bestens! Und die Einhaltung des Hausarrests kontrolliert Cafferata!"

„So wird es wohl sein."

1936 12 12 – Sir William – Jerusalem

„Sir William, Professor Coupland wartet im Salon auf Sie. Darf ich das Frühstück servieren?"

„Danke, James. Lassen Sie sich ein wenig Zeit, bitte. Wir haben noch etwas zu besprechen."

„Sehr wohl, Sir!"

So energisch er mit seinem von der Arthrose schmerzenden Knie konnte, durchschritt Sir William Peel, Vorsitzender der Untersuchungskommission der britischen Mandatsregierung, die Bibliothek des Auguste-Victoria-Gebäudes am Ölberg in Jerusalem. Sein rotes Gesicht und die mittlerweile knollige Nase, die seinen stolzen, ehemals gezwirbelten schwarzen Schnurrbart deutlich überragte, waren an diesem Tag etwas blasser als sonst. Die wie immer tadellos korrekt sitzende Kleidung machte ihm heute wieder ziemlich zu schaffen. Für diese Jahreszeit war es schon seit einer Woche ungewöhnlich warm. Das konnte er nicht mehr so leicht wegstecken wie früher. Und es war ihm ein schwacher Trost, dass die Ärzte nur mit den Schultern zuckten und ihn auf sein Alter hinwiesen.

Er tat sich schwer damit zu akzeptieren, dass seine körperlichen Kräfte zuletzt stark abgebaut hatten. Noch vor wenigen Jahren, als er Vorsitzender der ‚Burma Round Table Conference' gewesen war und in Rangoon die Zukunft von British Indien mitbestimmt hatte, hatte ihm die heiße Schwüle des Dschungels nichts anhaben können. Wie die dort stationierten britischen Offiziere hatte er problemlos weit höhere Temperaturen ertragen als hier. Schon aus Solidarität und aus selbstverständlichem Pflichtgefühl hatte er stets mit hohem Kragen korrekt gekleidet seinen Dienst versehen. Was hatte sich in diesen fünf Jahren bloß geändert, dass ihn selbst winterliche Temperaturen in Jerusalem zum Schwitzen brachten? „Egal! Disziplin! Wozu haben sie uns die seinerzeit in Oxford beigebracht?", rief er sich zur Ordnung. „Also, auf zum Abschlussgespräch mit diesem Coupland!"

Professor Coupland, so überlegte Sir William, war ein anerkannter Historiker aus Oxford und ein einwandfreier Charakter. Aber sein beständiges Streben, es Juden und Arabern gleichermaßen recht zu machen, deutete auf einen etwas zu stark ausgeprägten Gerechtigkeitssinn hin. Und Gerechtigkeit … das war ohnehin eine subjektive Angelegenheit. Damit machte er es niemandem in der Kommission leicht. Besonders, wenn man eine so sensible Analyse für den Völkerbund erstellen sollte wie sie. Und sensibel, das konnte man getrost sagen, sensibel und anspruchsvoll war sie, denn sie sollte sowohl einen für alle Beteiligten akzeptablen Vorschlag beinhalten und gleichzeitig die Interessen des Britischen Empires wahren. Die Spielräume für Empfehlungen als Abschluss des Berichts waren denkbar eng.

Dennoch hatte sich der Professor im Zuge der Untersuchung und der weit über einhundert Gespräche, die sie hier im Land mit der Bevölkerung geführt hatten, als durchaus anregender Diskussionspartner und brauchbarer Mitarbeiter erwiesen. Es würde nicht leicht werden, eine Lösung für die verfahrene Situation zu finden, die soeben in einem großen arabischen Aufstand gemündet hatte.

„Professor, schön, Sie zu sehen!", betrat Sir William den Salon. „Sie schauen blendend aus! Machen Ihnen die langen Gespräche und die kurzen Nächte denn gar nichts aus?"

„Guten Morgen, Sir William! Doch, ich freue mich auch schon darauf, wieder einmal richtig ausschlafen zu können. Aber im Augenblick erfordert die Lage hier meine ganze Kraft und Energie. Aus diesem Grund habe ich die Nacht durchgearbeitet und Ihnen hier einen Vorschlag mitgebracht. Wie Sie sehen …"

„Gemach, gemach, mein lieber Professor. Es besteht kein Anlass, ungestüm zu sein. Wir haben alle Zeit, die wir brauchen. Darf ich Ihnen ein Glas Portwein anbieten?"

„Jetzt schon, Sir? Ich habe noch gar nicht gefrühstückt."

„Nun, ich denke, wir sollten in Anbetracht unserer unregelmäßigen Arbeitszeiten durchaus die aktuelle Uhrzeit ab und zu außer Acht lassen, meinen Sie nicht?", schmunzelte Sir William und schritt zu einem mit verlockenden Flaschen beladenen Rollwagen. „Und wer weiß? Vielleicht ergibt sich ja bei einem genüsslichen Tropfen die Lösung dieses Gordischen Knotens, den wir hier vor uns haben."

„Nun, dann kann ich ja gar nicht Nein sagen", gab Coupland seinen kurzen Widerstand auf und machte es sich in einem breiten Eichenstuhl am Teetisch nahe der Fensterfront des Salons gemütlich. Er kannte Sir William mittlerweile gut genug, um zu wissen, wie dieser vorzugehen pflegte.

„Port oder Whiskey?", fragte der Gastgeber.

„Darf ich mich Ihnen anschließen?"

„Selbstverständlich, sehr gerne. Ich nehme Whiskey, schottischen natürlich", entgegnete Sir William. „Er gibt mir das Gefühl, auch hier ein echter Brite zu sein." Er goss reichlich Whiskey in zwei schwere Gläser. „Wie immer? Wasser? Eis?"

„Gerne von beidem etwas."

„Wissen Sie, mein lieber Professor, ich nehme nur ganz selten Wasser. Ich glaube, das habe ich Ihnen schon bei anderer Gelegenheit gesagt, aber es ist nun einmal mein Prinzip. Das Eis verdünnt den Alkohol ohnehin genug. Wenn es den Whiskey abkühlt, wird dessen blumiges Aroma freigesetzt. Ein Genuss für Nase, Gaumen und Magen! Wasser würde diesen Effekt verringern. Ich weiß, junge Leute wie Sie – sagen Sie, haben Sie eigentlich Ihren Fünfziger bereits hinter sich?"

„Ja, kürzlich erst."

„Ich gratuliere, lieber Professor. Also, was ich sagen wollte: Junge Leute wie Sie sehen die Dinge etwas anders. Aber Sie werden schon merken, auch Sie werden noch zum rechten Glauben finden und auf Wasser verzichten." Damit hob er sein Glas: „Gott schütze den König!"

„Gott schütze den König!"

Genießerisch hob Sir William die Augenbrauen. Dann wechselte er das Thema.

„Also nun, was ist Ihr Anliegen? Sie haben mir ja gestern Abend angedeutet, dass Sie gerne vor der Abgabe des Abschlussberichts an die Krone mit mir unter vier Augen sprechen wollten."

„Nun, Sir William, ich muss sagen, ich bin verzweifelt! Wir haben monatelang Gespräche geführt."

„In der Tat. Sie meinen, es wäre nun langsam an der Zeit, sich auf die Heimreise vorzubereiten? Darauf freue ich mich tatsächlich schon: Weihnachten zu Hause mit der Familie bei wunderbarem kalten Nieselwetter im guten alten England! Nicht so drückend heiß wie hier."

„Nun ja, das auch ..."

„Wissen Sie, ich verstehe das ja gar nicht", fiel ihm der Ältere ins Wort. „Da heißt es, Jesus Christus wäre gleich hier in der Nähe mitten im kalten Winter zur Welt gekommen. Doch sagen Sie mir: Hat es hier in den letzten zweitausend Jahren überhaupt einen kalten Winter gegeben?"

„Ich vermute, das ist im Verhältnis zum hiesigen Sommer zu sehen, Sir."

„Ja, ja, schon klar. Aber verzeihen Sie, ich habe Sie unterbrochen. Sie wollten mir etwas zeigen."

„Danke. Also, ich wollte darauf hinaus: Wir haben nun monatelang Gespräche geführt, Juden befragt und Araber, radikal Denkende und Gemäßigte auf beiden Seiten, bereits lange hier Lebende und neu Hinzugezogene. Mir scheint, wir kommen zu keiner friedlichen Lösung für Palästina. Das bereitet mir Kopfzerbrechen und beschämt mich als Engländer in besonderem Maß."

„Ich gebe Ihnen schon recht, Professor, die Lage ist nicht sehr hoffnungsvoll und ich verstehe Ihre Sorgen. Aber, wenn ich Sie das fragen darf: Warum beschämt es Sie als Engländer, wenn zwei Völker, die rein zufällig in unserem Mandatsgebiet leben, nicht miteinander können?"

„Nun, ich weiß nicht recht, wie ich es sagen soll, Sir. Denn es kommt mir vor, als wären wir Engländer an dieser Situation nicht vollkommen unbeteiligt, wenn ich mir die Freiheit nehmen darf, das anzudeuten."

„Ein starkes Wort, Professor, ein starkes Wort, in der Tat! Sie wollen doch nicht etwa dem Königreich anlasten, dass Juden und Araber einander nicht ausstehen können?"

„Nein, Sir. Araberfeindlichkeit hat es unter den hier lebenden Juden schon lange gegeben. Na, und Antisemitismus bei den Arabern ... was soll ich dazu sagen, Sie wissen es ohnehin so gut wie ich. Es geht meist ums Land und um Besitz und vielleicht fühlt man sich auch einfach nur bedroht. Ich würde denken, das unterscheidet sich nicht wesentlich von der Situation in Belgrave oder sonst wo in London."

„Na sehen Sie! Also besteht doch kein Grund, sich zu schämen! – Noch einen Schluck?"

„Nein, danke, ich habe noch."

„Sie erlauben, dass ich uns dennoch auffülle?"

„Äh ..."

„Gott schütze den König!"

„Gott schütze den König! Andererseits", so fuhr Coupland fort, „hat Faisal betont, dass die Juden den Arabern blutsmäßig sehr nahestünden und es zwischen diesen Brudervölkern keinen grundlegenden Konflikt gäbe. Es besteht also durchaus keine definitionsgemäß feindliche Haltung zwischen den beiden Völkern."

„Warum bringen Sie das in diesem Zusammenhang zur Sprache, Professor?"

„Ich erwähne es nur sehr ungern, Sir: Ich orte auf unserer Seite eine gewisse Verantwortung für den bestehenden Konflikt."

„In der Tat? Sagen Sie bloß!"

„So schwer es mir fällt, noch deutlicher zu werden, aber ich sehe historisch einige Widersprüche im Verhalten der Krone."

„Sie wollen doch nicht schon wieder auf diese Balfour-Deklaration hinaus?"

„In gewisser Weise war das, was Earl of Balfour vor zwanzig Jahren als britischer Außenminister erklärt hat, ein Schwunghebel, der den Motor des arabischen Antizionismus erst so recht zum Laufen gebracht hat."

„Übertreiben Sie da jetzt nicht ein wenig?"

„Nein, Sir, ich denke nicht. Damals hat der Earl gegenüber Lord Rothschild und der zionistischen Weltorganisation bestätigt, dass Seine Majestät den Juden Palästina als neue Heimat versprochen hat. Ich darf zitieren: ‚Die Regierung Seiner Majestät betrachtet mit Wohlwollen die Errichtung einer nationalen Heimstätte für das jüdische Volk in Palästina und wird ihr Bestes tun, die Erreichung dieses Zieles zu erleichtern, wobei, wohlverstanden, nichts geschehen soll, was die bürgerlichen und religiösen Rechte der bestehenden nicht-jüdischen Gemeinschaften in Palästina oder die Rechte und den politischen Status der Juden in anderen Ländern in Frage stellen könnte'. Sehen Sie das Problem, Sir?"

„Ich kann keines erkennen, lieber Professor."

„Nun, das Problem ist, dass seine Majestät dieses Land zur gleichen Zeit auch den Arabern versprochen hat, Sie wissen ja, quasi als Entschädigung für ihre Unterstützung im Weltkrieg, als es darum ging, die Türken aus dem Gebiet zu vertreiben."

„Sie meinen das, was ihnen dieser Leutnant Lawrence in Aussicht gestellt hat?"

„Ja, genau das. Das wurde den Arabern damals übrigens nicht nur von diesem Leutnant Lawrence zugesagt, sondern auch mehrfach von britischen Diplomaten. Und einige Jahre später wurde es sogar seitens der Regierung bekräftigt."

„Ist das so? Das müsste ich aber wissen."

„Leider ja. Auch Mister Churchill …"

„Ach, lassen Sie mich doch mit dem in Ruhe! Was erwarten Sie von einem Mann, der von den Konservativen zu den Liberalen wechselt und ein paar Jahre später wieder zu den Konservativen? Der war ja in fast so vielen Parteien Mitglied wie ich selbst", kicherte er kurz in sich hinein. Gleich wurde er wieder ernst und setzte fort: „Nein, nein, der soll brav weiterhin seine Bücher schreiben, Bilder malen und in Feuilletons für den Weltfrieden eintreten. Mit Politik hat der nichts mehr zu tun."

„Nun, Mister Churchill hat das nicht jetzt gesagt, sondern nach dem Krieg, als er in einem Ministeramt war. Er hat den Arabern gegenüber versichert, dass die Krone nicht die Absicht habe, Palästina so jüdisch werden zu lassen, wie England englisch ist."

„Sehen Sie, mein Lieber, da kann man erkennen, wie schnell sich die Dinge ändern können! Und im Wesentlichen beziehen sich doch die Araber auf diesen Lawrence. Der war ein Freigeist, wie wir wissen. Damals nützlich, und man hat auch geduldet, dass er nicht alles mit seinen Vorgesetzten abgesprochen hat. Aber selbst seine Zusagen waren lediglich prinzipieller Natur. Genau wie die Krone hat er niemals gegenüber Juden und Arabern eine exakte geographische Lage ihrer Gebiete definiert, so viel mir bekannt ist."

„Akkurat da liegt ja das Problem, wenn ich das so sagen darf, Sir! McMahon hat als britischer Hochkommissar in Ägypten während des Weltkrieges an Hussein von Mekka bestätigt, dass es nach der Vertreibung der Türken aus der Levante ein arabisches Reich geben wird. Hussein hat dabei das eine Mal von Syrien gesprochen, das andere Mal von Arabien. Wir unterscheiden das, aber für die nomadisierenden Araber sind diese Begriffe mehr oder weniger deckungsgleich."

„Das mag schon sein. Doch wir haben niemals zugesagt, dass Syrien oder Arabien, egal, wie Sie es bezeichnen wollen, selbstständig und unabhängig sein soll. Wir, und das hat auch ganz sicher McMahon so gesehen, und selbstredend der von Ihnen zitierte Churchill, haben immer vorausgesetzt, dass auf diesem Gebiet ein arabischer Staat errichtet werden kann, der jedoch unter der Hoheit der Krone steht."

„Das haben die Araber aber niemals so verstanden."

„Was wollen Sie denn von Menschen erwarten, die mit ihren Kamelen durch die Wüste ziehen? Es würde ungebremst in einer Katastrophe enden, wollte man diese Nomaden, ungebildet wie sie sind, in ein von ihnen selbst regiertes Land entlassen! Sie sehen doch, dass es sogar im Emirat Transjordanien, das unter unserer Mandatshoheit steht, immer wieder Schwierigkeiten gibt. Und das, obwohl wir mit Abdullah ibn al-Hussein den Sohn dieses Husseins von Mekka als Emir eingesetzt haben und ihm ein fürstliches Gehalt bezahlen! Wie wollen Sie diesen halbwilden, kaum der Steinzeit entsprungenen Stämmen ein eigenes, selbstbestimmtes Land zugestehen?"

„Das wäre sehr schwierig gewesen, Sir, ich stimme Ihnen zu. Deshalb hat die Krone ja auch, wie Sie sagen, das Mandat angenommen, mit dem ihr der Völkerbund die Verwaltung Palästinas übertragen hat. Selbstredend hat der Völkerbund damit lediglich eine geheime Vereinbarung der Krone mit Frankreich übernommen, weshalb Frankreich nun Syrien verwaltet und Arabien britisches Mandatsgebiet ist. Aber die Araber haben sich weiterentwickelt und wir sollten zumindest teilweise zu unserem Wort stehen und es ihnen ermöglichen, in einem eigenen Land zu leben, Sir."

„Das wird politisch kaum umzusetzen sein, lieber Professor. Sie wissen, wir haben eine starke jüdische Lobby bei uns zu Hause und die würde so etwas niemals zulassen.

Außerdem hat Lord Rothschild das Land gekauft, in dem die Juden leben. Er hat es also rechtlich erworben. Daher wird man es ihm und den Juden nicht einfach wieder wegnehmen können. Haben Sie das auch bedacht?"

„Ja, Sir, das habe ich. Allerdings gebe ich zu bedenken, dass der Erwerb vieler dieser Gebiete von türkischen Beamten bestätigt wurde, die … wie soll ich sagen? … Nun, deren Vollmacht zur Abgabe solcher Grunderwerbsbestätigungen zumindest … äh …?" „Bemühen Sie sich nicht", schmunzelte Sir William. „Wir wissen alle, wie das damals gelaufen ist. Die Korruption war schließlich einer der Gründe, wegen denen das Osmanische Reich untergegangen ist."

„Selbstverständlich. Aber auch andere palästinensische Gebiete, in denen heute Juden leben, wurden nicht rechtmäßig erworben. Weite Landstriche wurden im Vakuum der Zeit nach dem Weltkrieg einfach ohne jede Rechtsgrundlage besiedelt."

„Sie sind also zum Gegner der Juden geworden? Zum Anwalt der Araber, wenn ich Sie richtig verstehe?"

„Nein, Sir, beides wäre unrichtig interpretiert. Ich will bloß verdeutlichen, dass die Krone sowohl den Juden als auch den Arabern einen eigenen Staat in Palästina versprochen hat. Allerdings handelt es sich dabei teilweise um dasselbe Gebiet."

„Moment, lieber Professor, ganz so ist es nicht. Balfour hat doch die Zusage seiner Majestät an Rothschild daran geknüpft, dass die Rechte der bestehenden nicht-jüdischen Gemeinschaften in Palästina gewahrt bleiben. Damit sind die Araber und die paar Christen, die dort leben, geschützt!"

„Sie sind sehr wohl geschützt, solange die Krone die Einhaltung dieser Rechte überwacht. Aber kann sie das überhaupt?"

„Man muss das Ganze ja auch aus dem Verständnis dessen sehen, was damals auf der Welt los war! Deutschland und Österreich haben den Weltkrieg angezettelt und das türkische Reich hat sich angeschlossen. Da musste das britische Empire einfach aktiv werden! Die Gefahr für die Krone, die Kontrolle über den Suezkanal zu verlieren, war einfach zu groß! Haben Sie sich schon einmal überlegt, was das für unsere Warentransporte aus Indien und unsere dort stationierten Truppen bedeutet hätte, wenn wir wieder den Seeweg rund um Afrika nehmen hätten müssen? Da darf man nicht gleich jedes Wort auf die Goldwaage legen."

„Das verstehe ich ja, Sir. Doch daraus leite ich auch eine besondere Verantwortung für die Krone ab, Palästina dauerhaft Frieden und Sicherheit zu geben."

„Aber lieber Professor! Kommen Sie, nehmen Sie noch rasch einen Schluck auf das Wohl unseres Königs."

„Ich weiß nicht recht. Es ist noch ziemlich früh für so viel ..."

„Er ist doch ausgezeichnet, oder?"

„Auf jeden Fall, das ist er."

„Gott schütze den König!"

„Gott schütze den König! ... Wissen Sie, mein Bester, gerade Sie als Historiker sind mit Machiavellis Prinzip vom Teilen und Herrschen vertraut, wie ich annehmen darf. Erinnern Sie sich doch nur daran, wie sinnvoll es für den ist, der es gezielt einsetzt. In der heutigen südafrikanischen Union hätten wir die Buren nie besiegt, wenn wir nicht die Unterstützung der Neger gehabt hätten, denen wir dafür die Gleichberechtigung mit den Weißen versprochen hatten. Natürlich war es nie in unserer Absicht, das danach wörtlich einzulösen."

„Das verstehe ich schon. Dabei ist es ja aber auch um unterentwickelte Neger gegangen, die wir dann zu den Buren in dieselben Konzentrationslager gesteckt haben. Wenn man nun zynisch sein wollte, könnte man tatsächlich sagen, dass wir ihnen die gleichen Rechte wie den Buren eingeräumt haben. Hier jedoch haben wir Verantwortung für zwei Völker, die entwickelt sind und uns beide unterstützt haben, gegen die Türken siegreich zu sein. Das sehe ich doch differenziert."

„Diese Verpflichtung nimmt das Empire im Rahmen des Völkerbund-Mandats ja auch wahr. Aber wie stellen Sie sich denn bei den gegebenen Unfreundlichkeiten zwischen den Völkern das Zusammenleben von Juden und Arabern vor? – Sie lächeln, Professor?"

„Nun, ich habe da ...", zog Coupland stolz einen großen Papierbogen aus seinem Aktenkoffer.

„Oho! Sie haben etwas für unseren Abschlussbericht an den Völkerbund ausgeheckt", schenkte Sir William rasch die Gläser wieder voll. „Gott schütze den König!"

„Gott schütze den König!"

Coupland breitete eine sorgsam gefaltete Karte auf dem Teetisch aus und strich die Falten glatt. War es die Aufregung oder der Whiskey? Unvermittelt spürte er, wie sich auf seiner Stirn Schweißtropfen bildeten.

Sir William betrachtete die händisch grob skizzierte Landkarte und erkannte darauf umrissartig das Gebiet zwischen Mittelmeer, dem französischen Mandatsgebiet Libanon, dem Emirat Transjordanien und dem Golf von Aqaba. Dazwischen waren etwa zwei Dutzend Ortsnamen eingetragen.

„Wie haben Sie denn nun vor, diesen Gordischen Knoten zu durchschlagen, lieber Professor?"

„Wir haben uns bei den Gesprächen mit den hiesigen politischen Anführern die längste Zeit in einer Schleife bewegt, Sir. Meine Idee ist nun, kurz gesagt, die Zusagen der Krone umzusetzen und beiden Völkern jeweils einen eigenen Staat zu geben."

„Sie sprechen von der Quadratur des Kreises", war Sir William verwirrt. Auch ihm war mittlerweile wärmer geworden, als es auf die Temperaturen zurückzuführen war. Er brauchte Abkühlung. „Noch ein Glas?"

„Ja, sehr gerne. Diesmal kein Wasser, bitte, nur Eis."

„Das freut mich. Ich sehe, Sie kommen auch schon auf den Geschmack! Gott schütze den König!"

„Gott schütze den König!"

„Also, nun lassen Sie es mich wissen: Wie genau lautet denn Ihr Vorschlag?"

„Nun, die Krone hat doch das Recht, das palästinensische Mandatsgebiet nach eigenem Gutdünken in verschiedene Verwaltungsgebiete zu gliedern, richtig?"

„Richtig."

„In diesem Fall würde es sich anbieten, Palästina in zweieinhalb Staaten zu untergliedern."

„Zweieinhalb Staaten?"

„Exakt, Sir! Ein Staat für die Juden, einer für die Araber und ein Gebiet, das der Krone direkt unterstellt bleibt."

Sir William hob den Kopf und betrachtete nachdenklich die Decke des Salons. Dann blies er Luft aus und sah sein Gegenüber mit erwartungsvollen Augen an: „Wie stellen Sie sich die Gliederung der Regionen denn vor?"

„Aufgrund der aktuellen Besiedlung würde ich vorschlagen, der jüdische Staat sollte Galiläa, das Jezreeltal und die Küste vom französischen Mandat im Norden bis Ashdod im Süden umfassen. Akkon, Haifa, Tiberias, Nazareth und Tel Aviv sollten jüdisch werden."

„Aha! Und der Rest arabisch?"

„Nicht ganz. Das arabische Palästina sollte Judäa, Samaria, die Negev-Wüste und Transjordanien beinhalten. Das hieße", und nun zeichnete er mit einem roten Stift eine Linie entlang der angedachten Grenze: „Jenin, Nablus, Ramallah, Jericho, Hebron, Beersheba, Gaza und Khan Junis wären arabisch. Beide Staaten sollten aber Teil des Mandatsgebiets bleiben. Deshalb nenne ich diesen Vorschlag Mehrstaatenlösung."

„Und zu wem soll das hier gehören?", fragte Sir William und deutete auf eine schwarz umrandete Fläche inmitten des Gebiets, die Coupland nun genüsslich schraffierte.

„Das ist mein Ei des Columbus!", war er sichtlich stolz auf seine Idee. „Der zweieinhalbte Staat sozusagen, der Sitz unserer Mandatsverwaltung."

„Das klingt genial! Da wäre, warten Sie, da wäre Jerusalem, Bethlehem und dann die Ebene bis Ramla … Professor, Sie sind ein Fuchs! Wenn die beiden Staaten Teil unseres Mandatsgebiets bleiben und wir hier zentral in Jerusalem die Kontrolle haben … das nenne ich grandios, mein Lieber! Darauf müssen wir einen trinken! … Gott schütze den König!"

„Gott schütze den König!"

„Professor, ich wusste ja, dass Sie ein kluger Kopf sind. Aber auf diese Idee muss man erst einmal kommen!", klopfte er seinem Gegenüber anerkennend auf die Schulter. „Ich würde fast meinen, das gefällt mir außerordentlich! Doch sagen Sie, das Gebiet der Araber wäre dann weitaus größer als das der Juden. Wird das nicht wieder für Unruhe sorgen?"

„Ich denke nicht, Sir. Diese Aufteilung würde exakt den Bevölkerungsanteilen in den Territorien entsprechen."

„Das kann man natürlich argumentieren, lieber Professor. Allerdings hätten die Juden nach Ihrem Plan die fruchtbareren Teile Palästinas, während die Araber sich mit Wüstenlandschaften bescheiden müssten."

„Auch das wäre zu rechtfertigen, Sir. Die Juden haben ja in ihren Gebieten weite Wüstengegenden überhaupt erst ersprießlich gemacht. Und innerhalb der arabischen Bevölkerung überwiegt die Zahl der Nomaden, die mit ihren Herden eher durch die Wüsten ziehen und weiterhin ziehen wollen. Das sollte also für alle akzeptabel sein."

„Aber mein lieber Professor, ich sehe trotzdem auch einen Schwachpunkt in Ihren Überlegungen: Als Historiker sind Ihnen sicherlich die Schwierigkeiten bekannt, die Richard Löwenherz als König von Jerusalem hatte, nicht wahr?"

„Sie meinen, dass er keine Möglichkeiten für Nachschub auf dem Seeweg aus Europa hatte?"

„Genau. Wir bräuchten aus militärischer Sicht unbedingt weiterhin einen eigenen Zugang zum Mittelmeer."

„Das wäre dann allerdings tatsächlich nicht mehr möglich."

„Hmm … noch einen Schluck?"

„Ja, gerne!"

„Gott schütze den König!"

„Gott schütze den König!"

Eine Weile starrten die beiden schweigend mit dem Glas in der Hand auf die Karte. Dann nahm Sir William den fetten schwarzen Stift und begann, die schraffierte Fläche in Richtung zum Mittelmeer zu verlängern: „Schauen Sie, Professor! Jaffa wäre doch für uns in Jerusalem mit seinem großen Hafen ein idealer Zugang zur See. Wir machen einfach einen Korridor von Jerusalem nach Jaffa. Das wäre für uns ideal!"

„Da stimme ich zu. Aber Jaffa ist eine alte arabische Stadt. Würden es die Araber akzeptieren, wenn wir es ihnen wegnähmen?"

„Was weiß denn ich? Wir könnten ihnen ja sagen, dass es ohnehin in jenem Gebiet an der Küste liegt, das ansonsten den Juden zugesprochen würde. So gesehen wäre es immer noch besser, Jaffa unter britischer Hoheit zu belassen, als es an die Juden zu geben."

„Das könnte funktionieren."

„In der Tat. In jedem Fall sollte aber ganz Palästina unbedingt weiterhin Mandatsgebiet unter Verwaltung der Krone bleiben, einschließlich des jüdischen und des arabischen Staates. Das müsste in unserem Abschlussbericht völlig unmissverständlich festgehalten werden."

„Meinen Sie, man könnte trotz unserer Mandatshoheit von der angestrebten Zweistaatenlösung sprechen?"

„Man muss nicht alles immer so wörtlich nehmen, lieber Professor! Entscheidend ist, dass wir es so kommunizieren, dass sämtliche Beteiligte einverstanden sind. Wenn Sie später abweichende Interpretationen haben, soll das doch nicht mehr unser Problem sein, meinen Sie nicht?"

„Nun …"

„Professor, Sie als Historiker wissen ohnehin: Die Geschichte wird von den Siegern geschrieben, und das sind immer noch wir, solange die Raben um den Tower kreisen!"

„Schon, …"

„Na sehen Sie! Einen Schluck?"

„Warum nicht."

„Gott schütze den König!"

„Ja, Gott schütze den König!"

„Was sagen Sie zu diesem schottischen Whiskey? Er schmeckt Ihnen doch?"

„Oh ja, er ist vorzüglich!"

„Das will ich meinen! Er war dreißig Jahre lang im Dunkel eines soliden Eichenfasses nördlich von Glasgow gelagert!"

„Grandios!"

„In der Tat, dreißig Jahre! Mein Gott, dreißig Jahre … damals war ich noch nicht einmal Mitglied im House of Lords, denn zu dieser Zeit hat mein Vater den Sitz innegehabt."

„Wahrlich, eine lange Zeit!"

„Auf die Zeit, lieber Professor! Trinken wir auf die Zeit, die alles vergessen macht! Gott schütze den König!"

„Gott schütze den König!"

1946 07 22 – Menachem – Jerusalem

„Ich hab dir gleich gesagt, dass das eine blöde Idee ist!"
David Ben-Gurion schüttelte zornig den Kopf.

„Ich weiß, ich weiß, du hast es gleich gesagt. Deshalb bist
du ja auch von der Operation Malonchik abgesprungen, so
wie die ganze Haganah und die Palmach. Aber wer hätte
das erahnen können? Und irgendwie müssen wir den Briten Palästina so vergraulen, dass sie ihr Hoheitsmandat aufgeben", versuchte sein schmächtiger Gesprächspartner mit
Stoppelglatze, Dreitagebart und der markanten schwarz-
randigen Brille zerknirscht, sich zu rechtfertigen.

„Doch nicht so, Mendel! Wir sind alle Freiheitskämpfer,
die nichts anderes wollen als einen jüdischen Staat, der in
Frieden existieren kann. Viele, die unsere Situation nicht
verstehen können oder wollen, bezeichnen uns ohnehin als
kriminelle Banden oder gar als Terroristen. Mit solchen Anschlägen, bei denen hauptsächlich Zivilisten getroffen werden, tust du uns keinen Gefallen."

„Es hätte ja keine Zivilisten treffen sollen!"

„Was erwartest du denn, wenn du mitten in Jerusalem
ein Hotel sprengst? Ein Hotel, das noch dazu die erste Ad-
resse in der Stadt ist?"

Menachem bekam Oberwasser: „Aber auch ein Hotel, in
dem die britische Mandatshoheit ihren Sitz hat. Ein Hotel,
in dem gegen uns gearbeitet wird, in dem sich sämtliche
Spione treffen, die sich in Palästina herumtreiben, Privat-
detektive ebenso wie arabische Scheichs und internationale
Pressekorrespondenten!"

„… und zionistische Agenten", ergänzte David trocken.
„Die meisten von ihnen sind Zivilpersonen, keine Militärs!
Das war noch ein Glück, dass kein Staatsoberhaupt im

Haus war, wie Haile Selassie oder Georg von Griechenland. Die sind ohnehin mehr hier als im eigenen Land."

„Das war kein Glück, das weißt du! Wir haben sehr wohl darauf geachtet, dass gerade keine Staatsgäste abgestiegen sind. Erinnere dich, nach der ursprünglichen Planung hätte der Anschlag bereits früher stattfinden sollen, aber ich habe ihn verschoben, weil damals Asmahan im Haus war."

„Die arabische Sängerin?"

„Genau. Ich weiß schon, die spioniert für die Briten und steht ziemlich sicher auch am Gehaltszettel der Franzosen …"

„… und sie springt mit jedem ins Bett, der genügend bezahlt", ergänzte David wieder.

„Mag sein; mir ist sie dennoch sympathisch. Ihre Lieder, besonders das über die rauschenden Nächte in Wien, ehrlich, Dudu, das gefällt sogar mir, der ich ansonsten nicht allzu viel Arabisches gut finde."

„Ist ja schön und gut, aber bleib beim Thema: Der Anschlag ist ziemlich in die Hosen gegangen. Es kann keine zwei Stunden dauern, bis die Briten herausgefunden haben, dass nicht Araber die Bomben deponiert haben, sondern deine Irgun-Leute. Wie viele Tote sind es denn?"

„Ich weiß nicht; fünfzig werden es schon sein."

„Schalt das Radio ein. Sie bringen bestimmt bereits Informationen darüber."

Wenige Minuten später begann tatsächlich eine von vielen Sondersendungen, die an diesem Tag und in den nächsten Wochen noch kommen sollten:

„Heute Mittag kam es im King David Hotel zu einem Zusammenstoß zwischen britischen Sicherheitskräften und einigen Arabern, bei dem ein Offizier der Royal Signals und ein Polizist erschossen wurden. Kurz danach explodierten vor dem Hotel zwei Sprengsätze, die mehrere Passanten töteten und zahlreiche verletzten. Noch während die Erstversorgung durch die britischen Rettungskräfte anlief, kam es vor dem Hotel zu einem Schusswechsel zwischen Arabern und der Polizei, bei dem einer der Terroristen getötet wurde und drei weitere verletzt. Gleichzeitig detonierte im Restaurant im Untergeschoß eine Sprengladung. Dadurch wurden die Außenfassade sowie alle Stockwerke des Südflügels zum Einsturz gebracht. Nach bisherigen Erkenntnissen kamen dabei mindestens sechzig Personen ums Leben. Ein Polizeisprecher wies darauf hin, dass die Rettungsarbeiten noch im Gange seien und man derzeit nicht abschätzen könne, wie viele weitere Tote noch unter den Trümmern gefunden würden. Jedenfalls dürften sämtliche Opfer Zivilisten gewesen sein, so zumindest der aktuelle Stand der Ermittlungen. Es handelt sich bei ihnen, soweit das bisher eruiert werden konnte, vorwiegend um Hotelgäste, Angestellte und zufällig vorbeikommende Passanten."

David sah Menachem vorwurfsvoll an.

Dieser verteidigte sich: „Wir haben sie gewarnt!"

„Was ist schiefgelaufen?"

„Ich weiß auch nicht. Es hat alles nach Plan begonnen: Unsere Leute haben als arabische Arbeiter verkleidet die Milchkannen durch den Lieferanteneingang ins Hotel getragen. Die Kannen mit dem Sprengstoff haben sie im Untergeschoß im Restaurant platziert. Am Rückweg sind ihnen dieser Offizier und der Polizist entgegengekommen und wollten sie kontrollieren. Unsere Leute haben sie sofort niedergeschossen und sind aus dem Hotel geflohen. Draußen sind gleich danach wie geplant die beiden Ablenkungsbomben in die Luft gegangen. Das war das Zeichen für Adina, drei unterschiedliche Stellen anzurufen: Die Palestine Post, das französische Generalkonsulat und das King David selbst. Bei allen hat sie unter Verweis auf die beiden Detonationen die Ernsthaftigkeit betont und eine dringende Evakuierung gefordert, weil in zwanzig Minuten Bomben losgehen würden."

„Wie haben die drei reagiert?"

„Die Zeitung und die Franzosen haben die Warnung zur Kenntnis genommen. Vermutlich haben sie sofort das Hotel und die Polizei informiert."

„Und das King David selbst?"

„Das war ein wenig seltsam. Die Telefonistin hat gesagt, sie würde den Sicherheitsoffizier rufen. Der ist aber nie ans Telefon gekommen."

„Hat ihn eure Nachricht denn erreicht?"

„Ich weiß nicht. Wenn ja, hat er jedenfalls nicht reagiert."

David nickte stumm. Dann hatte er einen Geistesblitz und schlug sich aufgeregt auf die Stirn: „Und wenn nein, war er vermutlich wegen des erschossenen Offiziers und des Polizisten unterwegs."

Menachem schaute betroffen: „Das könnte natürlich sein! Das wäre aber wirklich ein unglücklicher Zufall!"

„... für den wir die Rechnung präsentiert bekommen werden. Dieser Barker, der gerade erst zum Chef der britischen Streitkräfte in Palästina ernannt wurde, bezeichnet alle jüdischen Organisationen hier ohnehin als Terrorgruppierungen. Wenn der rausbekommt, dass die Irgun hinter dem Anschlag steht ..."

„Vielleicht wird er das ja nicht. Unsere Leute waren als Araber verkleidet."

„Und was ist mit dem einen Toten und den verletzten Attentätern, die im Radio genannt wurden?"

„Aharon?"

„Welcher Aharon? Abramowitsch?"

„Ja."

„Den werden die Briten vermutlich bald identifiziert haben. Und die angeschossenen Irgun-Leute werden sie verhören. Irgendjemand wird reden."

„Ich hoffe, nicht. Aber selbst wenn: Wir haben sie doch vorher gewarnt!"

„Ich glaube, das wird Barker nicht beeindrucken. Der wird das zum Anlass nehmen, sämtliche jüdischen und zionistischen Gruppen als Terrorbanden zu verfolgen. Und dich sehe ich schon am Galgen baumeln, wenn sie dich erwischen!"

„Ich werde in den Untergrund gehen."

„Mendel, sei doch nicht so naiv! Es wird keinen Polizisten in ganz Palästina geben, der nicht weiß, wie Menachem Begin aussieht! Und was ist mit deiner Familie?"

„Aliza ist seit zwei Wochen mit Benyamin unter einem falschen Namen in Petah Tikva."

„Das ist kein schlechter Ort, aber zu übersichtlich, das bekommen die Briten heraus. Besser, ihr zieht nach Tel Aviv. Welchen Tarnnamen willst du verwenden?"

„Ich weiß noch nicht. Vermutlich werde ich die Identität ganz wechseln. Was hältst du von mir als bärtigem Rabbi?"

„Was? Du?", lachte David auf.

„Ja, warum nicht. Das vermutet gerade von mir niemand. Ich werde zum Rabbi! Rabbi Sassover, was meinst du?"

„Das ist die erste gute Idee, die ich heute von dir höre!"

1947 03 12 – David – Ashkelon

Der Sturm tobte immer heftiger und peitschte die Wellen hoch auf, so hoch, dass das Wasser in unregelmäßigen Schwallen über das Deck strömte. Und das Deck der Sabtai Lozinsky lag an der niedrigsten Stelle in der Schiffsmitte immerhin gut fünf Meter über dem Meeresspiegel. Wenn auch das Wetter als Empfang in der neuen Heimat nicht gerade einladend war – für ihr Vorhaben war es ideal. Denn für die englischen Zerstörer und die Flugzeuge, die regelmäßig entlang der palästinensischen Küste patrouillierten, würden sie bei diesem Wetter nur schwer zu erkennen sein.

Außerdem war Davids Idee, das umgebaute Handelsschiff mit den über achthundert Einwanderern von Süden aus anlanden zu lassen, natürlich genial. Die britische Küstenwache hielt, wie allgemein bekannt war, nach Schiffen Ausschau, die von Westen kamen, von Italien, Griechenland oder Zypern. Dass aber ein Schiff, das vor sechs Tagen in Tarent abgelegt hatte, also sozusagen von der Sohle des italienischen Stiefels, Kurs auf Ägypten nehmen würde und von dort aus Tel Aviv erreichen wollte, käme für die Briten völlig unerwartet.

„Die Passagiere halten sich ausgezeichnet", rief David auf der Brücke durch den Sturm seinem Stellvertreter zu. Die beiden waren im selben Alter, noch nicht einmal fünfundzwanzig. Dennoch hatten sie bereits große Verantwortung übertragen bekommen. „Es macht sich eben bezahlt, dass wir mit ihnen in Mataponto so lange geübt haben, dass die englischen Lageraufseher schon misstrauisch geworden sind", rief Josua grinsend zurück. In diesem Moment wischte eine besonders hohe Welle von links übers Schiff und riss die flache Mütze von Davids Kopf. Seine langen schwarzen Locken hingen ihm nun ins

Gesicht, aber das hinderte ihn genauso wenig daran, den Kurs beizubehalten, wie das Wasser, das mittlerweile wie unter einer Dusche an ihm hinunterrann. Mit beiden Händen umklammerte er konzentriert das Steuerrad am Heck. Er war froh, sich vor zwei Stunden links und rechts mit einem Seil an die Brücke angebunden zu haben. Andernfalls wäre er vermutlich nun dort, wo jetzt auch seine Mütze schwamm, irgendwo da draußen im Meer zwischen Ashkelon und Jaffa.

Obwohl, so fiel ihm ein, ein unfreiwilliges Bad in der tosenden See könnte in dieser Gegend ja auch gut ausgehen. Er schmunzelte. War gemäß der Bibel nicht Jonas nach mehreren Tagen im Bauch eines Wals von diesem gerade hier, vor Jaffa, wieder ausgespuckt worden? Es war doch Jaffa, oder? David war sich nicht sicher, denn besonders bibelfest war er als typischer Kibbuznik nicht. Die detaillierte Kenntnis des Talmuds überließ er lieber den Orthodoxen in den langen schwarzen Kaftanen mit ihren Schtreimeln, diesen riesigen Zobelmützen, zotteligen Bärten und zahlreichen Kindern.

Im Kibbuz war man der Religion gegenüber nicht gerade feindlich eingestellt. Wer wollte, sollte beten dürfen, zu wem auch immer. Doch eigentlich sollten Kibbuzim eine Art Heimstätte für Juden in Palästina bilden und zudem eine sozialistische Zukunftsvision des Zusammenlebens umsetzen. Alles gehörte ihnen gemeinsam, Privateigentum war, bis auf einige persönliche Gegenstände, ebenso wenig erforderlich wie Tempel oder Rabbis. Ziel waren das Wohl und die Sicherheit der Kibbuzbewohner. Jeder arbeitete mit, jeder machte, was zu machen war, niemand durfte sich für eine Arbeit zu gut sein.

David, zum Beispiel, hatte sich mehrere Monate um den Hühnerstall gekümmert und war erst später in einem anderen Kibbuz mit dem Meer in Berührung gekommen. Aber auch dort war er nicht gleich Kapitän eines Schiffes geworden, sondern hatte zuerst im Hafen von Haifa

Wellenbrecher zu errichten, Netze zu flicken, Boote auszubessern und zu streichen und Abfälle zu entsorgen. Nur nach einiger Bewährungszeit hatte er auf einem angeblichen Fischerboot mitfahren dürfen. Warum angeblich? Das hatte er gleich bei seiner ersten Ausfahrt lernen sollen, und die hatte sich denkbar aufregend abgespielt:

Der Tag war sehr stürmisch gewesen und daher für einen Fischzug nicht geeignet. Dennoch hatten sie zu Davids Verwunderung losgemacht. Aber, wie er auf hoher See erfahren hatte, hatte man auf das Wetter keine Rücksicht nehmen können, denn der eigentliche Zweck der Fahrt war es nicht gewesen, Fische zu fangen. Ihre Beute sollte eine andere sein, und zwar Gewehrmunition, die sie für den Freiheitskampf gegen die Engländer übernehmen und an Land schmuggeln hätten sollen. Als sie etwa fünf Meilen von der Küste entfernt waren und bald das Schiff mit der Munition nicht mehr weit weg sein konnte, war der Sturm so heftig geworden, dass ihr Bootsruder brach. Ohne Möglichkeit zu navigieren, waren sie nach Nordosten abgetrieben worden, in Richtung Beirut. Zwei Meilen vor der Stadt hatte sie die englische Küstenwache gesichtet, ihr Boot beschlagnahmt und sie als Spione und Schmuggler festgenommen. Damals war David gerade achtzehn Jahre alt gewesen.

„Lange her!", dachte David, als ihm sein erstes Seeabenteuer nun einfiel. „Aber heutzutage ist so vieles schon lange her. Und alles dreht sich immer schneller!" Damit nahm er einen ständig geäußerten Gedanken seiner Eltern auf, denn diese, Sarah und Yaakov Wassermann, wurden nicht müde, das hohe Tempo der modernen Zeit wieder und wieder zu beklagen. Und tatsächlich, vor dreißig Jahren, als sie mit der großen Auswanderungswelle aus Kamnitz-Podolski nach Tel Aviv gekommen waren, war die Welt noch eine andere gewesen.

Kamnitz-Podolski war damals, wie sie gerne erzählten, eine beschauliche mittelalterliche Stadt zwischen Lemberg, Czernowitz und Kiev gewesen, wo drei Viertel der

Menschen jiddisch sprachen und viele von ihnen koscher lebten. Es hatte Brautvermittler gegeben, Wanderhändler mit Holzkarren und vielleicht auch einem Zugtier, umherziehende Messerschleifer, Mützenmacher, Perückenmacher für die orthodoxen Frauen, die vorschriftsgemäß einmal im Monat den Kopf geschoren bekamen, und natürlich Rabbis, denen von allen Bewohnern großer Respekt entgegengebracht wurde. Tel Aviv war dagegen ganz anders: Da war nichts mit mittelalterlichen Gebäuden, tiefen Lehmstraßen und jiddischem Schtetl – das war eine moderne kleine Siedlung am Meer mit heißen Asphaltstraßen, stinkenden Autos, ständiger Hektik, kaum einem Tempel oder Rabbi und mit nur wenigen Hausreihen und Straßen entlang der Küste nördlich von Jaffa. Erst später waren dann weitere Straßenzüge hinzugekommen, besonders in den Neunzehnhundertdreißigerjahren. Damals waren zahlreiche jüdische Architekten aus Deutschland eingewandert und hatten die typischen Gebäude im Bauhausstil mit ihren symmetrischen Rundungen und Kalkanstrichen errichtet. Und das Leben wurde weiterhin immer schneller und hektischer, so dass sie, Sarah und Yaakov, sich an manchen Tagen trotz aller Repressalien durch die russische Polizei nach der Beschaulichkeit in Kamnitz-Podolski zurücksehnten.

Dennoch, und das überraschte David bis heute, wenn er darüber nachdachte, hatten sich seine Eltern zu einem mutigen Schritt durchgerungen. Irgendwann hatte David nämlich gefunden, dass der Name Wassermann zu sehr nach einem typisch jiddischen Schtetl klang und er wollte seinen Familiennamen ändern. In der Schule hatte er von einem angesehenen spanischen Juden aus dem zwölften Jahrhundert gehört, Moshe ben Maimon. Der war unter dem Namen Maimonides der bedeutendste jüdische Gelehrte des Mittelalters, ein Philosoph und Arzt, der in Andalusien und Ägypten gelebt und seine Spuren hinterlassen hatte. Ihn hatte sich David zum Vorbild genommen und beschlossen, seinen Familiennamen von Wassermann auf

Maimon zu ändern. Und seine Eltern, die den Namen Wassermann stets wie den Rest einer sentimentalen Erinnerung an ihre ukrainische Heimat getragen hatten, hatten es ihm nachgemacht! Darauf war er stolz gewesen, und er war es auch jetzt, als er das Schiff weiter Richtung palästinensischer Küste steuerte.

Die Leute von der Palmach erwarteten sie sicher bereits ungeduldig, um sie ins Land zu schmuggeln. Die Häfen Ashkelon und Jaffa konnten sie wegen der Engländer nicht benutzen, aber irgendwo dazwischen würde die Sabtai Lozinsky schon vor Anker gehen können und die Einwanderer mit den Booten zum Strand bringen, war David zuversichtlich. Dann könnten sie endlich aus den umgebauten Laderäumen unter Deck herauskommen. Wenn bloß der Sturm bis dahin nachließe!

Zwei Stunden später hatten sie das Zielgebiet zwar erreicht, aber von Davids Zuversicht war nicht mehr viel übrig. Der Sturm war nochmals heftiger geworden und schaukelte das ehemalige Handelsschiff in den Wellen so sehr, dass an ein halbwegs geordnetes Von-Bord-Gehen nicht zu denken war. „Was meinst du, was sollen wir machen?", rief er Josua zu. „Hier können wir nicht ankern und die Boote nach unten lassen!"

„Viel zu gefährlich!", brüllte der gegen den Wind zurück. „So wie das Schiff auf und nieder schwankt, würden die Leute mit den Rettungsbooten bloß ins Wasser stürzen."

„Ein paar haben Schwimmwesten, aber bis zur Küste sind es gut zwei Meilen. Das kann bei diesem Wellengang kaum jemand überleben!"

„Können wir näher an den Strand?"

David überlegte kurz. Dann warnte er seinen Stellvertreter: „Pass auf, ich finde es einfach heraus, wie weit wir kommen!"

Damit drehte er mit kräftigen Zügen das Steuerrad nach rechts, sodass sie direkt auf die Küste zuliefen. Der Rückenwind gab dem Schiff zusätzlichen Antrieb und sie wurden immer schneller. Als David keine Anstalten machte, das Tempo zu drosseln, um rechtzeitig vor Anker gehen zu können, ahnte Josua den Plan des Kapitäns: „Du verrückter Kerl!", schrie er anerkennend. „Aber es könnte klappen! Halt ordentlich drauf!"

Und wirklich, als sie nur mehr etwa hundert Meter vom Strand von Nizanim entfernt waren und dort bereits eine große Anzahl von Helfern jubelnd winken sahen, knirschte es unter ihnen. Die Sabtai Lozinsky hatte aufgesetzt. Mit einem lauten Ächzen neigte sie sich ganz leicht nach links, blieb aber aufrecht stehen. Sofort hörte David vom Unterdeck her trotz des Sturms panische Schreie und erschrecktes Gekreische, und beinahe zeitgleich stürzten hunderte Einwanderer aufs Deck. Derweil versuchten mehrere Palmachniks, ihnen vom Strand aus gegen den Wind mit Ruderbooten entgegenzukommen, aber das Unwetter war zu heftig. Sie wurden abgetrieben und mussten aufgeben. David und Josua standen ratlos auf der Brücke und überlegten, wie man die Passagiere an Land bekommen könnte.

Da kämpfte sich ein kräftiger Mann gegen den Sturm zu ihnen nach hinten durch: „Haben wir ein langes Tau? So lang, dass es bis zum Strand reicht?"

„Ja, schon. Aber was wollen Sie damit?"

„Ich bringe es zu den Palmachniks und dann können wir die Boote daran entlangziehen."

„Können Sie das bei diesen Wellen schaffen?", fragte David ungläubig.

„Ich denke, ja. Ich war olympischer Schwimmer. Binden Sie das Tau an mir fest, dann müsste das schon gehen."

„Hmm …"

„Glauben Sie mir, das klappt!", war der Mann überzeugt. „Und falls nicht, ertrinke ich lieber im Meer vor dem gelobten Land als in einem weiteren Lager in Europa von Aufsehern schikaniert zu werden." Ohne eine Antwort abzuwarten, schlüpfte er aus seinem Hemd und seiner Hose.

Sein beeindruckender Brustkorb ließ die Zuversicht in David steigen.

„Gut, probieren wir es!"

Vom Sturm vorwärtsgetrieben, liefen sie zum Bug. Dort schlangen sie ein Seil um den Bauch des Sportlers und verknoteten es, während hinter und neben ihnen die Einwanderer staunend, ungläubig und ängstlich durcheinanderschrien. Ein Sprung über die Reling, und schon war der Mann in den Fluten versunken. Zugleich spulte sich das aufgerollte Seil blitzartig ab. Nach endlos dauernden Sekunden tauchte er zwanzig Meter weiter vorne wieder auf. Die Passagiere hatten sich mittlerweile wie auf der Tribüne einer Sporthalle dicht am Bug zusammengedrängt. Die einen feuerten den schwimmenden Helden begeistert mit lauten Zurufen an, während andere die Hände betend noch oben streckten oder ihre Augen verdeckten. Wieder andere diskutierten heftig gestikulierend seine Erfolgsaussichten und kommentierten jede seiner Bewegungen.

Auch vom Strand her bekam er unterstützende Zurufe der jubelnden Palmachniks, die allerdings im Sturm kaum zu hören waren. Mehrmals verschwand er in den Wellen und tauchte bald darauf an anderer Stelle wieder auf. Das wiederholte sich gut zwanzig, dreißig Mal. Endlich, nur mehr wenige Meter vom Ufer entfernt, stand er aus den Wellen auf, wendete sich zum Schiff und hielt triumphierend das Tau hoch. In der Zwischenzeit waren die am Strand wartenden Helfer ihm entgegen ins Wasser geeilt. Sie umringten ihn, klopften ihm anerkennend auf die Schulter und nahmen ihm das Seil ab. Das zogen sie hinaus und befestigten es an einem großen Stein.

Während mehrere mutige Einwanderer nun Schwimmwesten anlegten, ebenfalls ins Wasser sprangen und sich entlang des Taus schwimmend ans Ufer zogen, kamen ihnen auf demselben Weg Boote der Palmachniks entgegen, um die Passagiere an Land zu bringen. Auch sie hantelten sich am Seil vorwärts, um nicht wie vorhin abgetrieben zu werden. Bald hatte sich eine bunte Menschenkette auf der ganzen Länge des Taus gebildet. Als die ersten Glücklichen den Strand erreichten und sich mit den Helfern der Palmach mischten, konnte man sogar einige vor Freude tanzen sehen. In kurzer Zeit waren mehrere hundert Personen an Land gegangen.

Doch dieses Glück hatten nicht alle: Ein britischer Zerstörer hatte von Tel Aviv aus die Sabtai Lozinsky ausgemacht und umgehend angesteuert. Angesichts der nahenden Engländer wurden die noch an Bord Befindlichen panisch; viele sprangen ins Meer, um der drohenden Festnahme durch die Behörden zu entgehen. Einige schafften das tatsächlich, aber gut dreihundert waren weiterhin am Schiff, als der Zerstörer anlegte und die an Deck stürmenden Marinesoldaten sie daran hinderten, den anderen an Land zu folgen.

Einen Verantwortlichen für den Schiffstransport konnten die Briten nicht finden; der Kapitän war vermutlich ebenfalls schon über Bord gegangen. Routinemäßig wollten sie beginnen, die Reisepässe der Menschen zu kontrollieren, doch es stellte sich heraus, dass niemand von ihnen irgendwelche Dokumente bei sich hatte. Lediglich zwei junge Burschen, vielleicht fünfundzwanzig Jahre alt, zeigten ihre Ausweise. Diese wiesen sie als Bewohner eines Kibbuz nahe Haifa aus; die beiden hielten sich also berechtigterweise im Mandatsgebiet auf. Die anderen aber waren offensichtlich durchwegs illegale Einwanderer. Daher mussten diese auf den Zerstörer umsteigen, denn die englische Mandatsmacht wollte einen massenhaften Zuzug von Juden in Hinblick auf die ohnehin bestehenden Probleme mit den Arabern tunlichst verhindern. Nach einem Halt in Tel Aviv wurden die Unglücklichen tags darauf nach Zypern gebracht, wo in Famagusta bereits ein riesiges Flüchtlingslager bereitstand.

In der Zwischenzeit war die Menschenmenge am Ufer weiter angewachsen. Die Helfer von der Palmach hatten die Bewohner nahe gelegener Kibbuzim alarmiert und diese waren in großen Scharen an den Strand geeilt und hatten sich unter die Ankömmlinge gemischt. Und wirklich, bald danach war auch eine britische Landpatrouille aus Ashkelon auf die vielen Menschen aufmerksam geworden. Sie sperrte den Strandabschnitt und forderte alle dort Befindlichen auf, mit ihnen zu ihrer Militärbasis zu kommen. Anfangs wollten sich die Einwanderer weigern, doch David und Josua redeten auf sie ein:

„Kommt mit! Wir gehen auch mit euch. Es bringt nichts, sich zu wehren. Die sind imstande und schießen einfach in die Menge. Spielt mit, wir haben einen Plan!"

„Ihr beide könnt leicht reden! Ihr seid hier geboren und habt Ausweise! Wir aber werden nach Zypern deportiert, wenn sie uns erwischen!"

„Wie sollen sie euch denn erwischen? Ihr habt ja wie vereinbart sämtliche Dokumente in Italien gelassen. Also seid ihr ab sofort genau solche Juden wie wir, Juden aus Israel. Wer soll euch das Gegenteil beweisen?"

Zwei Stunden später hatten sie alle die Kaserne in Ashkelon erreicht, Einwanderer wie Kibbuzniks. Wie befohlen stellten sie sich in einer langen Reihe auf und die Befragung durch den diensthabenden Leutnant konnte beginnen. Und sie sollte einige hundert Mal gleich ablaufen:

„Wie heißen Sie?"

„Ich bin Jude aus dem Land Israel."

„Wie Sie heißen, will ich wissen."

„Ich bin Jude aus dem Land Israel."

„Sind Sie mit dem Schiff, das da am Strand vor Nizanim gestrandet ist, gekommen?"

„Ich bin Jude aus dem Land Israel."

„Welche Staatsbürgerschaft haben Sie?"

„Ich bin Jude aus dem Land Israel."

„Wo leben Sie?"

„Ich bin Jude aus dem Land Israel."

„Kennen Sie jemanden der anderen hier?"

„Ich bin Jude aus dem Land Israel."

Nach zwei Stunden gab der untersuchende Leutnant auf.

„Bringt sie ins Einreisezentrum nach Haifa", wies er seine LKW-Truppe an. „Die sollen sich dort mit ihnen beschäftigen. Mir ist das zu blöd, mich mit denen noch länger herumzustreiten. Wenn sie lieber mit den Arabern zusammenleben wollen, als in Europa zu bleiben, sollen sie das eben tun."

Ein vielstimmiges Jubelgeschrei dankte dem Leutnant. Nur David reichte ihm die Hand: „Toda! Toda raba! Danke vielmals!"

Der schüttelte nur den Kopf und zuckte mit den Schultern. Gleichzeitig gab er ihm zu verstehen, dass er sie längst durchschaut hatte: „Ich wünsche Ihnen viel Glück. Und ich hoffe bloß für Sie, Sie wissen, was Sie tun!"

1947 09 24 – Elisheva – Lübeck

Der überraschend früh eingetroffene erste Herbststurm blies dem hoch aufgewachsenen Sechzigjährigen beinahe den Hut vom Kopf, als er durch den kleinen Wald kommend in Richtung der Stacheldrahtumzäunung gegen den Wind ankämpfte. Während er über der rechten Schulter eine voluminöse hellbraune Ledertasche trug und mit der Hand festklammerte, hielt er mit der Linken nicht nur die halbgerauchte filterlose Zigarette fest, sondern auch seine Kopfbedeckung. Die meisten Menschen hätten bei diesen Bedingungen den Hut tiefer in die Stirn gezogen, doch er wollte von seiner typischen Art, den original Budapester neckisch schräg aufragend aufzusetzen, nicht abgehen. Darin hatte er Routine, und so war er nach zwei Minuten am Tor angelangt und zeigte einem britischen Wachsoldaten unaufgefordert seinen Ausweis:

„Good day! Mein Name ist Eberhard Schrammen. Ich soll hier heute im Auftrag der Lagerkommandatur die Insassen fotografieren", klopfte er, seine Aussage unterstreichend, auf die Ledertasche.

Der Soldat nahm seinen Ausweis entgegen und ging in das kleine Wachhäuschen, um zu telefonieren. Nach kurzer Zeit kam er wieder heraus: „Geht in Ordnung. Sie sollen in diese Baracke dort gehen", wies er nach rechts. „Es kommt gleich jemand zu Ihnen, der Sie instruiert."

Schrammen überquerte den Platz aus gestampfter Erde, in dessen Zentrum ein Fahnenmast stand. Unter der im Wind heftig knatternden Flagge mit dem Davidstern wachte ein Zivilist in Habt-Acht-Stellung. Schrammen musterte ihn im Vorbeigehen und setzte seinen Weg fort. Vor dem Eingang der bezeichneten Baracke wartete bereits ein Leutnant auf ihn.

„Sie müssen Mister Schrammen sein?", öffnete er die Türe. Sie traten ein. Mit einem Schlag waren die Windgeräusche nur mehr leise zu hören.

„Mister Schrammen?", wiederholte der Soldat seine Frage.

„Ja, genau." Er legte den Mantel ab, behielt aber den Hut am Kopf und nahm auf dem angebotenen Stuhl neben einem langen Holztisch Platz.

„Sie sind Pressefotograf?"

„Ja."

„Was haben Sie für eine Kamera? Kann ich die mal sehen? Wissen Sie, ich fotografiere nämlich leidenschaftlich; nicht professionell wie Sie, aber so oft ich Gelegenheit habe."

„Gerne. Sie ist noch ganz neu, eine ‚Agfa Ansco B2'." Schrammen nahm den würfelförmigen Fotoapparat aus der Tasche und zeigte ihn stolz vor.

„Ah! Die ist erst dieses Jahr herausgekommen, richtig?"

„Ja, stimmt. Ich sehe, Sie kennen sich tatsächlich aus."

„Ein wenig. Meine Kamera ist schon etwas älter. Aber ich überlege mir gerade, eine Neue anzuschaffen. Wie ich gehört habe, soll demnächst sogar eine Sofortbildkamera auf den Markt kommen. In den USA gibt es die angeblich bereits. Man hat damit innerhalb von sechzig Sekunden ein Foto in der Hand. Sensationell! Vielleicht warte ich auf die."

„Eine gute Idee. Aber sagen Sie, was soll ich denn heute für Sie tun?"

„Prinzipiell wollen wir, dass Sie die Lagerinsassen fotografieren, um sie identifizieren zu können. Ich weiß, wir hatten Sie für heute hergebeten, doch es hat sich herausgestellt, dass es günstiger wäre, noch zu warten. Demnächst gibt es eine Änderung in der Zusammensetzung der Lagerkommandatur. Der jetzige Kommandant will dem neuen mit seinen Wünschen nicht vorgreifen. Sind Sie damit einverstanden, Ihre Arbeit nicht jetzt, sondern erst in einem Monat aufzunehmen?"

Schrammen war überrascht und enttäuscht. Er hätte das Geld dringend gebrauchen können. Für die Lebensmittelmarken bekam man ja nicht alles Nötige. Manches war nur am Schwarzmarkt zu bekommen, und dort benötigte man entweder Tauschobjekte oder Geld. Alles Verwertbare, über das Schrammen bis vor Kurzem noch verfügt hatte, war aber für die neue Kamera draufgegangen.

Er ließ sich das nicht anmerken, denn ein verschobener Auftrag war immer noch besser als gar keiner: „Das kann ich gerne machen." Dann beschloss er, die Gelegenheit beim Schopf zu packen. „Wo ich schon einmal hier bin: Könnten Sie mir ein wenig über das Lager und die Insassen erzählen? In Lübeck kursieren da allerhand Gerüchte …"

„Ich kann das leider nicht tun, ich habe anderweitige Aufgaben. Ich muss erst fragen, aber ich denke, wir haben jemanden für Sie."

Eine Viertelstunde später war der Leutnant gegangen und eine Zivilistin, eine kleine, sehr schlanke Frau in den Vierzigern, hatte den Raum betreten. Mit fester Stimme und einem weit kräftigeren Händedruck, als man erwarten konnte, stellte sie sich als Elisheva vor.

„Man hat mir gesagt, dass Sie mich sprechen wollen?", kam es etwas schroff.

„Mein Name ist Schrammen. Ich sollte eigentlich heute die Menschen hier fotografieren. Das hat sich verschoben und jetzt würde ich die Gelegenheit nützen wollen, ein wenig über das Lager und Sie alle zu erfahren."

„Was wissen Sie denn von uns?"

„Nicht viel; bloß, was in den Lübecker Nachrichten steht und was eben so geredet wird."

„Sind Sie aus Lübeck?"

„Nein, ich bin aus Köln. Und eigentlich wollte ich auch nicht Fotograf werden", wies er auf seine Kamera, „sondern Architekt. Aber ich mache den Beruf gerne und mittlerweile schon ziemlich lang."

Elishevas prüfender Blick wechselte mehrmals zwischen seinen Augen, dem schräg zugeschnittenen Schnurrbart und dem neckisch sitzenden Hut: „Sie wirken sympathisch, beinahe wie ein Künstler. Wieso sind Sie nicht Architekt geworden? Das würde zu Ihnen passen."

„Ich habe tatsächlich an der Kunstakademie Düsseldorf und danach am Bauhaus studiert. Das war noch in Weimar, lange vor dem Bauhaus-Umzug nach Dessau. Einige meiner Studienkollegen haben es später geschafft, anerkannte Architekten zu werden. Viele sind nach Israel ausgewandert und haben in Tel Aviv ein Haus ums andere entworfen. Mein Talent war aber weniger das Bauliche. Ich habe mich auf Holzschnitte und kleine Skulpturen spezialisiert."

„Waren Sie mit denen erfolgreich?"

„Anfangs ja. Ich hatte schöne Ausstellungen und die Objekte haben sich recht gut verkauft. Damit war es aber schlagartig vorbei, als Arbeiten von mir im Städtelschen Kunstinstitut in Frankfurt beschlagnahmt und zerstört wurden. Da war ich froh, dass ich Fotografieren gelernt hatte."

„Ah! Warum beschlagnahmt und zerstört?"

„Entartete Kunst."

Elisheva lehnte sich zurück, betrachtete ihn nochmals schweigend und nickte kaum merkbar mit dem Kopf. Mit sanfter Stimme fragte sie nun: „Ich verstehe. Was wollen Sie wissen?"

„Bevor ich die Menschen hier fotografiere, würde ich gerne etwas über Sie in Erfahrung bringen."

„Weil die Fotos dann besser gelingen?"

„Auch. Doch mein Auftrag lautet nicht, künstlerisch wertvolle Bilder zu produzieren, sondern eine Dokumentation herzustellen. Der Grund für meine Fragen ist, das gebe ich zu: Ich bin neugierig. Man hört so viel, man liest so viel. Jetzt würde ich gerne die Gelegenheit wahrnehmen und aus erstem Mund hören, warum Sie alle hierhergekommen sind."

„Was liest man denn so über uns?"

„Nun, zum Beispiel, dass Sie schon in Israel waren und es Ihnen dort nicht gefallen hätte. Und auch, dass Sie sich für Deutschland entschieden hätten, weil Sie hier so viele Unterstützungsleistungen bekommen. Angeblich wollen Sie sogar hierbleiben und alles nach Ihrem Gutdünken verändern, sodass wir Deutsche uns an Sie anpassen müssen. Der Schaffner in der Straßenbahn, mit der ich gekommen bin, hat zum Beispiel schon die Station nicht mit ihrem eigentlichen Namen ausgerufen, sondern mit ,Palästina'. Ist an den Gerüchten etwas dran?"

Elisheva lachte auf: „Glauben Sie das wirklich, dass wir freiwillig hier sind?"

„Ich weiß es nicht, deshalb frage ich Sie ja. Mir ist nicht klar, wie weit Sie das mitbekommen, doch in Deutschland fehlt es an so gut wie allem, auch hier in der britischen Zone. Der Mangel an Lebensmitteln wird Ihnen angelastet. In der Zeitung steht, dass für alle ausreichend da wäre, wenn nicht so viel an Sie verteilt würde."

„Wer schreibt denn einen solchen Unfug?"

„Das habe ich aus den Lübecker Nachrichten. Darin kann man sogar lesen, dass ein Blick in Ihre Müllkästen zeigen würde, dass Sie weit mehr Lebensmittel bekommen, als Sie essen können und Sie deshalb viel Genießbares einfach wegwerfen."

Elisheva schüttelte fassungslos den Kopf: „Diese Deutschen! Wenn das Ihre Sorge ist, da kann ich Sie beruhigen! Wie kann man bloß so missgünstig sein? Seit unseren Erfahrungen in den Konzentrationslagern wird sicher niemand von uns das geringste Brösel wegwerfen, selbst wenn es bereits verschimmelt wäre."

„Man liest auch, dass Sie die Kriminalität zu uns bringen. Diebstähle und Überfälle hätten sich stark gesteigert. Sie sollen sogar den Schwarzhandel in Deutschland dominieren."

„Glauben Sie das ebenfalls?"

„Nein, aber ich weiß es eben nicht besser."

Elisheva richtete sich im Sitz auf: „Für wen sind Sie da?"

„Für niemanden. Ich versichere Ihnen: Ich bin nur Fotograf und mich interessiert das alles lediglich persönlich."

Elisheva drehte ungläubig die Augen nach oben und atmete heftig aus. Dann antwortete sie, wobei sie die Reaktionen ihres Gegenübers scharf beobachtete: „Also, am Schwarzhandel nehmen tatsächlich einige unserer Leute teil. Sie tauschen amerikanisches Büchsenfleisch, Zigaretten und Kakaopulver gegen Äpfel, Zwiebel und Kartoffel. Ich denke, diese Art von Schwarzmarkt kennen Sie vermutlich auch, oder?"

Als Schrammen nickte, setzte Elisheva fort: „Und Überfälle von unserer Seite? Ich kann Ihnen verraten: Der zwei Meter breite Stacheldrahtzaun rund ums Lager, an manchen Stellen sogar vier Meter, hat uns zu Beginn an überwunden geglaubte Zeiten erinnert. Viele von uns hat er anfangs regelrecht traumatisiert. Aber inzwischen sind wir froh, dass er da ist, denn Deutsche, die dem Dritten Reich nachtrauern, gibt es mehr als genug. Hinter dem Stacheldraht fühlen wir uns wenigstens sicher. Es genügt schon, dass sich fast täglich Jugendliche am Zaun einfinden und uns ihre Hetzlieder, die sie als junge Nazis gelernt haben, vorsingen. Beim Horst-Wessel-Lied läuft es uns kalt den Rücken runter, ganz zu schweigen von ‚Wenn's Judenblut vom Messer spritzt, dann geht's noch mal so gut' und ähnlichen Texten. Das können Sie hier allabendlich hören!", wurde Elisheva immer heftiger.

„Das habe ich nicht gewusst."

„Ich glaube es Ihnen. Das Problem ist bloß, dass das Nichtwissen eine deutsche Eigenschaft geworden ist. Heutzutage hat niemand von irgendwelchen Dingen gewusst, die damals passiert sind. Wer dabei war, war es plötzlich nicht mehr freiwillig. Und wer nicht dabei war, beschwört heute, er habe geglaubt, wir Juden würden nach Auschwitz in ein Urlaubslager fahren. Ist es das, was Sie wissen wollten, als Sie nach einem Gespräch mit mir gefragt haben?"

Schrammen fühlte sich unbehaglich. Um Worte ringend, rutschte er am Stuhl hin und her. „Ich kann mich nur im Namen dieser Idioten entschuldigen. Ich will Ihnen versichern, ich habe mit diesen Menschen und ihrer Ideologie nie etwas gemein gehabt."

Elisheva brauste auf: „Wie oft habe ich das schon gehört! Nazis hat es ja in Deutschland nie gegeben, das waren bloß ein paar verhaltensauffällige Einzelfälle!" Doch dann fiel ihr ein: „Entschuldigen Sie, ich tu Ihnen vermutlich Unrecht. Sie waren ja selbst ein Betroffener mit Ihrer entarteten Kunst." Auch wenn sie nun ruhiger sprach, bebte ihre Stimme noch immer. „Ich bin wohl in ein Muster verfallen, das sich mir in den letzten Jahren eingeprägt hat."

Schrammen erhob sich: „Es tut mir leid. Ich wollte Sie nicht provozieren und Ihnen schon gar keine unlauteren Motive und Absichten unterstellen. Ich glaube, ich sollte jetzt gehen."

„Nein, nein, bleiben Sie! Es ist in Ordnung. Vielleicht tut es mir gut, über die letzten Monate mit jemandem sprechen zu können, der sich wirklich für uns interessiert."

„Meinen Sie?"

„Ja, bitte. Fragen Sie mich, was Sie wollen. Ich werde Ihnen antworten."

Zögernd setzte Schrammen sich wieder. Stockend suchte er nach den richtigen Worten, um einen neuen Anlauf für das Gespräch zu finden: „Ich weiß, dass es deutsche Juden nicht leicht hatten … zu überleben … Bloß warum, das begreife ich einfach nicht! Warum sind Sie wieder nach Deutschland gekommen, wo Sie alle doch schon ins Israel waren?"

Elisheva holte tief Luft. Nach einer kurzen Pause fuhr sie fort: „Wir waren leider nicht in Israel. Wir wollten dorthin, aber wir haben es nicht geschafft."

„Was ist passiert?"

„Unser Schiff war die ‚Exodus 1947'. Früher einmal war sie ein Vergnügungsdampfer und hieß ‚President Warfield'. Eigentlich war sie gleich nach dem Krieg schon ausrangiert worden und wartete im Schiffsfriedhof in Baltimore auf ihre Verschrottung. Davon haben wir in der Haganah Wind bekommen. Sie wissen, was das ist, die Haganah?"

„Nein."

„Wir sind eine zionistische Organisation in Palästina, wie es viele gibt, etwa die Palmach, die Irgun und andere. Wir kämpfen gegen die Briten und das Mandat, das ihnen übertragen wurde."

„Militärisch?"

„Wenn Sie so wollen, ja. Wir helfen, Juden ins Land zu bringen und, wenn sie einmal dort sind, sie beim Aufbau zu unterstützen."

„Beim Aufbau ihrer Existenz in Palästina?"

„Ja, und auch beim Aufbau unseres Staates."

Schrammen spitzte die Lippen und hob den Kopf, um weiter aufmerksam zuzuhören.

„Wir haben das Schiff gekauft, weil es als ehemaliger Flussdampfer nur zweieinhalb Meter Tiefgang hat und wir damit ganz nah an die Küste Palästinas herankommen könnten. Unser Kapitän war Ike Aronowicz, ein junger Jude aus Polen, keine fünfundzwanzig Jahre alt. Er hat für uns die President Warfield umgebaut, um möglichst viele Auswanderer darauf unterbringen zu können, Proviant für mehrere tausend Menschen gekauft, eine Crew zusammengestellt und in Honduras angemeldet. Vor über einem halben Jahr sind wir in See gestochen. Vor Ostengland sind wir dann in einen Sturm geraten; der Proviant war verloren, das Schiff arg beschädigt."

„Sie haben es reparieren lassen?"

„Ja. Aber bedenken Sie: Es wusste ja bis dahin niemand, dass wir damit Einwanderer nach Palästina bringen wollten. Das sollte möglichst geheim bleiben, weil wir gewusst haben, dass uns die britische Regierung sonst Steine in den Weg legen wird. Durch die Zeitungsberichte ist jedoch der Secret Service auf uns aufmerksam geworden und hat eins und eins zusammengezählt. Als Mandatshoheit haben sie seit fünfundzwanzig Jahren alles in ihrer Macht Stehende getan, um zu verhindern, dass weitere Juden nach Palästina gelangen. Oft entert das Militär die Schiffe auf offener See und interniert die Flüchtlinge in Lagern auf Zypern oder bei Haifa."

„Warum?"

„Weil sie nicht wollen, dass weitere Juden kommen."

„Weil …?"

„Weil sie uns im Ersten Weltkrieg versprochen hatten, in Palästina einen Judenstaat zu errichten. Damals waren sie nicht in der Verantwortung, sondern haben einfach Zusagen gegeben. Mittlerweile haben sie die Mandatshoheit übertragen bekommen und wissen nicht, wie sie es umsetzen sollten, wenn Millionen Juden plötzlich nach Palästina kommen. Das ist so eine allgemeine Wahrheit: Versprochen oder kritisiert ist schnell. Aber dann? Dann zeigt sich der eigentliche Charakter. Und den der britischen Politiker halten wir nicht gerade für strahlend. Da wird schon einmal die ganze Welt wie auch das eigene Volk belogen und getäuscht, dass sich die Balken biegen, wenn jemand glaubt, dass das seiner Karriere hilft. Und die Menschen glauben solche Lügen nur allzu schnell, ohne genauer hinzusehen. Dabei könnte man so vieles sofort durchschauen. Steht nicht sogar in Ihrer Bibel, dass man die Menschen an ihren Taten erkennen kann?"

„So wie die Bäume an ihren Früchten", zeigte Schrammen, dass er das Neue Testament auch ein wenig kannte.

Elisheva nickte: „Wir bei der Haganah haben mit Religion nicht viel am Hut. Aber das eine oder andere Vernünftige kann man dort schon nachlesen. Na ja, jedenfalls haben die Briten Angst, dass es zu Konflikten mit den Arabern kommt, wenn sie uns einreisen lassen. Denen haben sie nämlich ebenfalls einen Staat in Palästina versprochen."

„Aber Sie und die vielen Menschen hier im Lager waren doch schon dort, wie in den Lübecker Nachrichten steht."

„Ja und nein. Damals, in Norfolk, war es noch lange nicht so weit. Unser Schiff lag wegen der Reparatur im Hafen. Das wollten die Briten nutzen, um uns an der Ausfahrt zu hindern. Zuerst haben sie Honduras auf diplomatischem Weg zwingen wollen, uns die Flagge zu entziehen. Als wir das mitbekommen haben, sind wir rasch ausgelaufen und haben Kurs auf Europa genommen. Den britischen Geheimdienst hatten wir sozusagen im Schlepptau; die haben uns die ganze Zeit nicht aus den Augen gelassen. Durch die Passage von Gibraltar haben wir Marseille erreicht. Weil aber Franzosen und Briten die gemeinsame Mandatshoheit in der Levante haben, wollten wir lieber nicht in den alten Hafen von Marseille einlaufen. Wir haben befürchtet, dass das Militär die Einwanderer nicht zusteigen ließe. Daher haben wir diese zu einem kleinen Hafen in der Nähe umdirigiert, nach Port de Bouc. Dort sind alle an Bord gegangen, viereinhalbtausend! Es war großartig organisiert; dennoch war es ab sofort am Schiff denkbar ungemütlich. Die Kojen, in denen wir uns aufhielten, waren fünfundvierzig Zentimeter breit und sechzig Zentimeter hoch."

„Wie?", deutete Schrammen ungläubig mit den Händen die angegebene Größe an. „Fünfundvierzig Zentimeter breit?"

„Und sechzig Zentimeter hoch", setzte Elisheva fort. „In jedem Sarg läge man komfortabler. Aber es sollte ja auch nur für kurze Zeit sein. Schlimmer ist es nach ein paar Tagen geworden, als Wind aufkam und die See rau wurde. Manchmal hat sich das Schiff um fünfundzwanzig Grad geneigt! Sie können sich vorstellen, wie es unter diesen Umständen um die Hygiene an Bord bestellt war! Die Seeleute haben uns auf dem Deck mit Wasserschläuchen abgespritzt. Ansonsten hieß es: möglichst am eigenen Platz liegen bleiben und keine Störungen verursachen. Wir sind den ganzen Tag wie die Sardinen in einer Dose gelegen. Obwohl, etwas Ablenkung hatten wir doch, und zwar durch die britische Marine. Die Kommandanten jener Kriegsschiffe, die uns seit Norfolk begleitet haben, haben ihre Schiffe immer wieder ganz knapp an uns herangesteuert und die Crew mehrmals täglich aufgefordert, die Fahrt abzubrechen."

„Haben sie …?"

„Zum Glück, nein. Der Kapitän hat das Schiff auf Kurs Palästina gehalten. Auf offener See haben wir es, als wir an Zypern vorbei waren, umgetauft. Es trug ab dort den Namen ‚Exodus 1947'. Wir haben die blau-weiße Fahne mit dem Davidstern gehisst und unsere Hymne gesungen, die ‚HaTikwa'. Denn es ist unser erklärtes Ziel, einen Staat für uns Juden zu gründen, in dem wir in Frieden leben können! Als wir schon nahe am Zielort waren, vielleicht zwanzig Meilen vor Haifa, attackierte uns ein britischer Zerstörer. Bald darauf griff ein ganzes Geschwader an, sechs Zerstörer, zwei Minenleger und ein Kommandokreuzer. Können Sie sich das vorstellen? So ein gewaltiger Angriff gegen einen ausrangierten Flussdampfer?"

Schrammens Augen gingen ungläubig weit auf.

„Ja, es ist wahr! Ich übertreibe nicht! Die Zerstörer haben unser Schiff mehrmals gerammt und bald danach haben unzählige Soldaten die ‚Exodus 1947' geentert. Wir haben uns gewehrt und alles, was wir erwischen konnten, auf sie geworfen: Konservendosen, Schrauben, Kartoffeln, Flaschen, Bretter und Stangen! Aber natürlich hat das nicht ausgereicht. Nach sieben Stunden Kampf mussten wir aufgeben. Mit einigen Toten und mehr als einhundertfünfzig Verletzten ist das Schiff in den Hafen von Haifa geschleppt worden."

„Dann haben Sie das Land ja doch erreicht, in das Sie wollten!"

„Leider nein. Die Briten haben sich offensichtlich so über unseren Widerstand geärgert, dass sie die so genannte ‚Operation Oasis' starteten. Wir wurden noch im Hafen auf drei Gefangenenschiffe umgeladen. Wir vermuteten, nach Zypern gebracht und dort interniert zu werden. Aber am Weg nach Westen ließen wir die Insel rechts von uns liegen und fuhren nach Frankreich zurück. Was die Briten nicht wussten, war, dass unter den viereinhalbtausend Einwanderern auch eine Anzahl Haganah-Kommandanten waren. Wir haben den weiteren Widerstand organisiert. Als wir wieder in Port de Bouc angekommen waren, haben sich alle Passagiere geweigert, von Bord zu gehen. Die Briten wollten daraufhin die Schiffe zwangsräumen, doch das hat ihnen die französische Regierung verboten. Frankreich hat einen Ausweg gesucht und uns Asyl angeboten, aber das haben nur wenige von uns angenommen. Wir wollten schließlich nach Palästina, damals wie heute!"

„ …und sind an Bord geblieben?"

„ …und sind an Bord geblieben! Doch bedenken Sie: Es war Ende Juli, also Hochsommer. Die Hitze und der Gestank waren beinahe unerträglich. Daher haben die Briten beschlossen, uns nach Deutschland zu bringen. Denn hier ist das einzige Territorium unter britischer Rechtsprechung außerhalb Zyperns und Palästinas, wo in kurzer Zeit eine große Anzahl von Menschen interniert und verpflegt werden kann."

„Das klingt beinahe zynisch!"

„So war es von den Briten vermutlich nicht gemeint, aber viele von uns haben das so verstanden. Dem Gräuel des Nationalsozialismus und seinen Konzentrationslagern entkommen, sollten wir nun von einer so genannten Befreiungsnation erneut in ein Lager gesteckt werden! Wir waren fassungslos! Einige haben sogar die britische Fahne mit Hakenkreuzen überschmiert. Es war schlimm, ganz schlimm! Während im Londoner Parlament tagelang kontrovers diskutiert wurde, was man mit uns machen sollte, warteten wir auf unseren drei Schiffen vor Gibraltar. Die Beratungen blieben offensichtlich fruchtlos, deshalb wurden wir einen Monat später nach Hamburg gebracht. Da das Gebiet hier zur britischen Besatzungszone gehört, hatten die Briten freie Hand, uns notfalls auch mit Gewalt auszuschiffen. Noch vor Sonnenaufgang ertönte es aus den Lautsprechern an Bord: „Schluss der Reise, kommt, kommt, alles aussteigen!" Familien mit Kindern haben als Erste aufgegeben. Um uns anzutreiben, wurde durch riesige Lautsprecher an Land Jazzmusik übertragen."

Schrammen hörte, wie sich Elishevas Hals verengte, wie ihr Bericht langsamer und stockender wurde. „Glauben Sie mir, Herr Schrammen, niemand unter uns war da, dem nicht die Knie zitterten, dem sich nicht die Haare aufstellten oder der an Selbstmord dachte! Es war genau wie in Auschwitz, genau wie in Belsen, genau wie bei den Nazis! Fragen Sie mich nicht, wie ich an Land gekommen bin – ich weiß es nicht mehr! Nach einiger Zeit haben gut hundert Militärpolizisten und Infanteriesoldaten, ausgerüstet mit Stahlhelmen, Holzknüppeln, Gasmasken und Tränengasbehältern das Schiff gestürmt. Eine Stunde später war es geräumt."

Elisheva war zu aufgewühlt, um weitererzählen zu können. Minutenlang schwiegen beide. Dann setzte sie mit würgendem Hals rasch fort, um das Kapital abzuschließen: „Anschließend wurden wir in bereitstehende Züge mit verschlossenen Waggons gepfercht … Können Sie sich das vorstellen?", konnte sie ihre Tränen nicht mehr zurückhalten. „In geschlossene Eisenbahnwaggons … von deutscher Polizei und britischem Militär scharf bewacht … im Land der Nazis …"

Schrammen nahm ihre Hand zwischen die seinen. Auch seine Augen liefen über. Er versuchte, das soeben Gehörte einzuordnen und zu verstehen.

„... und hierhergebracht?", fragte er irgendwann.

Elisheva nickte stumm und dankbar.

Dankbar, dass er zugehört hatte.

Dankbar, dass er bereit war, zu verstehen.

1948 05 14 – Paula – Tel Aviv

Das einfache würfelförmige Gebäude nahe der Küste, das der Jüdische Nationalfonds vor zwanzig Jahren errichtet hatte, bestand, wenn man von Toilette und Bad absah, im Wesentlichen lediglich aus zwei Räumen: aus einem im Erdgeschoß und einem im ersten Stock. Hier wie dort hielten in jede Himmelsrichtung zwei kleine vergitterte Fenster sowohl Sonne wie Hitze ab, aber auch Einbrecher und Attentäter.

Paula hatte gerade eine neue Propangasflasche an den Herd angeschlossen und machte sich ans Kochen, während ihr soeben heimgekehrter Mann einen dicken Stapel Unterlagen auf den Holztisch legte, von dessen Kanten sich das Furnier bereits leicht abhob.

Die knapp sechzigjährige rundliche Frau mit dem widerspenstigen dunklen Kraushaar schälte am Küchentisch Zwiebel und Knoblauch und schnitt das Gemüse in dünne Scheiben. Während sie ihre Augen auf das Messer gerichtet hielt, freute sie sich für ihren Mann, der am Tisch hinter ihr in seinen Unterlagen etwas suchte: „Du hast es geschafft, David Ben-Gurion, es gibt einen Staat Israel! Du weißt ja, ich persönlich, ich hätte das nicht gebraucht. Für mich ist Amerika gut genug. Doch du hast lange dafür gekämpft, und nun ist es so weit! Ein Grund zum Feiern!"

Sie hob kurz den Kopf, um zu ihm hinzusehen, und zeigte mit dem Küchenmesser auf die vorbereiteten Lebensmittel: „Es ist zwar schon fast Mitternacht, aber ich mache dir noch eine Shakshuka. Der morgige Tag wird anstrengend und mehr als vier Stunden Schlaf wirst du nicht bekommen, wenn du um sechs Uhr bereits wieder im Büro sein willst."

177

Er stöberte weiter in den Papieren und antwortete nebenher: „Wer fragt mich, was ich will? Ich mache seit Jahren nur, was die Umstände gerade erfordern." Er sah mit geröteten Augen zu ihr hin und fuhr mit beiden Händen seitlich am Kopf hoch durch seinen dichten weißen Haarkranz. Dann hielt er die Hände abgewinkelt nach oben: „Hat überhaupt jemand eine Ahnung, was geschehen wird, wenn in einer halben Stunde das britische Mandat über Palästina beendet sein wird?"

„Glaubst du wirklich, dass die Palästinenser weiterhin Anschläge verüben werden? Du hast doch immer wieder betont, dass Israel in der Unabhängigkeitserklärung allen Nachbarstaaten die Hand zum Frieden und zur guten Nachbarschaft reicht. Von einem ständigen gegenseitigen Hick-Hack hat auf Dauer niemand etwas!"

„Das stimmt schon. Aber unter uns: Wenn ich ein arabischer Führer wäre, würde ich auch keinen Vertrag mit Israel unterschreiben. Natürlich, wir haben das Land gekauft, auf dem wir leben, das heißt, der Jüdische Nationalfonds hat das getan, oder die Jüdische Kolonialbank oder sonst jemand von uns. Sie dagegen, sie sehen es so, dass wir ihnen ihr Land weggenommen haben."

Paula wiegte mit dem Kopf hin und her, um über das schon oft Gehörte nachzudenken, während sie mit einem breiten Messer Paprika und Tomaten klein hackte. Als das Olivenöl in der Pfanne heiß genug war, schob sie das Gemüse hinzu. Laut zischte es auf, als in einer Dampfwolke der Geruch von Röstaromen hochstieg. Sie nickte zufrieden, deckte die Pfanne mit einem Deckel ab, damit alles gut einkochen konnte, und fuhr fort: „Sagst du das genauso, wenn du in der Partei redest, oder in der Jewish Agency?"

„Ach Paula, das geht doch gar nicht! Natürlich fokussiere ich mich dort auf unsere Position! Aber ich versuche sehr wohl, wenn es leicht geht, Verständnis auch für die andere Seite zu erzeugen."

„Für mich als Amerikanerin und Anarchistin ist das, worauf sich die Zionisten berufen, ohnehin nicht zu begreifen. Du weißt, ich hätte sehr gut in Brooklyn bleiben können. Ein Land zu gründen, bloß weil es vor einigen tausend Jahren von einem Gott versprochen wurde? Das klingt irgendwie … wie soll ich sagen? Also, für jemanden aus New York ist das schwer zu verstehen! Aber gut, so ist es jetzt eben, und ich habe mich damit abgefunden: Ab morgen gibt es ein Israel und ich lebe darin mit meiner Familie. Ein neuer Lebensabschnitt; das kann auch schön werden."

„Siehst du, das sagst sogar du als Jüdin, auch wenn du dich nicht wie eine solche fühlst. Ich dagegen, ich fühle mich sehr wohl als Jude, wenn auch nicht aus religiöser Sicht. Dennoch stimme ich mit dir überein: Warum sollte die Araber heute ein uraltes göttliches Versprechen an uns Juden interessieren?"

„David, da muss ich beinahe lachen", unterbrach sie kurz ihre Arbeit am Herd. „Das sagst du, der du dich seit deiner Jugend in Płońsk, diesem gottverlassenen Winkel Russlands, weigerst, eine andere Sprache als Hebräisch zu sprechen? Ich bin ja froh, dass du wenigstens mit mir Jiddisch redest, sonst könnten wir uns gar nicht unterhalten."

„Vielleicht lernst du es ja doch noch einmal!"

„Nicht, bevor du nicht Englisch kannst! Dieses Hebräisch ist mir allein schon wegen der Buchstaben unheimlich; von der Grammatik will ich gar nicht reden. Ich komme damit überhaupt nicht zurecht." Sie lachte auf: „Die Orthodoxen haben schon recht: Es ist die Sprache Gottes. Ich ergänze: Weil sie für normalsterbliche Menschen nicht sprechbar ist! Außer für meinen David, den von Gott Gesandten, der redet nur Hebräisch", sah sie ihn mit provozierendem Schmunzeln von der Seite an.

Er erwiderte ihr Lächeln: „Paula, du weißt doch: Der Gott, an den ich nicht glaube, ist ein jüdischer."

Sie lachte wiederum laut auf, während sie Kreuzkümmel und Paprikapulver einstreute und das Ganze mit Salz und Pfeffer abschmeckte: „Um ein Bonmot bist du nie verlegen, mein Lieber! Du schaffst es wirklich, dass du mich immer wieder zum Lachen bringst. – Hoppla! Na geh! Ich hoffe, ich habe jetzt nicht zu viel erwischt! Wenn es zu scharf ist, musst du einfach mehr Brot dazu essen!"

David hatte Paulas Missgeschick trotz ihres Schreckensausrufs gar nicht bemerkt und setzte das Gespräch parallel zu seiner Suche in den Dokumenten fort: „Ja, aber schau, es ist doch so: Ob unsereiner religiös ist oder nicht, spielt für die Araber keine Rolle: Unser Gott ist nicht ihr Gott."

„Das ist schon klar, aber so viel weiß selbst ich: Auch ihr Gott verpflichtet sie zur Wohltätigkeit gegenüber den Armen und Hilfsbedürftigen! Wer das nach KZs, Massenmorden, Holocaust und Pogromen ist, wird wohl niemand in Frage stellen. Das hat sogar die UNO anerkannt, wie du seit einem Jahr immer wieder betonst."

„Das ändert doch nichts für die Araber. Deshalb haben sie ja in der UNO auch gegen eine Zweistaatenlösung gestimmt. Sie wollen an sich überhaupt keinen jüdischen Staat in Palästina, aber schon gar keinen, in dem Araber unter jüdischer Führung leben müssen, wie sie sagen. Natürlich, es gibt Antisemiten, die Nazis, Hitler und Auschwitz. Aber war es ihre Schuld? Sie sehen es so: Wir sind gekommen und haben ihr Land gestohlen. Wenn ihnen ihre Führer, besonders die religiösen Führer, diese Botschaft fortwährend eintrichtern, so falsch sie auch ist – warum sollten sie dann ein Israel akzeptieren?"

„Irgendwann werden sie schon vernünftig werden. Es ist zu unser aller Vorteil, wenn wir als gute Nachbarn friedlich zusammenleben. Hat es in Brooklyn funktioniert, wird es hier auch funktionieren, davon bin ich überzeugt."

„Auf die Vernunft hoffe ich ebenso wie du, Paula. Aber Ägypten, Syrien, Transjordanien, Irak und Libanon … unsere lieben Nachbarn! Sie haben angekündigt, Israel im Fall einer Staatsgründung sofort zu vernichten, wie du weißt."

„Ach, lass sie reden. Hunde, die bellen, beißen nicht. Das werden sie schon nicht tun! Vielleicht musst du ihnen noch deutlicher machen, dass ein paar Juden in der Wüste für die viel größere Anzahl von Palästinensern und sonstigen Arabern keine Bedrohung sind."

David zuckte mit den Schultern: „Ich habe wirklich alles getan, um ihnen zu garantieren, dass sie auch in einem Israel ihre Sprache und Schrift verwenden und hier sicher leben und ihren Glauben ausüben können, genauso wie alle anderen Bewohner. Du kennst den Inhalt unserer Unabhängigkeitserklärung."

„Ja, den kenne ich", antwortete seine Frau und ließ zwei rohe Eier auf das Gemüse gleiten. „Und ich bin stolz auf dich, dass du darin gestern sogar noch die Gleichberechtigung der Geschlechter aufgenommen hast. Das war mutig und sehr modern! Aber, David Josef Grün aus Płońsk, der du nun der erste Ministerpräsident des neuen Landes Israels bist", hob sie mit einem Lächeln drohend das Messer hoch und sah ihn scharf an, „als Ministerpräsident gibt es keine Seitensprünge mehr in Wien oder London oder New York oder sonst wo! Ich hoffe, das ist klar?"

David nickte und hob beschwichtigend beide Hände, weil er seine Frau gut genug kannte, um den Ernst ihrer Drohung hinter dem Lächeln zu erkennen.

Gerade, als sie die fertige Shakshuka in der Pfanne auf den Tisch stellte und Brot und Besteck danebenlegte, hämmerte jemand wild an die Tür: „David Ben-Gurion, es geht los! Sie greifen an!"

Beinahe zeitgleich hörte man auch schon in ganz Israel die Sirenen heulen.

1963 06 16 – David – Jerusalem

„Mir persönlich wäre es viel angenehmer, wenn es hier noch die Bäckerei der Froumines gäbe", deutete die ältere, leicht übergewichtige Frau anklagend mit einer Krücke von ihrem Sitz auf der Parkbank auf das angrenzende Gebäude.

Ihre Nachbarin, mit der sie sich die Bank teilte, stimmte zu: „Mir auch! Mir auch! Ihr Brot war nichts Besonderes. Aber die Tahini-Mandel-Kekse, die waren unübertrefflich! Seit sich die Knesset hier eingemietet hat, muss man weit gehen, um zu ähnlich guten Mehlspeisen zu kommen."

„Und das mit dem Gehen wird nicht einfacher! Gott sei Dank bauen sie jetzt dort drüben ein neues Parlaments-gebäude. Aber ob die Froumines dann wieder in die King George Straße zurückkommen werden?"

„… und ob wir das noch erleben werden?"

Das dreistöckige Gebäude im Bauhaus-Stil nahe der Altstadt Jerusalems, um das sich das Gespräch der beiden Damen drehte, war tatsächlich ursprünglich nicht für politi-sche Versammlungen bestimmt gewesen. Die Familie Frou-mine stellte Backwaren her und der Bau war ein Wohnhaus mit Geschäften im Erdgeschoß. Wegen der großen Halle im Parterre und dem Saal mit einem oberen Balkon waren zwei Etagen als Firmensitz einer Bank gedacht. Doch die Lage im Stadtzentrum und der ebenerdig erreichbare Plenarsaal waren für das junge Israel ideal, um die Knesset als Teil des Alltagslebens eines lebendigen demokratischen Landes zu zeigen.

Heute war, wie an allen Sitzungstagen, der Verkehr rund um das Gebäude abgesperrt. Daher waren hier mehr Fuß-gänger zu sehen als an normalen Tagen. Der kleine ältere Mann mit einem dichten weißen Haarkranz, der ihn wie einen verwirrten Wissenschaftler aussehen ließ, ging an den beiden Damen vorbei und grüßte. Trotz der Hitze trug er einen dunkelgrauen Anzug, das helle Hemd mit dem ausladenden Kragen hatte er ausgeschlagen. Als er den Park zur Hälfte durchquert hatte, kam von rechts ein weiterer Anzugträger. Dieser etwas größere Mann mit schütterem, zurückgekämmtem Haar, Hornbrille und dunkler, dezent gemusterter Krawatte sah aus wie ein Bankier. Die beiden Damen reagierten sofort:

„Schauen Sie, der Kleine dort, das ist David Ben-Gurion."

„Was tut er hier?"

„Wahrscheinlich ist er am Weg in die Knesset!"

„Ja, so wird es sein. Alt schaut er aus! Er geht mühsam. Ich bin gespannt, wie lange er es noch macht. Und der andere, ist das nicht Levi Eschkol, der Finanzminister?"

„Ja, das könnte er sein. Zumindest sieht er ihm ähnlich."

Er war es tatsächlich. Als die beiden nur mehr wenige Meter voneinander entfernt waren, grüßte der Größere seinen Ministerpräsidenten:

„Boker tov, Dudu, guten Morgen! Wir sind früh dran. Die Sitzung beginnt erst in einer Stunde."

„Guten Morgen, Levi. Besser zu früh als zu spät, wie es heißt."

„Das ist auch mein Motto. Sag, bevor wir reingehen, magst du mir nicht erzählen, was du heute verkünden willst? Ich weiß schon, vor den anderen Parteien wolltest du es nicht sagen. Aber mich musst du ja nicht auf die Folter spannen!"

„Du hast recht, setzen wir uns einstweilen", wies David auf eine freie Parkbank im Schatten einer Steinmauer. Sie nahmen Platz und stellten ihre Aktentaschen neben sich auf die Bank.

„Du wirkst müde. Geht es dir gut?", erkundigte sich Levi.

„Ich fühle mich auch etwas erschöpft. Aber wer wäre das nicht an meiner Stelle?"

Levi nickte: „Ich spüre das Alter ebenfalls. Im Herbst werde ich achtundsechzig. Du hast mir sogar noch ein paar Jahre voraus. Sieben?"

„Neun."

„Dann darfst du müde sein! Schläfst du gut?"

„An sich ja, aber viel zu wenig, wenn man auf die Ärzte hört. Und ich träume in letzter Zeit oft von früher und wache morgens wie gerädert auf."

„Von der Mandatszeit und dem Kampf gegen die Engländer?"

„Natürlich, vom Aufbau der Haganah, von der Leitung der Jewish Agency, der UNO, der Unabhängigkeitserklärung und dem Palästinakrieg. Was wir damals erlitten haben und auch, was wir getan haben, macht mich oft traurig. Aber mehr noch träume ich von der Zeit davor, von den Jahren, als wir in der Jüdischen Legion auf Seiten der Briten gegen die Türken gekämpft haben. Und von noch früher, von der Jugend im Schtetl in Polen, von den Zionistenkongressen, als wir unsere Identität als zukünftiger Staat definiert haben, und sogar vom Naziterror, auch wenn ich ihn nicht selbst erlebt habe. Das beschäftigt mich beinahe jede Nacht."

„Mir geht es ähnlich. Ich träume allerdings nicht so sehr von der Zeit in der Jüdischen Legion oder der Jewish Agency. Oft wache ich auf, weil ich im Schlaf surrealistische Szenen aus den Jahren erlebe, in denen ich die Wasserversorgung unserer Städte und Kibbuzim aufgebaut habe. Immer funktioniert in diesen Traumbildern etwas nicht. Manchmal verbiegen sich die Zuleitungen ganz von selbst und führen plötzlich ins Nirgendwo. Manchmal rinnt das Wasser vom Fluss auf die Felder, ist aber dabei trocken wie weißes Pulver und noch mehr solch verrückter Dinge. Ich komme nicht und nicht darauf, wie ich das lösen könnte. Wie aus einem Nebel erscheinen mir unvermittelt Verwandte und Freunde, die im KZ geblieben sind, und geben mir Ratschläge. Sie waren im Leben nie auch nur einen Tag in Palästina, aber wissen, was zu tun ist. Ich befolge ihren Rat. Anfangs klappt es, doch dann passiert wieder etwas Unlogisches und Unvorhersehbares und am Ende ist das Chaos perfekt. Weil dann die Früchte und das Getreide vertrocknen, kommen alle zu mir und beschuldigen mich. Wenn ich aufwache, bin ich total verschwitzt, verwirrt und brauche oft eine Viertelstunde, um mich zurechtzufinden. Ist das nicht unheimlich?"

David nickte stumm.

Nach einer kurzen Gedankenpause setzte Levi fort: „Heute Nacht habe ich davon geträumt, in Wien zu sein."

„Bei einem Gewerkschaftskongress?", hob David schmunzelnd den Kopf, weil er das internationale Engagement seines Gesprächspartners nur zu gut kannte.

„Nicht ganz", lachte Levi, „aber mit der Gewerkschaft hat es zu tun. Diesmal war es jedoch kein surrealistischer Traum, sondern Erinnerung an die Wirklichkeit: Ich war, nachdem ich gleich nach dem Ersten Weltkrieg die Histadrut gegründet hatte, in Wien, um Waffen für unseren Kampf gegen die Briten zu besorgen. Da hat mich die Polizei erwischt und festgenommen. Sie haben mich in Untersuchungshaft gesteckt und jeden Tag stundenlang verhört. Ich fühlte Todesangst, denn schon damals waren dort in allen Parteien von ganz links bis ganz rechts jede Menge Antisemiten und zukünftige Nazis. Ich fürchtete um mein Leben, aber noch mehr um die Zukunft unserer jungen Gewerkschaft. Ein paar Wochen später haben sie mich aber dann doch freigelassen, aber sehr gegen ihren Willen. Ich glaube, die meisten hätten mich gerne hängen gesehen. Aber sie konnten mir bis zuletzt nicht das Geringste nachweisen."

„Und was war mit den Waffen?"

„Die waren zu diesem Zeitpunkt längst unterwegs nach Haifa."

David nickte zustimmend: „Das waren unruhige und gefährliche Zeiten. Von denen möchte ich aber wegkommen.

Wir sind keine Terroristen mehr, sondern ein demokratischer Staat. Das haben leider noch nicht alle bei uns verstanden."

„Du meinst, die Sache mit Pinchas Lawon?"

„Nicht nur, aber die ganz besonders! Ich habe das Gefühl, die nimmt mir die letzte Kraft. Wie kann denn ein Verteidigungsminister zulassen, dass der Geheimdienst eine solche Aktion durchführt ..."

„... und diese dann auch noch so grandios vermasselt!", setzte Levi fort. „Aber schau mal, alle anderen haben längst mit der Angelegenheit abgeschlossen. Nur mehr du bringst das wieder und wieder aufs Tapet. Das führt doch zu nichts! Darüber hinaus denke ich, du tust ihnen Unrecht, wenn du sie als Terroristen bezeichnest. Ich bin überzeugt, sie haben wirklich gedacht, unserem Land damit zu dienen."

„Das nehme ich ihnen gerne ab, aber dazu muss man nicht derartige Methoden einsetzen. Selbst wenn diese Anschläge in Ägypten auf Kinos, Postämter und Kulturzentren nicht derart dilettantisch durchgeführt worden wären! Die Attentate darüber hinaus amateurhaft als solche der Muslimbrüder auszugeben, obwohl ohnehin jeder weiß, wer sie wirklich organisiert hat und sogar die Täter festgenommen wurden und in ägyptischen Gefängnissen sitzen – da fehlen mir einfach die Worte! Das erinnert mich in seiner Naivität an den Anschlag der Irgun auf das King David Hotel. Auch dort haben unsere Leute gedacht, nicht enttarnt zu werden, wenn sie sich wie bei einer Purim-Party in arabische Kaftane stecken und eine Kufija aufsetzen! Aber gut, man kann zur Entschuldigung sagen: Damals war Israel noch nicht gegründet und uns fehlte die staatsmännische Erfahrung und Souveränität. Doch wie blöd muss man sein, um als Staat ein paar Jahre später in Ägypten immer noch nach demselben Muster vorzugehen? Solche Aktionen machen ein verfeindetes Nachbarland bestimmt nicht zu unserem Freund! Wir brauchen jedoch Freunde; viele haben wir nicht, besonders im Nahen Osten.

Das muss doch zu Konsequenzen für die führen, die das angeordnet haben!"

„Das ist jetzt neun Jahre her, Dudu. In Ägypten hat sich seither auch eine Menge getan. Nasser hat seinen Mitrevolutionär entmachtet und er selbst ist nicht mehr der extremistische Muslimbruder, der er einstmals war."

„Auch wenn es neun Jahre her ist: Wie kann es sein, dass Lawon immer noch im Amt ist, bloß weil seine Partei ihn stützt? Wie kann es sein, dass in Israel immer noch kein Gerichtsverfahren eröffnet wurde, in dem die Affäre auf ihre politische Verantwortlichkeit hin untersucht wird?"

„Ach, Dudu, muss ich dir wirklich sagen, wie Politik funktioniert?"

„Nein, Levi, das musst du nicht. Aber das ist nicht die Art von Staatskunst, die ich vertreten kann und will. Ich kann nicht mehr, Levi! Ich werde heute das Amt als Ministerpräsident zurücklegen."

„Im Ernst?"

„Ja, irgendwann ist eben auch meine Energie aufgebracht. Ich fühle, das ist jetzt der Fall. Vielleicht führt das ja zu einem Umdenken bei unseren Leuten. Das hoffe ich zumindest. Ich gehe wieder in meinen Kibbuz in die Negev. Schau, ich bin alt geworden und sehne mich nach Frieden. Doch wie sollen wir in Frieden leben können, wenn wir selbst unseren Nachbarn diesen Frieden nicht zugestehen?"

„Mit den Arabern kann man aber keinen Frieden schließen. Die haben uns am ersten Tag unserer Staatsgründung angegriffen und, auch wenn sie den Krieg und viele Gebiete verloren haben, damit bis heute nicht aufgehört."

„Das sehe ich nicht so. Nur mit Feinden kann man Frieden schließen. Mit Freunden braucht man das nicht zu tun."

„Dudu, mir scheint, du wirst noch zum Pazifisten."

„Warum auch nicht? Schau, ich erkenne unter den Arabern eine Menge geistiger Nachfolger der Nazis. Viele von ihnen in Ägypten, Syrien und sonst wo wollen Israel zerstören – das ist die größte Gefahr, die uns droht, und gegen die wir kämpfen müssen. Dafür brauchen wir die Freundschaft aller Nationen, die bereit sind, uns überleben zu helfen und unsere Heimat aufzubauen. Ich denke oft an das Verhältnis zwischen Frankreich und Deutschland. Die beiden Länder waren seit Generationen bittere Feinde. In den letzten hundert Jahren hat Deutschland dreimal versucht, Frankreich zu erobern und zu unterdrücken. Trotzdem geht es auch anders: General de Gaulle ist ein französischer Patriot, nicht weniger als du und ich jüdische Patrioten sind. Er erkennt jedoch die Veränderungen in der Welt, und er ist Westdeutschlands bester Freund – weil er weiß, dass die Gefahren, denen sich Frankreich heute gegenübersieht, nicht aus Westdeutschland kommen, sondern aus der Sowjetunion. In Adenauer hat er auf der anderen Seite einen alten Politiker, der ebenfalls aus der Vergangenheit gelernt hat. Das ist ein Glück für Frankreich und Deutschland, vielleicht sogar für ganz Europa! Ein solches Glück wünsche ich mir für Israel und seine Nachbarn ebenfalls! Diejenigen, die unser Land und damit die ganze Region gefährden, sind Leute wie die Muslimbrüder und ihre Unterorganisationen", strahlte ihm der alte kämpferische Geist aus den Augen. „… und natürlich ihre Finanzgeber, die nicht zu vergessen! Denn unseren Nachbarländern sind diese extremistischen Terrororganisationen genauso ein Dorn im Auge wie uns. Wenn wir mit unseren Nachbarn zusammenarbeiten, wenn wir gemeinsam gegen jene kämpfen, die alles sabotieren wollen, können wir Erfolg haben. Dann, und nur dann, besteht die Chance, in Frieden zu leben. Anders wird das nie funktionieren."

„Das wäre ein Wunder."

„Kann schon sein. Aber wer nicht an Wunder glaubt, ist kein Realist!"

1967 06 13 – Yossi – Sinai

Geliebte Dorit,

Endlich habe ich die Möglichkeit, Dir zu schreiben. Du hast Dir sicherlich große Sorgen gemacht, weil Du seit einem Monat nichts von mir gehört hast. Ich habe mich nicht früher melden können, doch das habe ich Dir bei der Abreise ohnehin vorhergesagt. Deshalb das Wichtigste, soweit es mich betrifft, vorweg: Mir geht es gut und ich bin unverletzt. Das können tragischerweise nicht alle meiner Kameraden sagen, wie Du vermutlich im Radio gehört haben wirst. Aber im Wesentlichen ist es für uns glimpflicher ausgegangen, als wir befürchtet hatten.

Meine Geliebte, die vergangenen vier Wochen waren die intensivsten meines Lebens und ich werde sicher niemals auch nur eine Stunde von ihnen vergessen können. In den ersten Tagen, nachdem wir an die ägyptische Grenze bei Gaza verlegt worden waren, hat sich nicht viel getan. Zwar haben die Palästinenser täglich Bomben auf uns geworfen und es hat ein paar kleinere Scharmützel gegeben, aber die haben zum Glück nicht viel angerichtet. Die permanente Anspannung war jedoch enorm, beinahe unerträglich. Wir wussten ja, dass die Russen den Ägyptern, Jordaniern und Syrern einen Eroberungsplan vorgegeben hatten, nach dem sie unser Land vernichten sollten. Und wir wussten auch, dass wir an unserer Front dem Feind zahlenmäßig hoffnungslos unterlegen waren. Zu den dreißigtausend ägyptischen und den zehntausend palästinensischen Soldaten in der Gaza-Region kamen noch die fünfte ägyptische Armee, zwei Infanteriedivisionen und eine Panzerdivision. Wir dagegen, wir waren nicht einmal halb so stark! Dennoch haben wir abgewartet und uns vorbereitet, so gut es ging. Wir waren gerade einmal zwei Wochen an der

Grenze stationiert, als Nasser die Straße von Tiran für israelische Schiffe sperrte. Da wussten wir, dass es bald losgehen würde.

Haben wir Angst gehabt? Vielleicht, aber ob Du es glaubst oder nicht: Ich weiß es nicht mehr, dabei ist es kaum zwei Wochen her! Das klingt eigenartig, oder? Ich erinnere mich an viele Details, an Ereignisse, an Bilder, an Gespräche, aber ich erinnere mich nicht, ob wir Angst hatten. Ich glaube, ja. Aber wenn das so war, haben wir sie vermutlich untereinander wegdiskutiert. Wir haben über die Staatsgründung gesprochen, die in demselben Jahr stattgefunden hat, in dem die meisten von uns geboren wurden. Wir haben die Ziele und Aktionen der Zionisten, der Haganah, der Palmach, der Irgun erörtert, soweit wir die kannten. Und haben uns überlegt, ob dieses Israel wirklich das Land ist, das Ben-Gurion und die anderen Gründungsväter damals gründen wollten. Die pausenlosen Attacken und Anschläge arabischer Guerillas auf Bahnlinien, Straßen, Kraftwerke und auch auf harmlose Bürger – so etwas macht doch ein Land nicht lebenswert! Der ewige Streit mit den Nachbarländern, deren wiederkehrende Drohung, Israel zu vernichten, die ständige Sorge, dass Syrien das Wasser aus dem Golan vom Jordan weg in eine andere Richtung ableiten könnte …!

Einige von uns haben gegrübelt und überlegt, nach dem Krieg auszuwandern, nach Brooklyn oder Paris, oder auch London. Ein paar haben sogar Deutschland und Österreich ins Spiel gebracht, trotz Shoah und Holocaust. Einig waren sich alle nur darin: In die Sowjetunion wollte niemand; vielleicht weil viele von uns von dort abstammen und Land und Regime zu gut kennen. Ich muss gestehen, auch ich habe die gesamte Idee des Auswanderns prinzipiell nicht abwegig gefunden und mir schon Gedanken gemacht, wo wir beide hinziehen und unser Kind zur Welt bringen könnten. Doch dann hat der Hauptmann von Masada erzählt und uns an unser jüdisches Kämpferherz erinnert, daran, dass die Zeloten auf diesem Berg am Toten Meer vor zweitausend Jahren lieber gestorben sind, als sich den Römern zu ergeben. Du kennst diese Geschichte sicher so wie ich aus der Schule, aber für uns war es gut, sie nochmals ins Bewusstsein zu rufen. Irgendwie hat er uns damit dazu gebracht, die ganzen Auswanderungsgedanken zu vergessen.

Ich glaube, das mit Masada hat der Hauptmann gerade zur rechten Zeit erzählt, denn am nächsten Tag ist es losgegangen. Du hast vermutlich alles im Radio gehört und mit uns mitgelebt. Wahrscheinlich hast Du Dich mehr um uns gesorgt als wir selber. Jetzt, wo ich Dir schreibe, sehe ich Dich bildlich stundenlang neben dem Apparat sitzen, auf dem schönen Holzstuhl, den Du, so wie die kleine Wiege, erst vor wenigen Wochen hergerichtet und mit weißer Farbe lackiert hast. Ich sehe Dich, wie Du vorgebeugt sitzt, um Dir kein Wort entgehen zu lassen und ja alles zu verstehen. Und ich sehe Dich, wie Du enttäuscht bist, weil keine Einzelheiten über uns am Gaza berichtet wurden. Ich sehe Dich und ich liebe Dich für die Angst, die Du jedes Mal um mich gehabt hast, wenn jemand an der Türe geklingelt hat. Und ich spüre Deine Erleichterung, wenn es bloß ein Nachbar war. Es ist nun alles gut, geliebte Dorit! Bald kann ich Dich wieder in meine Arme nehmen und küssen! Und bald werden wir zu dritt sein, eine echte Familie!

Jetzt bin ich ganz abgekommen von dem, was ich Dir eigentlich schreiben wollte. Dass ich keine militärischen Details ausplaudern darf, weißt Du ohnehin, aber eine kurze Schilderung ist erlaubt, wie man uns gesagt hat.

Also, wir haben am frühen Morgen zuerst den Grenzzaun zur Gaza-Region niedergerissen. Dann sind wir in die Stadt Gaza marschiert. Der Hauptmann hatte uns beruhigt, wir bräuchten uns keine Sorgen wegen ägyptischer Kampfflieger machen. Damit hat er recht gehabt, denn die hatten unsere Flieger bereits Stunden zuvor alle auf den Flughäfen am Sinai zerstört. Vierhundert Flugzeuge! Das muss man sich einmal vorstellen! Wir hatten diese Information nicht, bevor wir losgingen, aber der Hauptmann sehr wohl. Vielleicht hatte er von diesem Plan sogar schon gewusst, als er uns von Masada erzählt hat, wer weiß? Ja, doch, wenn ich mir das so überlege, könnte ich es mir gut vorstellen.

Jedenfalls, dass wir nicht nach oben sehen mussten, hat uns den Einmarsch in die Stadt sehr erleichtert. Die palästinensischen Soldaten, die anders als wir und die ägyptischen Militärs nicht in Uniform kämpfen, von normalen Zivilisten zu unterscheiden, war nicht immer einfach. Viele haben sich als harmlose Menschen getarnt, als Bäcker, Obsthändler, Mechaniker, Lehrer oder Ärzte. Besonders die Letztgenannten waren in Wirklichkeit häufig Militärpersonen, denn ausgerechnet in Schulen und Krankenhäusern haben wir riesige Waffenlager entdeckt, oft mit Raketen und Bomben, fast immer aber mit Munition für zwanzigtausend oder fünfzigtausend Schuss! Wie feig und perfide muss man sein, um sich hinter Kindern und Kranken zu verstecken! Nun, ich hoffe sehr, es ist mir gelungen, keine unschuldigen Zivilisten zu erwischen. Doch das war schwierig, weil: Was machst Du, wenn ein Zehnjähriger auf Dich mit einer Kalaschnikow zukommt? Wie reagierst Du da? Das ist eine Situation, die man nicht trainieren kann!

Die ägyptische Armee ist ziemlich rasch geflohen, noch am ersten Tag, ebenso die Kommandanten der Palästinenser. Zurückgeblieben sind nur deren Soldaten, die aber ohne ihre Offiziere kaum organisiert vorgegangen sind. Daher konnten wir sehr schnelle Fortschritte machen. Nach drei Tagen hatten wir mit Khan Yunes und Rafah die gesamte Gaza-Region unter Kontrolle. Die meisten unserer Einheiten sind weitermarschiert und haben in Windeseile die ganze Sinaihalbinsel erobert. Ich bin mit meiner Kompanie in Gaza geblieben, um die Stadt zu sichern. Das war und ist nicht ungefährlich, weil immer noch zahlreiche Heckenschützen in der Stadt sind. Aber wir sind vorsichtig, wenn wir um eine Ecke biegen oder in ein Haus gehen. Man weiß ja nie ...

Was uns wirklich schmerzt, ist die Tatsache, dass wir mit unseren Lieben daheim keinen Kontakt aufnehmen können. Von den Offizieren erfahren wir einiges, was im Land los ist, auch über die Transistorradios. So haben wir erfahren, dass auch die Syrer und Jordanier Israel angegriffen haben, aber zurückgeworfen wurden. Es wurde durchgegeben, dass Fallschirmjäger Ostjerusalem und das Westjordanland eingenommen hätten und sogar die Golanhöhen von unseren Leuten besetzt wären. Wenn das so stimmt, wäre das ein großartiger militärischer Erfolg, und für die Wasserversorgung von Galiläa bis in die Negev wäre das fantastisch! Was für ein unglaublicher Sieg! Und das in nur sechs Tagen!

Ich bin stolz auf unser Land, stolz auf das, was wir erreicht haben!

Wir haben uns ganz allein gegen diese Übermacht durchgesetzt, obwohl uns niemand helfen wollte. David gegen Goliath! Nein, ein David gegen viele Goliaths! Die Engländer und Franzosen haben die Sowjets und ihre arabischen Marionetten gewähren lassen. Wir waren bedroht und in Angst vor totaler Vernichtung, doch jetzt weiß die ganze Welt: Uns kann man nicht besiegen! Heute ist Israel dreimal so groß wie noch vor einer Woche! Das ist etwas Historisches! Wir können unseren Kindern und Enkeln einmal erzählen, dass wir in diesen sechs Tagen des Krieges ein neues Land geschaffen haben!

Der Hauptmann bremst uns in unserer Euphorie etwas, denn er fürchtet, es gäbe die Gefahr, dass wir zwar einen Krieg gewonnen hätten, aber sonst viel verlieren könnten. Er meint damit internationale Unterstützung, die wir in Zukunft bräuchten, um in Frieden leben zu können. Er mahnt uns, nicht als Besatzungstruppen aufzutreten und die Palästinenser nicht zu demütigen. Das ist leichter gesagt als getan. Ein Krieg ist ein Krieg, oder? Und die Leute hier verhalten sich selbst nach ihrer Niederlage nicht gemäß den Vorstellungen des Hauptmanns. Er denkt auch, Israel könnte die eroberten Gebiete irgendwann im Austausch gegen Anerkennung und Friedensverträge zurückgeben. Ich weiß nicht, ob das nötig ist. Wir haben doch gezeigt, dass wir stark genug sind, um Fakten zu setzen! Und er meint, der Glaube, dass uns niemand besiegen könne, sei riskant. Durch Militär und Terror seien wir nicht zu gefährden, sagt er; die eigentliche Gefahr drohe von innerhalb. Damit bezieht er sich auf die Ultraorthodoxen. Ich bin mir bei seinen Prophezeiungen nicht sicher, denn üblicherweise hat er ja recht mit dem, was er sagt. Aber ich denke, hier übertreibt er. Wie sollen die paar harmlosen Beter mit ihren Schtreimeln und Pajkeles uns denn schon schaden können?

Meine geliebte Ehefrau, nun habe ich so viel von mir geschrieben. Wie geht es Dir denn? Unserem Baby? Verläuft alles komplikationslos? Ich kann es kaum erwarten, Dich in die Arme zu nehmen und über Deinen Kopf und Deinen Bauch zu streicheln.

Bald kann ich mich wieder melden!
In Liebe, Dein Yossi
Gaza, 13. Juni 1967

1970 09 12 – Huda – Az Zarka

Kurz hintereinander explodierten die Dynamitstangen, die sie in den Flugzeugen verteilt hatten. Drei gewaltige Feuerbälle erhoben sich in die Luft, vereinigten sich dort zu einem einzigen riesigen Inferno, gefolgt von einem enormen Schwall dichten schwarzen Rauchs. Die Hitze war bis hierher, am Rand des Flugfelds, zu ahnen. Gewaltig war das, beeindruckend, so sehr, dass selbst die verbliebenen achtzehn Geiseln, die die Explosionen miterlebt hatten, nicht anders konnten, als gebannt auf die Piste und das hoch auflodernde Feuer zu starren.

Gleichzeitig feuerten Huda und Yassir und einige andere Fedajins ihre Kalaschnikows in den Himmel, bis die Magazine leer geschossen waren.

„Seht ihr jetzt, wie mächtig wir sind! Wir sind die Volksfront zur Befreiung Palästinas! Was ihr hier seht, können wir jeden Tag machen, wenn wir wollen!", schrie der Kommandoführer Abu Fady siegestrunken in Richtung der Geiseln. „Israel, Vereinigte Staaten, Jordanien, hört gut zu! Wir werden eine Hölle schaffen, deren Ausmaße ihr euch in euren schlimmsten Träumen nicht vorstellen könnt!"

Huda lachte ihrem Anführer zu: „Jetzt wird selbst Arafat, dieser fette Bürgerliche, mit seinem ganzen Bürokratenverein namens Fatah einsehen, wie man Krieg gegen die Zionisten führen muss!"

Arafat und seine Fatah, und überhaupt die ganze PLO! Man möchte nicht denken, dass dieser Arafat, der bei jeder Kleinigkeit den Schwanz einzog, irgendwann von einem aufrechten Ideologen wie Mohammed Amin al-Husseini ausgebildet und gefördert worden war. Obwohl, die Ideologie des ehemaligen Muftis von Jerusalem war weniger eine weltpolitische als die eines reinen Judenhassers und

SS-Offiziers, der er ja auch war. Vielleicht war die fehlende intellektuelle Weitsicht der PLO ja darauf zurückzuführen.

Denn so viel war klar: Wie sollten sich Kämpfer für einen gesellschaftlichen Umsturz einsetzen, ohne dabei Rücksicht auf sich selbst zu nehmen, wenn sie lediglich zum Kämpfen ausgebildet worden waren, aber den ideologischen Sinn der Revolution nicht verstanden? Marx, Engels, Lenin, Mao – deren Schriften musste man gelesen und verstanden haben, dann ging das Kämpfen von selbst! Wie Lenin schon gesagt hatte: Es gab keine revolutionäre Bewegung ohne eine revolutionäre Ideologie! Wie aber sollte eine wahrhaft revolutionäre Bewegung erfolgreich sein können, wenn sie durch erzkonservative Staaten wie Kuwait und Saudi-Arabien finanziert wurde?

Huda war stolz darauf, dass Habasch, der die Volksfront zur Befreiung Palästinas gegründet hatte, niemals einen lausigen Dinar annehmen würde, der nach amerikanischem Geld roch. Irak als Geldgeber – ja, das war in Ordnung. Der Irak als kommunistischer Staat unterhielt enge Beziehungen zu Rotchina. Aber Kuwait und Saudi-Arabien? Nie im Leben!

Huda und Yassir, die das kleine Kommando gebildet hatten, hassten Arafat und seine verweichlichten Pseudo-Revolutionäre. Sicherlich war ihre Einstellung großteils dem Einfluss von Habasch zu verdanken, aber auch dem, was sie von zahlreichen vorausschauenden Denkern an der Universität in Beirut gehört hatten. Huda hatte bereits hohe Reputation unter den Kämpfern der Volksfront genossen, als Yassir sie kennengelernt hatte. War es die Ideologie oder waren es ihre feurigroten wilden Haare? Er war jedenfalls seit diesem Tag ein überzeugter Fedajin und Arafat-Hasser geworden.

Ein klein wenig hasste Yassir den PLO-Führer jedoch auch, weil sie denselben Vornamen trugen. Dieser Name bezeichnete jemanden, der etwas ins rechte Lot brachte, also etwas, dem er sich verpflichtet sah. Bei Arafat konnte er das nicht im Ansatz erkennen. Der war doch nur an seinem eigenen Vorteil interessiert! Sobald es ernst wurde, versteckte er sich und ließ andere für sich kämpfen. So etwas wollte ein Volkstribun sein? Lächerlich!

Deshalb, und eben weil ihm Huda das so deutlich erklärt hatte, hatte Yassir sich der Volksfront angeschlossen und vor wenigen Tagen seine Feuertaufe bestanden. Er war einer der beiden Revolutionäre, die das erste der drei Flugzeuge hierher auf den alten englischen Militärflughafen bei Az Zarka entführt hatten. Ein Flughafen, der dank Yassir nicht länger ‚Dawson's Field' hieß, sondern ‚Revolutionsflughafen Gaza'. Diesen Namen hatte er ihm vor sechs Tagen gegeben.

Huda und ihr Mitkämpfer Yassir waren nämlich das Kommando gewesen, das in Frankfurt die Boeing 707 der amerikanischen Trans World Airlines bestiegen hatte. Dieser Flieger war gerade auf einer seiner dekadenten Weltumrundungen unterwegs gewesen und von Tel Aviv gekommen. Nun hätte er von Frankfurt aus heim nach New York fliegen sollen und hatte deshalb in Deutschland neue Passagiere zusteigen lassen. Zwei von ihnen waren Huda und Yassir gewesen.

Die beiden hatten als Ehepaar mit gefälschten griechischen Pässen eingecheckt und unauffällig auf ihren Sitzen in der Touristenklasse Platz genommen. Bald nach der Startphase, als gerade die deutsch-belgische Grenze erreicht war, hatte Huda sich einen breitkrempigen roten Hut übergestülpt, mit dem sie den Großteil ihres Gesichts verdeckte.

Yassir hatte sich einen Strumpf übers Gesicht gezogen. So waren sie aufgesprungen und nach vorne gelaufen. Huda war schon in der ersten Klasse angekommen, aber Yassir war von einem der Stewards noch eingeholt worden.

Huda hatte stolz registriert, dass ihr Mitstreiter keine Spur aufgeregt gewesen war. Er hatte dem Flugbegleiter kühl die Pistole ins Gesicht gehalten und befohlen: „Geh zurück! Zurück!" Dieser war fahl geworden und hatte sich ganz langsam, Schritt für Schritt, nach hinten bewegt. Als ob ihn die Abtrennung zwischen erster Klasse und Touristenklasse vor einer Pistolenkugel schützen hätte können, war er sofort dahinter in Deckung gegangen und erst viel später wieder hervorgekommen, als ihn Huda gerufen hatte.

Diese hatte auf Anhieb mit zwei entsicherten Handgranaten das Cockpit erreicht. Dort waren zwei Piloten und ein Techniker gesessen. Zuerst hatten die gar nicht glauben können, was passiert war. Als sie den Ernst der Lage erkannt hatten und Huda ihnen gesagt hatte, dass sie statt New York ein neues Ziel hätten, nämlich Beirut, hatten sie sie in die Irre führen wollen. Sie hatten ihr weismachen wollen, dass sie den Anweisungen der Luftraumüberwachung folgen und geradeaus weiterfliegen müssten. Huda hatte reagiert, wie man es von einer ideologisch gebildeten Revolutionärin erwarten durfte: Während nämlich einer aus der ungebildeten Arafat-Bande panisch geworden wäre, hektisch herumgeschrien und vielleicht sogar geschossen und damit einen Flugzeugabsturz provoziert hätte, hatte sie lediglich angeordnet: „Dann informieren Sie die Bodenstation nun, dass Sie ein neues Ziel haben. Und teilen Sie ihnen auch gleich unseren neuen Funk-Code-Namen mit: ‚Gaza'!" Zwei Minuten später war von Brüssel aus das O. K. für die Kursänderung gekommen.

Gleich danach hatte Huda über das Bordmikrofon die Passagiere beruhigt, soweit das in dieser Situation möglich war: „Hier spricht Ihr neuer Kapitän. Dieser Flug wurde von einem Kommando der Volksfront zur Befreiung Palästinas übernommen. Bitte bleiben Sie ruhig sitzen. Wir fliegen Sie in ein freundliches Land mit freundlichen Menschen. Wir danken für Ihre Mitarbeit und wünschen Ihnen und uns eine gute Reise!"

So machte man Revolutionen! Mit Mut, Herz und Hirn!

Inbrünstig und voll Enthusiasmus hatten sie zum Zeichen des Sieges die Internationale angestimmt. „Völker, hört die Signale, auf zum letzten Gefecht! Die Internationale erkämpft das Menschenrecht!"

Während des weiteren Fluges war es ziemlich ruhig geblieben. Hin und wieder, wenn einer der Passagiere zur Toilette gehen wollte, hatte Yassir ihm die Erlaubnis dazu gegeben und vor der Türe gewartet. Ansonsten war er mit seiner Pistole und einer Handgranate im Gang auf und ab gegangen und hatte alles unter Kontrolle gehabt. Huda hatte sich im Cockpit darum gekümmert, dass alles nach Plan lief.

Über das Bordradio hatte der Steward, der sich zuvor hinter der Trennwand zur Touristenklasse versteckt hatte, gemäß ihrer Anweisung beruhigende Musik gespielt. Beruhigend war gut, denn sie wollten alles vermeiden, womit die Gemüter aufgeheizt oder nervös werden konnten. Besonders ein Lied aus einem alten Film hatte es allen angetan, den Passagieren, der Crew und dem Kommando: ,Layaly el-ons fi Vienna', ,Die rauschenden Nächte von Wien'. Als sie die zarte, ins Ohr gehende Melodie gehört hatte, die Asmahan, die drusische Sängerin in diesem ägyptischen Film intoniert hatte, waren Huda einzelne Szenen daraus vor Augen erschienen und hatten ihr Herz berührt. Wien, das musste eine wirklich schöne Stadt sein, wenn solch herzergreifende Lieder über sie geschrieben wurden!

Wäre nicht eine gewisse Grundspannung spürbar gewesen, hätte Huda den Flug später als nicht außergewöhnlich beschrieben. Nur einmal war es ein wenig aufregender geworden, als nämlich kurz vor dem Landeanflug in Beirut die Flughafenverantwortlichen die Landung verweigert hatten. Huda und der Kapitän waren in den Passagierraum zu Yassir hinausgegangen, um sich mit ihm zu besprechen. Bald hatten sie sich auf ein neues Ziel geeinigt: Amman.

Hier hatte sie aber die nächste Enttäuschung erwartet: Auch in Amman wurde ihnen die Landegenehmigung verweigert. Da steckte bestimmt dieser zwergenhafte Beduinen-König dahinter, Hussein! Huda schoss es durch den

Kopf: „Habasch hat vollkommen recht: Hussein muss weg!"

Ein Revolutionsgericht der Volksfront hatte diesen spießbürgerlichen Fellachen-Abkömmling ohnehin vor einiger Zeit als Verräter an der palästinensischen Sache zum Tode verurteilt. In der Vorwoche hätte er am Weg zum Flughafen, als er seine Tochter abholen wollte, exekutiert werden sollen. Die Panzerfaust, die auf das Fahrzeug geschossen worden war, hatte den Wagen aber um einige Meter verfehlt und so war Hussein am Leben geblieben. Aber das würde nicht mehr lange so sein, denn die gerechte Sache würde siegen, war sich Huda sicher.

„Gut, Beirut lässt uns nicht landen, Amman auch nicht", war sie gegenüber dem Kapitän ruhig geblieben und hatte Yassir wieder hinzugerufen. „Wenn also nicht Amman, wo können wir sonst hinuntergehen?"

„Damaskus", hatte der Kapitän angeregt. „Das ist nur zweihundert Kilometer von Amman entfernt."

„Auf keinen Fall. Mit denen gibt es nur Schwierigkeiten. Wir wollen hierbleiben, in Jordanien", hatte Huda beharrt.

„Ja, genau", hatte Yassir auch einen Vorschlag gemacht, um Huda zu unterstützen. „Fliegen wir den Gaza-Flughafen an!"

„Gaza?", hatte ihn der Kapitän verständnislos angesehen. „Das liegt aber in Ägypten, oder besser gesagt, seit drei Jahren in Israel."

„Nein, Gaza bei Az Zarka!"

„Dort kenne ich keinen Flughafen. Oder meinen Sie Dawson's Field? Da habe ich aber keine Anflugkarten und ich weiß gar nicht, ob der in Betrieb ist."

Als Yassir erkannte, dass er in seiner Aufregung etwas durcheinandergebracht hatte, errötete er mit einem Blick auf die danebenstehende Huda. Vor der attraktiven Revolutionärin wollte er sich keine Blöße geben: „Sie werden es schon finden. Und ab sofort ist das der ‚Revolutionsflughafen Gaza'."

Während Huda gegrinst hatte, hatte der Kapitän bloß mit den Schultern gezuckt. Nachdem sie die Lichter von Amman Richtung Nordosten hinter sich gelassen hatten, waren erneut beleuchtete Straßenzüge zu sehen gewesen. Während Huda sich nicht orientieren konnte, hatte Yassir das richtig gedeutet. Was sie gerade überflogen, musste Wahdat sein, hatte er erkannt. Gleich dahinter musste das Flugfeld sein, das jetzt den Namen ‚Gaza' trug.

Wahdat, dieses riesige Flüchtlingslager, in dem so viele Palästinenser vor sich hin darbten und in das dieser jordanische König vor wenigen Wochen seine Beduinen-Artillerie hatte schießen lassen!

„Er wird schon sehen, welche Rechnung er dafür präsentiert bekommen wird! Wir werden Jordanien übernehmen! Wir sind doppelt so viele wie die Beduinen, diese ungebildeten Ziegenhirten und Kameltreiber! Jordanien wird der neue Palästinenserstaat, da führt kein Weg daran vorbei! Denn wir wissen, wofür wir kämpfen", fiel Yassir ein, was Huda vor einiger Zeit bei einer Revolutionsversammlung verkündet hatte.

Zwar gab es immer wieder welche in den Flüchtlingslagern, in Wahdat wie in allen anderen, die die Fedajins als linke Idioten und Spinner oder gar als brutale Unterdrücker des eigenen Volkes bezeichneten. Aber mit solchen Reaktionären machte die Volksfront als Retter der Palästinenser kurzen Prozess. Man musste diesen ungebildeten Schwächlingen bloß genügend Angst einflößen, dann gehorchten sie schon. Sollte das einmal nicht reichen, wurden diese reaktionären Volksfeinde kurzerhand liquidiert. Unter anderem auch dazu hatte die Volksfront ja die Revolutionsgerichte ins Leben gerufen. Aber die meisten kapierten recht schnell, wo die Zukunft war. Bei den Kindern funktionierte es schon recht gut. Überall sangen die bereits das Gedicht der Revolution, ‚Heimat':

„Die Henne hat ein Heim. Ihr Heim ist der Hühnerstall. Das Kaninchen hat ein Heim. Sein Heim ist seine Kiste.

Wo ist das Heim des Palästinensers? Das Heim des Palästinensers ist in Palästina.

Aber er lebt heute nicht dort.

Das Heim des Palästinensers ist von seinem Feind besetzt.

Wie kann der Palästinenser sein Heim wiedergewinnen?

Mit Waffen allein kann der Palästinenser seine Heimat wiedergewinnen!"

Nicht nur über Wien gab es also schöne Lieder, auch über die Lage der Palästinenser, war Huda stolz. Und sie war stolz darauf, Teil einer intellektuellen marxistisch-leninistischen Revolution zu sein. Mit dumpfen, ungebildeten Glaubenskriegern wie den Moslembrüdern, die es seit einiger Zeit in Ägypten gab, hatten sie nichts gemeinsam, als den Hass auf die USA und Israel.

Habasch, der Gründer der Volksfront, zum Beispiel, war in der Nähe von Tel Aviv zur Welt gekommen. Später war er Arzt in Beirut, Amman und Damaskus gewesen. Abu Fady hatte Huda einmal erzählt, wann Habasch den Vorsatz gefasst hatte, für ein freies Palästina zu kämpfen: Nachdem sich Israel unabhängig erklärt hatte, war König Abdallah zu einem Besuch in Ostjerusalem gewesen, das damals zu Transjordanien gehört hatte. Habasch, knapp über zwanzig Jahre alt, hatte ihm, der mit seinem Gefolge vorbeidefilierte, zugerufen: „Wir haben aus unserem Vaterland flüchten müssen. Warum habt ihr es an die Juden verkauft?" Der König war zu Habasch getreten und hatte ihn, statt eine Antwort zu geben, wortlos geohrfeigt. Seit damals hatte Habasch gewusst, dass man mit den Mächtigen nicht im Guten reden konnte. Das galt auch für Abdallahs Enkel Hussein, diesen König der Analphabeten und Kameltreiber. Seine Grenzen würden ihm bald deutlich aufgezeigt werden!

Der Kapitän hatte sich tatsächlich als recht guter Pilot erwiesen. Er hatte die Piste in der Dämmerung erkannt und etwas hart, aber sicher aufgesetzt. Kaum war die Maschine ausgerollt, waren schon einige Jeeps mit Fedajins, die während des Landeanflugs informiert worden waren, aus Wahdat herangefahren gekommen. Huda und Yassir hatten die Maschine ihrem bereits wartenden Kommandoführer übergeben, Abu Fady. Der war mit einigen mit Maschinenpistolen bewaffneten Kämpfern ins Flugzeug gestürmt und hatte allen befohlen, sitzen zu bleiben. Sofort hatten sie begonnen, die Reisepässe der Passagiere einzusammeln. Deutsche waren darunter, Engländer, viele Amerikaner und Israelis. Ein junger Bursche trug sogar eine Offiziersuniform der israelischen Armee. Wie alt konnte der sein? Siebzehn, achtzehn? Und schon ein Offizier?

Nach der Feststellung der Nationalitäten hatten sie im Flugzeug Dynamitstangen verteilt, um sie im Fall eines Angriffs rasch zur Sprengung bringen zu können.

Nach kurzer Zeit waren draußen Schüsse zu hören gewesen. Die waren aber nicht etwa vom jordanischen Militär abgegeben worden, sondern – wie man unschwer hören konnte – aus revolutionären Kalaschnikows. Freudenschüsse waren es gewesen, denn knapp hinter ihnen war nun ein weiteres Flugzeug ausgerollt, eine Maschine der Swissair.

Großartig war das gelaufen! Huda und Yassir waren stolz darauf, ihr Kommando so mustergültig ausgeführt zu haben. Bei der Swissair-Maschine war es am Ende nicht so friktionslos wie bei ihnen abgegangen. Denn kaum hatte der Kapitän das neu angekommene Flugzeug hinter Hudas TWA-Maschine geparkt und die Türen geöffnet, waren die Passagiere aufs Rollfeld gestürmt und hatten versucht, über die Treppe zu flüchten. Zum Glück waren die draußen wartenden Fedajins darauf vorbereitet gewesen. Innerhalb weniger Minuten hatten sie alle wieder zurück in die Schweizer Maschine gescheucht.

Nun hatte die Befragung aller Passagiere begonnen. Sie hatten sich zu ihrer Position zu Palästina und Israel zu äußern und rosa Meldekarten auszufüllen. Danach waren sie fotografiert worden. Denn das Ziel ihrer Kommandos war es gewesen, inhaftierte Kämpfer der Volksfront freizubekommen, die irgendwo in Europa, Israel und den USA in Gefängnissen einsaßen. Bald waren die Botschaften der jeweiligen Staaten verständigt worden und es hatte die Zeit des Wartens begonnen.

Die Passagiere mussten, nach Nationalitäten geordnet, in den Flugzeugen bleiben, während die Fedajins in einem kleinen roten Zelt vor der TWA-Maschine saßen.

Abu Fady hatte mehrere Durchsuchungstrupps losgeschickt, die tatsächlich bald fündig geworden waren: In den Toiletten hatten sie Schnipsel israelischer Reisepässe gefunden – es hatten sich also mehrere Doppelstaatsbürger unter den Passagieren befunden. Diese waren bald ausgemacht und zu ihren zionistischen Landsleuten gesetzt worden.

Nach einiger Zeit waren, wie erwartet, Panzer der jordanischen Armee angerückt und hatten die Flugzeuge mitsamt den Kämpfern der Volksfront umstellt. Abu Fady hatte ihnen zur Antwort bloß signalisiert, dass sie beim geringsten Anzeichen eines Angriffs die Flugzeuge gemeinsam mit den Passagieren sofort in die Luft sprengen würden. Die Jordanier hatten verstanden und sich einige Kilometer zurückgezogen.

Am nächsten Morgen hatten die Swissair-Passagiere und die nicht-jüdischen TWA-Fluggäste aussteigen dürfen. Sofort hatten sich deutsche Fluggäste beklagt, dass die Toilettenbecken übergegangen waren und es in den Flugzeugen stickig heiß war. Besonders in der Nähe der bewussten Orte sei es mittlerweile unerträglich geworden. „Diese verweichlichten Kapitalisten! Die sollten einmal nach Wahdat kommen, ins Flüchtlingslager, dann sähen sie, dass es Menschen gab, die jahraus, jahrein so leben!", hatte Huda das kopfschüttelnd gegenüber Abu Fady kommentiert.

Ob man Wahdat als eine Art Umerziehungslager für die Passagiere verwenden sollte, nach rotchinesischem Vorbild, zumindest bis die Geiseln gegen palästinensische Kämpfer ausgetauscht würden? Nun, vorerst waren die meisten von ihnen ins Hotel Intercontinental nach Amman gebracht worden. Die jüdischen Passagiere hatten weiter im TWA-Flieger bleiben müssen, um Angriffe der jordanischen Armee zu verhindern.

Am nächsten Tag war dann eine dritte Maschine gelandet, die unterwegs von Bahrain nach Beirut und weiter nach London gewesen war. Mittlerweile routiniert, hatten die Fedajins ,die spontanen Einreisen‘, wie sie die Entführung mit einem breiten Grinsen bezeichneten, wie schon bei den ersten beiden Flugzeugen mit rosa Einreiseformularen und Fotografien der Geiseln abgewickelt.

In der Zwischenzeit waren die Verhandlungen mit den einzelnen Staaten gut vorangegangen. Die Schweiz hatte als erstes Land eingewilligt, festsitzende Volksfront-Kämpfer freizulassen. Danach hatten die Deutschen eingelenkt und dann die Engländer. So viel konnte man in so wenigen Tagen erreichen, freute sich Huda. Selbst Leila Chaled, die Volksfrontkämpferin, die bei ihrem Entführungsversuch Pech gehabt hatte und deren Kommandopartner im Flugzeug erschossen worden war, würde in London ebenfalls bald freigelassen werden.

Es war also gar nicht erforderlich geworden, einen dritten Weltkrieg zu beginnen, wie ihn Habasch für den Fall eines Scheiterns der Verhandlungen angedroht hatte. Sie hatten ihre Kommandos siegreich zu Ende gebracht!

Als Ausdruck der Freude hatten sie nach dem Abfeuern der Kalaschnikows die verbleibenden Geiseln aus den Flugzeugen geholt und die darin angebrachten Granaten gezündet. In Windeseile hatten sich hohe Feuerbälle in den Nachthimmel erstreckt, vor denen die Revolutionäre nun siegestrunken feierten.

Irgendwie wäre so ein dritter Weltkrieg allerdings nicht schlecht gewesen, diskutierten Huda und Yassir, während sie nun auf die Flammen starrten. Denn dann könnte sich die Weltrevolution leichter durchsetzen. Aus einem Chaos nach einem großen Krieg etwas vollkommen Neues entstehen zu lassen – das müsste leichter möglich sein, als etwas Bestehendes zu verändern. Aber vielleicht würde es ja auch so klappen?

Und wenn nicht … aufgeschoben war nicht aufgehoben!

1976 02 12 – Nili – Tel Aviv

„Was ist das denn für ein hübscher kleiner Anhänger?", rief die groß gewachsene schlanke Frau, die gerade vierzig geworden sein konnte, aus der Küche hinaus auf den Balkon. Sie strich ihre langen dunklen, etwas krausen Haare nach hinten, um das vergoldete Amulett, das sie gerade in einer Küchenlade gefunden hatte, besser betrachten zu können. „Ach, das ist eine Erinnerung an meine Jugend", gab der Gleichaltrige zurück und klopfte schmunzelnd die Asche seiner Zigarette vom Balkon hinunter auf die Dizengoffstraße.

„Oh, Boaz! Was lese ich hier! Da ist ja etwas eingraviert: ‚In ewiger Liebe, Boaz'. Das klingt romantisch!"

„Ja, das war es auch. Aber das ist lange her. Zwanzig Jahre. Was soll's?"

„Jetzt hast du mich neugierig gemacht. Erzähl!"

„Nein, das Kapitel ist längst abgeschlossen."

„Das glaube ich nicht, denn sonst würde das Schmuckstück nicht in deinem Küchenschrank liegen, gleich neben dem Flaschenöffner." Anat kam mit einem Glas Rotwein in der Hand auf den Balkon und pendelte mit dem Anhänger vor Boaz' Augen. „Also, sag schon!"

„Vielleicht ist es doch noch nicht abgeschlossen. Ich glaube, ich möchte darüber nicht reden."

„Aha! Das sagt der Herr Regisseur, der seinen Schauspielern alles abverlangt; der ihnen predigt, dass man nur mit Offenheit und Ehrlichkeit die Seele im Lot halten kann?"

„Ich bin ja kein Schauspieler …"

„Und deshalb gilt das mit der Offenheit und Ehrlichkeit nicht? Mein Lieber, das lasse ich dir nicht durchgehen!", beharrte sie auf einer Antwort.

Sich geschlagen gebend warf Boaz den Zigarettenrest auf die Straße und ging ins Wohnzimmer. Er ließ sich in einen mit Kunstleder überzogenen, gepolsterten Lehnsessel plumpsen und öffnete mit dem Feuerzeug eine Bierflasche. Die Kapsel schepperte über den Fliesenboden, als sie Richtung Fenster rollte. Anat hatte ihm gegenüber Platz genommen und stellte das Glas auf den Couchtisch. Demonstrativ schwang sie das Amulett an seiner zarten Kette hin und her und fixierte Boaz währenddessen mit den Augen.

Dieser nahm einen tiefen Schluck aus der Flasche.

„Ich habe noch nie mit jemandem darüber geredet", begann er. „Das war damals in der Schule. Wir waren drei Freunde, ungefähr vierzehn, fünfzehn Jahre alt. 1958 war das, glaube ich. Ja, also, da war ich gerade fünfzehn."

Anat lag es auf der Zunge zu sagen: „Jetzt red' nicht um den heißen Brei herum! Erzähl endlich!" Aber sie unterdrückte ihren Impuls, gab sich entspannter, als sie war, und blieb zurückgelehnt mit überschlagenen Beinen sitzen.

„Ja, also wir waren drei Freunde. Da war ich. Du musst dir mich damals als schüchternen, schmächtigen Burschen vorstellen, mit dichten dunklen Haaren. Dann war da Johnny, ein richtiger Kumpel. Ziemlich dick, sozusagen der Klassenfettsack, aber schwer in Ordnung. Er hat immer Geld gehabt; keine Ahnung, woher. Unsere Eltern waren alle nicht wohlhabend. Die meisten waren erst ein paar Jahre zuvor eingewandert und hatten kaum etwas mitgebracht."

„Und der Dritte?"

„Der Dritte in unserer Clique war Momo. Ein richtiger Aufreißer. Ich habe bis heute keine Ahnung, wieso der immer die tollen Mädchen abbekommen hat. Sind die auf seine Schmalztolle gestanden oder auf seine arrogante Art? Er war rücksichtslos und unsensibel bis zum Abwinken; sie jedoch, sie haben ihn schnuckelig gefunden."

„Trotzdem wart ihr befreundet."

„Na ja, wie man das mit fünfzehn eben ist. Obwohl …
doch, man kann schon sagen: befreundet. Wir haben eine
Menge Blödsinn gemeinsam gemacht. Einmal wollten wir,
fällt mir ein, Mädchen beeindrucken und ins Kino einladen.
Da bin ich durchs Klofenster eingestiegen und habe den
anderen von innen die Türe aufgemacht. Dann haben wir
uns irgendwohin gesetzt, wo gerade Plätze frei waren. Also,
das hat so lange funktioniert, bis uns der Kartenabreißer
rausgeschmissen hat."

Anat schmunzelte: „Jaja, was tut man nicht alles für die
Mädchen!"

Boaz fuhr fort: „Natürlich! Damals hat sich fast alles um
dieses Thema gedreht. Schließlich hatte noch keiner von
uns Erfahrungen mit Liebe oder Sex. Alles war rätselhaft
und geheimnisvoll. Nach dem Turnunterricht, zum Beispiel,
haben wir durch ein Loch in der Wand in die Mädchen-
garderobe geschaut. Das Loch hatte ich gebohrt, gut hinter
einem Bild versteckt. Das möchtest du nicht glauben, wie
sich da alle angestellt haben. Das hat klarerweise auch zu
Erektionen beim einen oder anderen geführt und zu einem
anschließenden Längenvergleich."

Als Anat belustigt die Augen verdrehte, zuckte Boaz mit
den Schultern: „Was willst du? Wir waren fünfzehn! Das
war unser Ventil. Wir wurden ziemlich streng erzogen. Ich
höre noch meine Eltern, wenn ich zum Beispiel keine Suppe
essen wollte: „Warum du die Suppe essen sollst? Weil ich sie
gemacht habe! Sei froh; andere Kinder haben nicht einmal
das. Als ich in deinem Alter war, gab's gar nichts. Du weißt
ja nicht, was es heißt, Hunger zu haben. Dir ist es ja immer
nur gut gegangen." Das habe ich jede Woche dreimal gehört. Oder wenn ich Geld gebraucht habe, um ein Mädchen ins Kino einzuladen oder zu einem Glas Cola: „Du
musst lernen, mit dem auszukommen, was du bekommst.
Wenn du noch mehr brauchst, geh arbeiten! Wir mussten
früher auch arbeiten." Das waren die Standardantworten.

„Haben sie dir denn so wenig Taschengeld gegeben?"

„Viel war es nicht, aber sie haben ja selbst kaum genug gehabt, das weiß ich heute. Meine Mutter hat mir dann meistens heimlich noch etwas zugesteckt und dazugesagt, ich dürfe meinem Vater davon nichts verraten. So war das eben damals. Im Großen und Ganzen waren sie sehr in Ordnung." Boaz hob die Augen nach oben: „Fünfzehn … eine unschuldige Zeit."

„Wann hat sich das für dich geändert?"

„Eigentlich eh damals."

„Der erste Kuss?"

„Ja, und noch mehr."

„Wie war das?"

„Ich habe einem Eishändler beim Ausführen der Eisblöcke geholfen. Du weißt ja, damals gab es keine Kühlschränke, sondern nur Eiskästen. Also, er ist mit einem Pferdewagen durch unser Viertel gefahren, von der Ben Yehuda bis zur Dizengoff zwischen der Ben Gurion und dem Yarkonfluss. Wir sind mit dem Gaul die Straßen entlanggezottelt, haben mit einer Glocke geläutet und die Leute haben von oben heruntergerufen, was sie wollten: einen viertel Block, einen drittel Block, einen halben Block, na, was sich eben jeder leisten konnte. Ich habe dann die Eisblöcke in die Wohnungen getragen. Da sind wir einmal zu einer Frau gekommen, die …" Er stutzte, betrachtete Anat und grinste angesichts der aufsteigenden Erinnerung: „Die hat dir eigentlich ziemlich ähnlichgesehen. Sie war recht hübsch, verführerisch und alleinstehend. Sie hat mir eindeutige Avancen gemacht. Stella hat sie geheißen. Ich bin sofort von der Eisliefertour weggelaufen, um Johnny und Momo zu alarmieren. Gemeinsam haben wir Stella noch am selben Nachmittag besucht und … na, du kannst dir schon vorstellen."

„Was? Das erste Mal und das gleich zu dritt? War die eine Nymphomanin?"

Boaz drehte die Handflächen nach außen. „Möglich", nahm er einen Zug von der Flasche. „Sogar wahrscheinlich. Jedenfalls ließen wir Momo den Anfang machen. Der hatte bereits Erfahrung. Dann war Johnny an der Reihe. Für ihn war es das erste Mal. Es war nicht so besonders, denn wir anderen haben durchs Schlüsselloch zugesehen, und das wusste er. Na, und bevor ich drangekommen wäre, ist Stellas Freund überraschend nach Hause gekommen, ein kräftiger Matrose. Ganz so alleinstehend war sie eben doch nicht. Wir sind mit unserer Kleidung unter dem Arm Hals über Kopf, nur in den Unterhosen, die Außentreppe hinunter geflüchtet, direkt auf die Ben Yehuda. Die Leute dort unten waren beinahe so überrascht wie wir."

„Das war's also mit deiner Unschuld, zumindest seelisch, nehme ich an."

„Ja, das war's. Das hat mir aber nicht viel ausgemacht, denn ich war damals ohnehin unsterblich in ein Mädchen aus der Nachbarklasse verliebt. Sie hieß Nili und war die Schönheit der Schule schlechthin. Lange, dunkle Haare, unschuldige Augen wie ein Reh, eine Figur wie ein Mannequin. Von ihr bekam ich meinen ersten Kuss."

„War der Anhänger für sie bestimmt?", wies Anat auf das Schmuckstück.

„Ja, aber das war ein wenig kompliziert. Wenn ich mich um sie bemüht habe, hat sie mich kaum beachtet. Auf den Partys ist sie immer in Gesellschaft von Burschen gewesen. Sie war wie eine Blume, umringt von vielen Schmetterlingen. Ich bin nie so richtig zu ihr durchgekommen und habe mich eher wie eine Motte gefühlt. Mit Momo, mit dem hat sie sich öfters zum Schmusen in einen Nebenraum zurückgezogen. Ich war aber Luft für sie. Es war, als gäbe es mich gar nicht. Meine Unschuld bin ich trotz aller Bemühungen bei ihr nicht losgeworden, das war erst später. Weil ich bei ihr einfach nicht gelandet bin, war es mir eines Tages egal. Ich bin wie häufig mit Johnny und Momo beim Hafen herumgestreunt. Dort war immer eine marokkanische Prostituierte. Die ist rauchend an einem Zaun gelehnt und hat uns alle drei angesprochen. Zehn Pfund für jeden.

Nur zwei Minuten entfernt, in einer Autowerkstatt hat sie eine Couch gehabt, und auf der ist es dann passiert. Es war aber irgendwie gar nicht schön. Ich habe mich nachher übergeben müssen."

„Na, solange du dir dort nichts eingefangen hast …"

„Du wirst lachen, das haben wir! Am nächsten Tag haben uns Filzläuse so sehr gejuckt, dass uns die Lehrerin aus der Klasse geworfen hat. Wir sind dann ins Schwimmbad gegangen, weil wir dachten, wir könnten die Viecher ersäufen, doch damit hat sich nichts geändert. Ein Apotheker hat sich über uns halbtot gelacht und uns ein Pulver gegeben."

„Eine schöne Geschichte", lachte Anat. „Aber wie war das jetzt mit dem Amulett?"

„Das ist eigentlich ein trauriges Erlebnis. Die Sommerferien hatten gerade begonnen und die meisten von uns sind ins Ferienlager gefahren. Nili hatte mir gesagt, dass sie nicht mitfahren wollte. Sie war nämlich schwanger, von Momo. Als sie dem das mitgeteilt hatte, hatte er einfach die Beziehung beendet und sie mit ihrer Verzweiflung alleingelassen. Weil sich Nili mir anvertraut hat, habe ich sie heimlich in das leerstehende Ferienhaus eines Onkels gebracht. Offiziell waren wir natürlich beide mit der Schule unterwegs. In Wirklichkeit bin ich mit ihr zum Arzt gegangen. Der wollte für die Abtreibung fünfhundert Pfund! Ich habe mein Fahrrad verkauft, mir von meinem Eisverkäufer etwas geborgt und den Rest aus dem Geldversteck meiner Mutter gestohlen. Nach dem Schwangerschaftsabbruch habe ich Nili im Ferienhaus gepflegt. Eine Woche später sind wir dann nachhause gefahren, als ob wir direkt vom Ferienlager kämen. Am folgenden Tag bin ich zum Juwelier gegangen, denn Nili hatte Geburtstag und ich wollte ihr das hier auf ihrer Geburtstagsfeier schenken. Ich habe sogar um extra schnelle Gravur gebeten, weil es sich sonst zeitlich nicht mehr ausgegangen wäre. Na, und dann war die Party in der Wohnung ihrer Eltern. Als ich hingekommen bin, waren bereits eine Menge Leute da. Alle haben getanzt. Nur Nili habe ich nicht gesehen. Ich habe sie gesucht und – gefunden! Sie war mit Momo in der Küche und hat dort mit ihm ...“ Boaz beendete den Satz nicht mehr.

Anat sah betroffen drein: „Puh, das ist gar keine schöne Geschichte! Traurig, irgendwie.“

„Ja, aber in diesem Alter normal, oder?“

Anat nahm einen Schluck vom Rotwein, dann setzte sie sich unternehmungslustig auf: „Weißt du was? Du solltest aus dieser Geschichte einen Film machen! Das ist doch ein wunderbarer Stoff! Und für dich als Regisseur ...“

„Ich habe darüber tatsächlich schon oft nachgedacht. Hmm ... ich weiß nicht recht – so ein Projekt könnte ziemlich teuer werden.“

„Das muss es nicht! Du kennst ohnehin genügend Produzenten. Wenn du denen ein vernünftiges Drehbuch präsentierst, dazu die passenden Schauspieler? Das müssten ja nicht einmal solche sein, die man schon kennt! Es geht in dieser Geschichte doch um pubertierende Jugendliche. Jeder junge Schauspielstudent würde sich freuen, für fünfhundert oder tausend Dollar bei so einer Produktion dabei zu sein!“

„Na ja, das stimmt schon.“

„Außerdem könnte so ein Film doch eine Botschaft an die ganze Welt sein. Die betrachtet uns hier auch dreißig Jahre nach dem Holocaust immer noch als arme geschundene Opfer, die aus einem Schtetl stammen und dem KZ entflohen sind. Wenn man an uns denkt, stellt man sich eine konservative, religiös geprägte Gesellschaft vor. Dabei ist Israel mittlerweile ein modernes, westlich entwickeltes Land. Die heutige junge Generation ist hier geboren. Die fühlen sich nicht als Juden, sondern als Israelis. Sie leben frei vom Schatten der Vergangenheit. Du weißt doch selbst, wie ausgelassen die heutige Jugend ganze Nächte am Strand feiert, als ob es kein Morgen gäbe!“

„Du meinst wirklich?“

„Na klar! Schau mal, ich bin nicht in der Filmbranche. Aber bei Projekten und Finanzierungen kenne ich mich aus. Die Kostüme der Fünfzigerjahre kann dir sicher jemand vom Flohmarkt besorgen. Kulissen oder Studios brauchst du so gut wie keine; du bekommst bestimmt die Genehmigung, alles hier zu drehen, in den Straßen, am Yarkonfluss, am Hafen und am Strand. Wenn du nur jeden Tag fünf Minuten Film abdrehst, kannst du in drei Wochen fertig sein. Zu essen gibt es Falafel und Pitabrot, die Gagen der Mitwirkenden müssen nicht hoch sein. Lass mich ganz grob schätzen – mit einer Viertelmillion Dollar solltest du auskommen können."

„Das klingt sehr verlockend!", stand Boaz auf und ging aufgeregt im Raum hin und her. „Das könnte wirklich funktionieren."

„Du musst den Film so machen, dass er auch für die Europäer interessant ist, besonders für die Deutschen. Das wäre der richtige Markt für so etwas. Also zeig ruhig nackte Körper, das kommt gut an. Aber sei dabei behutsam. Eine körperliche Entblößung kann besonders für junge Schauspieler schnell zu einer seelischen Entblößung werden."

„Logisch, logisch!"

„Na ja, ich weiß, du gehst nicht gerade zimperlich mit deinen Darstellern um. Das ist eine wunderschöne Geschichte, aber ein sensibles Thema. Lass es nicht billig erscheinen, gib dem Film Tiefe!"

„Ja klar. Sag, hast du auch eine Idee zum Titel?"

„Keine Ahnung – jetzt hast du zu schnell gefragt! Vielleicht: ‚Nili'? Obwohl, darunter kann sich in Europa niemand etwas vorstellen ... Was ist mit: ‚Der Gehilfe des Eisverkäufers'?"

„Jaaa ... hmm ... das klingt ziemlich holprig. Hast du nichts Griffigeres?"

„Es müsste etwas sein, das man mit Israel in Verbindung bringt. ‚Tel Aviv Love'?"

„Hmm … gefällt mir auch nicht besonders. Wie wäre es mit ‚Falafel-Amore'?"

Anat hob abwehrend die Hände. Dann hatte sie einen Geistesblitz: „Ich hab's! Du liebst doch diese Eislutscher mit Zitronengeschmack. Was ist mit: ‚Eskimo Limon'? Das kennt man überall in Europa, wo Eskimo sein Eis verkauft. Und Limon bringt man mit unseren Zitronen in Verbindung."

„Und auf Deutsch?"

„Na ja, vielleicht ‚Eis am Stil'?"

1995 11 04 – Jitzchak – Tel Aviv

Meine Damen und Herren, wir kommen nun zum Höhepunkt unserer Übertragung der Kundgebung ‚Ja zum Frieden, Nein zur Gewalt' auf dem Platz der Könige vor dem
Rathaus von Tel Aviv. Einhundertfünfzigtausend Menschen
haben sich eingefunden; das ist die größte Demonstration,
die es in der Geschichte Israels je gegeben hat! Die Stimmung hier ist unbeschreiblich! Wohin man schaut, sieht
man in glückliche Gesichter! Blumen werden geworfen, auf
unzähligen Transparenten ist das internationale Zeichen für
Frieden, das Peace-Symbol, gemalt. Tausende halten israelische Flaggen in die Höhe. Darauf prangt an vielen in der
Mitte, wo sich normalerweise der Davidstern befindet, eine
Friedenstaube! Was hier abgeht, meine Damen und Herren,
ist nichts weniger als denkwürdig!

Noch ist es nicht so weit – halt, jetzt doch! Ich höre,
der Wagen des Ministerpräsidenten fährt soeben auf den
Parkplatz neben dem Rathaus vor. Jetzt kann es nur mehr
wenige Minuten dauern, bis er seine Abschlussrede hält.

Während wir auf die warten, möchte ich insbesondere
für unsere jüngeren Hörer den Hintergrund der Versammlung in Tel Aviv kurz zusammenfassen. Denn gerade
in Zeiten, in denen Hassschürer und Spalter bewusst Fehl-
informationen verbreiten und falsche Behauptungen auf-
stellen, sollten wir uns an Fakten halten und uns die wahren
Ereignisse in Erinnerung rufen:

Nach zahllosen Pogromen in Osteuropa sind vor
hundert Jahren Millionen von Juden nach Palästina ausgewandert, da ihnen die britische Regierung zugesichert
hatte, hier in Frieden leben zu können. Ein ähnliches Versprechen hatte Großbritannien jedoch auch gegenüber den
arabischen Stämmen abgegeben, die damals im Nahen

Osten lebten. Das führte naturgemäß zu Konflikten. Bereits vor der Staatsgründung Israels im Jahre 1948 hatte es fortwährend bewaffnete Auseinandersetzungen zwischen jüdischen Bürgern und Palästinensern gegeben. Mehrere Kriege, darunter der Palästinakrieg 1948, der Suezkrieg 1956, der Sechstagekrieg 1967, der Jom-Kippur-Krieg 1973 und zahllose Attentate hatten zu einer völlig vergifteten Situation geführt. Vor zwei Jahren gelang es unter Vermittlung des US-amerikanischen Präsidenten Bill Clinton, den Gordischen Knoten zu durchschlagen. Jitzchak Rabin, Shimon Peres und der Palästinenserführer Yassir Arafat konnten sich in Oslo auf ein Friedensabkommen einigen. Dafür erhielten die drei im Vorjahr den Friedensnobelpreis. Dieses Abkommen ist noch kein Friedensvertrag im eigentlichen Sinne, aber eine Erklärung von respektvollen Absichten und Prinzipien. Darin verpflichten sich die Palästinenser, das Existenzrecht Israels anzuerkennen und die Gewalt gegen unsere Bürger und Institutionen einzustellen. Israel seinerseits wird die PLO als legitime Vertreterin des palästinensischen Volkes akzeptieren und sich aus den besetzten Gebieten zurückziehen, in denen eine autonome Selbstverwaltung aufgebaut wird. Am Ende sollen zwei eigenständige Staaten stehen, die zum beiderseitigen Wohl in Frieden und guter Nachbarschaft existieren.

Ah, jetzt sehe ich, Jitzchak Rabin hat, begleitet von seiner Gattin Lea, soeben die Bühne betreten! Während seine Frau sich etwas abseits hält, begibt er sich, gefolgt von mehreren Kameraleuten des israelischen und des internationalen Fernsehens, in die Mitte. Die Sicherheitsleute haben bereits ihre Positionen am Bühnenrand bezogen. Der Lärm, den Sie nun hören, stammt von den einhundertfünfzigtausend Teilnehmern an der Friedenskundgebung, die Jitzchak Rabin frenetisch feiern. Sobald der Geräuschpegel abgeebbt ist, wird der Ministerpräsident wohl sprechen.

Wie es sich anhört, ist es aber noch lange nicht so weit! Die Leute klatschen, tanzen und singen so laut – da kann man keine Rede halten!

Jetzt geht Jitzchak Rabin zum Mikrofon:

„Schalom, Israel!"

Aber Sie hören es ja selbst, meine Damen und Herren, seine Worte gehen im Jubel der Menschenmenge unter. Auch ich kann über meine Kopfhörer kaum etwas verstehen. Was für ein wunderbarer Tag für unser Land! Ganz Israel feiert den baldigen Frieden, und ich denke, auch Sie an Ihren Radiogeräten können sich diesem Hochgefühl, das hier alles beherrscht, nicht entziehen. Der Jubel will kein Ende nehmen! Jetzt probiert es Jitzchak Rabin nochmals. Er geht zum Mikrofon und drückt die Hände beschwichtigend nach unten.

„Schalom, Israel!"

Ich weiß nicht, was Sie zu Hause hören können, meine Damen und Herren. Hier ist ein wahrer Hexenkessel, im positiven Sinne. Die Worte des Ministerpräsidenten gehen im Jubel der Menge unter. Er wartet ab und winkt in die Menge.

Doch jetzt nimmt er einen neuen Anlauf.

„Schalom, Israel! Schalom, arabische Welt! Schalom, allen Menschen auf unserer Erde!

Erlauben Sie mir, zu sagen, dass ich tief bewegt bin. Ich möchte jedem Einzelnen von Ihnen danken, der heute hierhergekommen ist, um gegen die Gewalt und für den Frieden zu demonstrieren. Diese Regierung, der ich zusammen mit meinem Freund Shimon Peres vorstehen darf, hat beschlossen, dem Frieden eine Chance zu geben – einem Frieden, der die meisten Probleme Israels lösen wird.

Ich war siebenundzwanzig Jahre lang Soldat. Ich kämpfte so lange, wie es keine Chance für den Frieden gab. Ich glaube, dass es nun eine Chance für den Frieden gibt, eine große Chance. Wir müssen sie nutzen um derer willen, die hier stehen, und für die, die nicht hier sind – und das sind viele. Ich habe immer geglaubt, dass die Mehrheit der Menschen Frieden will und bereit ist, für den Frieden Risiken einzugehen. Dadurch dass Sie heute hierhergekommen sind, zeigen Sie, zusammen mit vielen anderen, die nicht gekommen sind, dass die Menschen wirklich Frieden wünschen und der Gewalt entgegentreten. Gewalt unterhöhlt die Basis der israelischen Demokratie. Sie muss verurteilt und isoliert werden. Das ist nicht der Weg des Staates Israel. In einer Demokratie kann es Konflikte geben, aber die letztgültige Entscheidung wird in demokratischen Wahlen getroffen, wie in den Wahlen von 1992, die uns das Mandat gaben, zu tun, was wir tun, und an diesem Kurs festzuhalten.

Ich möchte sagen, dass ich stolz darauf bin, dass Vertreter der Länder, mit denen wir in Frieden leben, heute hier unter uns sind und hierbleiben werden: Ägypten, Jordanien und Marokko, die für uns den Weg des Friedens geebnet haben. Ich möchte dem Präsidenten Ägyptens, dem König von Jordanien und dem König von Marokko, die heute hier vertreten werden, für ihre Partnerschaft beim Marsch zum Frieden danken.

Aber, mehr als alles andere in den mehr als drei zurückliegenden Jahren dieser Regierung, hat das israelische Volk unter Beweis gestellt, dass es möglich ist, Frieden zu schaffen, dass Frieden das Tor zu einer besseren Wirtschaft und Gesellschaft aufstößt, dass Frieden nicht nur ein Gebet ist. Dem Frieden gebührt der erste Rang in unseren Gebeten, doch er ist auch der Ansporn des jüdischen Volkes, ein eigener Ansporn zum Frieden.

Es gibt Feinde des Friedens, die versuchen, uns zu verletzen, um den Friedensprozess zu torpedieren. Ich möchte frei heraus sagen, dass wir auch unter den Palästinensern einen Partner für den Frieden gefunden haben: die PLO, die ein Feind war und die dem Terrorismus abgeschworen hat. Ohne Partner für den Frieden wird es keinen Frieden geben. Wir werden von ihnen verlangen, dass sie ihren Teil zum Frieden beitragen, wie wir unseren beitragen werden, um den kompliziertesten, langen und emotional aufgeladenen Aspekt des israelisch-arabischen Konflikts zu lösen: den palästinensisch-israelischen Konflikt.

Dieser Weg ist gepflastert mit Schwierigkeiten und Schmerzen. Für Israel gibt es keinen Weg ohne Schmerzen. Aber der Weg des Friedens ist dem Weg des Krieges vorzuziehen. Ich sage das zu Ihnen als jemand, der Soldat war, der heute Verteidigungsminister ist und den Schmerz der Familien der israelischen Soldaten sieht. Für sie, für unsere Kinder, in meinem Fall für unsere Enkel, möchte ich, dass diese Regierung jede Gelegenheit ergreift, um den Frieden zu fördern und zu erreichen. Selbst mit Syrien wird es möglich sein, Frieden zu schaffen.

Diese Demonstration muss eine Botschaft an das israelische Volk senden, an die jüdischen Menschen überall auf der Welt, an die vielen Menschen in der arabischen Welt, und an die ganze Welt, dass das israelische Volk den Frieden will, den Frieden unterstützt. Dafür danke ich Ihnen.

Lassen Sie uns zum Abschluss der heutigen Versammlung gemeinsam singen! Singen wir ‚Tnu laShemesh la'alot', das Lied für den Frieden. Ich kann zwar nicht schön singen, doch darum geht es nicht und an einem Tag wie heute werden Sie mir das hoffentlich nachsehen."

Meine Damen und Herren, erneut brandet Jubel auf. Lea, die Gattin unseres Ministerpräsidenten, hat sich nun zu ihrem Mann gestellt. Mitten in die Begeisterung der Teilnehmer setzt jetzt schon die Musik ein. Aus einhundertfünfzigtausend Kehlen wird gesungen. Verzeihen Sie mir, … da muss auch ich mitmachen:

Tnu laShemesh la'alot	Lasst die Sonne aufsteigen,
laBoker leha'ir	den Morgen zu erleuchten,
chasakah sche baTfilot	denn auch das stärkste aller Gebete
otanu lo tachsir	wird ihn nicht wiederkehren lassen,
mi asher kaw'a Nero	den, dessen Licht ausgelöscht
u b'Afar nitman	und der im Staub begraben liegt.
Bechi arl o ja'iro	Bitteres Weinen wird ihn nicht erwecken
lo jachsiro l'khan.	und auch nicht hierher zurückbringen.
Isch otanu lo jaschiw	Niemand wird uns je antworten
m'Bor tachtit Afel	aus der aschenbedeckten Grube.
kan lo jo'ilu	Da helfen weder
lo Simchat haNizachon	Siegestaumel
w'lo Shirej Halel.	noch Lobeslieder.
Lachen rak shiru Shir laShalom	Darum singt das Lied des Friedens,
al tilchashu T'filah	flüstert keine Gebete,
davka shiru Shir laShalom	trotz allem singt das Lied des Friedens,
b'Ze'aka gdolah!	mit einem lauten Ruf!
Tnu laShemesh lachador	Lasst die Sonne durchdringen
etMitat haPrahim	die Ruhestätten aus Blumen.
al tabitu l'achor	Schaut nicht zurück,
hanichu Chalalim.	lasst die Gefallenen in Ruhe.
S'u Ejnajim beTikva	Erhebt die Augen in Hoffnung,
lo derekh Kawanot	blickt nicht durch Zielfernrohre.
shiru Schir l'Ahawah	Singt ein Lied der Liebe
we lo l'Milchamot.	und nicht den Kriegen.
Al tagidu Jom jawo!	Sagt nicht „der Tag wird kommen",
tawi'u et haYom	bringt ihn her, den Tag,
ki-lo Chalom hu	denn er ist kein Traum.
u-b'khol haKikarot	Auf allen Straßen und Plätzen
tashiru rak Shalom!	singt nur dem Frieden!
Lachen rak shiru Shir laShalom	Darum singt das Lied des Friedens,
al tilchashu T'filah	flüstert keine Gebete,
davka shiru Shir laShalom	trotz allem singt das Lied des Friedens,
b'Ze'aka gdolah	mit einem lauten Ruf!

Was für eine Rede, was für ein Staatsmann! Ich weiß nicht, meine Damen und Herren, wie deutlich meine Worte bei Ihnen ankommen. Ich vermute, sie sind im Jubel der Menschen rundherum gar nicht mehr verständlich. Sie hören es ohnehin: Ich bin bereits völlig heiser, meine Stimme überschlägt sich. Diese Reportage fordert meine Stimmbänder mehr, als das je eine Berichterstattung getan hat. Als nicht mehr ganz junger Reporter kann ich nur sagen: Das ist die denkwürdigste Übertragung, die ich in meinem Leben je machen durfte! Ich bin einfach nur stolz! Ich bin stolz auf diesen Mann! Ich bin stolz darauf, dass wir es geschafft haben, nein, dass er es trotz aller Anfeindungen durch die extreme Rechte und die Ultraorthodoxie für uns geschafft hat, dass wir bald in Frieden mit unseren Nachbarn leben können. Ich bin stolz auf die einhundertfünfzigtausend Menschen, die gekommen sind, um für ein Ende der Gewalt zu demonstrieren und auch auf alle, die es nicht geschafft haben, hierherzukommen, aber gerne dabei gewesen wären. Ich bin stolz auf diese größte Demonstration, die es in Israel jemals gegeben hat, und dass sie im Namen des Friedens abgehalten wird. Ich bin stolz auf unser Israel! Stolz und dankbar!

Ministerpräsident Rabin wird nun von seinen Leibwächtern von der Bühne geleitet. Er steigt die Stufen zum Parkplatz hinunter, sechsundzwanzig sind es, wie ich gehört habe. Die Kameraleute folgen ihm, während seine Frau sich noch von der Menge verabschiedet. Nun kommt er direkt an uns Berichterstattern von den Radiostationen und Zeitungen vorbei. Er winkt uns freundlich zu. Er ist sichtlich bewegt und wirkt glücklich. Ein Mann, der sein Lebensziel erreicht hat!

Begleitet von seinen Sicherheitsleuten geht er durch diese unglaublich riesige Menschenmasse von Jubelnden zu seinem Auto und grüßt nach links und rechts. Wohin man schaut, haben die Menschen Tränen in den Augen, Freudentränen! Immer wieder werden Blumen geworfen, und Kusshände. Allerorten werden Flaggen und Peace-Transparente geschwenkt. Das ist einer der schönsten Tage in der Geschichte unseres Landes, vielleicht sogar der schönste überhaupt! Ich habe Gänsehaut! Ständig versuchen Einzelne aus der Menge, durch die Absperrungen zu Rabin vorzudringen, um ihm zu danken. Sie werden von der Polizei zurückgedrängt. Nun kommt auch seine Frau Lea die Stufen herunter. Der Chefleibwächter geht neben ihr. Zwei Sicherheitsbeamte steigen in die gepanzerte Limousine, Rabin folgt ihnen.

Doch halt! Was ist das?! Ein junger schmaler Israeli springt aus der Menge. Er hält einen Revolver in seiner Hand und zielt von hinten auf den Ministerpräsidenten! Und jetzt: Ein Schuss! Polizei und Leibwächter reagieren sofort, aber dem Attentäter gelingt es, noch zweimal zu schießen! Seine Bodyguards stoßen den offensichtlich in den Rücken getroffenen Ministerpräsidenten sofort in die Limousine. Der Wagen fährt mit quietschenden Reifen los, währenddessen werden die Türen geschlossen. Das Fahrzeug rast nach rechts weg, in Richtung Krankenhaus. Hier ist die Hölle los! Der feige Verbrecher wird von der Polizei überwältigt und am Boden fixiert. Die rundherum Stehenden haben natürlich mitbekommen, was passiert ist. In Windeseile verbreitet sich unter den Anwesenden die entsetzliche Nachricht. Von allen Seiten ist ein ohrenbetäubendes Geschrei zu hören; die Menschen rennen durcheinander. Panik!

Was ist das für eine Katastrophe!

Eine Katastrophe für unser Land und natürlich ganz besonders für den Ministerpräsidenten und seine Familie!

Wir können nur hoffen und für ihn beten!

Und wir können nur hoffen, dass der Friedensprozess trotz dieses hinterhältigen Anschlags weitergeht.

Mein Gott! Ein junger Israeli will unseren Ministerpräsidenten ermorden! Einen Mann, der nichts als Frieden will, Frieden für uns alle! Ich frage mich: Was bringt jemanden dazu, ein solches Verbrechen auch nur anzudenken, geschweige denn es auszuführen?

Hass?

Ist er ein Verrückter?

Ein religiös Indoktrinierter?

Ein Auftragsmörder?

Ein Verschwörer?

Meine Damen und Herren, ich muss … ich muss Sie um Verzeihung bitten. Ich muss … ich muss an dieser Stelle … ich kann nicht mehr weitersprechen …!

2012 08 13 – Marjam – Tel Sheva

„Es tut mir leid, dass Sie warten mussten. Ich hoffe, Sie haben unter der Hitze nicht zu sehr gelitten. Darf ich Ihnen eine Erfrischung anbieten? Tee? Kaffee? Wasser?"

„Ja danke, Kaffee wäre nett, bitte, und viel Wasser dazu. Das Warten war nicht schlimm. Im Zelt ist es ohnehin schattig und angenehm und es duftet so herrlich! Wir haben uns inzwischen ein wenig umgesehen. Das war doch in Ordnung? Wir haben gerufen, weil es uns vorgekommen ist, als ob wir im Haus Geräusche gehört hätten. Aber es war niemand da, den wir hätten fragen können."

„Ja, selbstverständlich. Weil ich nie weiß, wann ich heimkomme und niemanden draußen warten lassen will, ist das Verkaufszelt immer geöffnet. Sie hätten sich natürlich sehr gerne auch schon vom Wasser nehmen können."

Wenige Minuten später brodelte es im kleinen kupfernen Kännchen und der Kaffee kochte hoch. Marjam servierte ihn mit einem charmanten, aber etwas müden Lächeln.

Müde, das durfte sie schon sein, dachte sie, gerade jetzt, mitten im Ramadan.

Immerhin war sie um fünf Uhr aufgestanden und hatte die Flaschen mit Kräuterölen, die sie gestern bis Mitternacht angesetzt hatte, sorgfältig beschriftet. Wenn man das nicht gleich machte, so war ihre Erfahrung, dann konnte man später die verschiedenen Öle nur allzu leicht verwechseln. Danach hatte sie hunderte langstielige gelbe Blumen, die auf langen Holztischen zum Trocknen ausgebreitet waren, gewendet, damit sie die darin enthaltene Feuchtigkeit gleichmäßig abgeben konnten. Bald waren ihre Arbeiterinnen gekommen und hatten für wohlriechenden Nachschub gesorgt: drei Bastkörbe mit Blumen, Kräutern,

Blättern und Wurzeln, die sie gemäß Marjams Instruktionen bei Sonnenaufgang in der Wüste gesammelt hatten.

Dann, das dürfte so gegen acht Uhr gewesen sein, hatte sie das Frühstück für Abu Abbas, ihren Vater, und Abbas, ihren Bruder, vorbereitet: Brot, Kaffee, Honig, Butter, Eier. Zwar war es im Fastenmonat nicht erlaubt, zwischen Sonnenaufgang und Sonnenuntergang zu essen und zu trinken, aber es gab Ausnahmen: Alte etwa, Gebrechliche, Kranke oder Frauen in ihren Tagen.

Ihr Vater war immerhin schon in den Mittsechzigern, der durfte sich auf sein Alter berufen. Und ihr Bruder hatte einen schlimmen Magen, der ihn schmerzte, wenn er nichts zu verdauen bekam. Daher war auch er vom Fastengebot ausgenommen. So war Marjam die Einzige im Haus, der Essen und Trinken erst erlaubt war, wenn man – wie der Prophet, der Liebling Allahs, es beschrieben hatte – mit freiem Auge keinen weißen von einem schwarzen Faden mehr unterscheiden konnte.

Nachdem das Frühstück zubereitet war, hatte sie die beiden geweckt. Ihr Vater hatte ärgerlich gebrummt und ihr den Rücken zugedreht und ihr Bruder hatte sie unwirsch aufgefordert, ihr das Essen ans Bett zu bringen. Nach einer Viertelstunde waren sie aber dann doch aufgestanden und hatten sich zum gedeckten Tisch gesetzt.

Bei dieser Gelegenheit hatte sie ihren Vater gebeten, sie nach Be'er Sheva zu fahren, weil sie dort Einkäufe zu erledigen hatte.

„Einkäufe? Wofür? Für den Haushalt oder für deine Spinnereien?", hatte er gefragt.

„Für die Wüstenblume", hatte sie eingeräumt. „Mir gehen demnächst Mandelöl, Distelöl und Olivenöl aus und das muss ich nachbestellen. Ich könnte es aber auch telefonisch machen, wenn ich dein Mobiltelefon benutzen dürfte."

„Das würde dir so passen! Eine Frau hat nicht zu telefonieren, sondern sich darum zu kümmern, dass im Haus alles in Ordnung ist."

„Dann fährst du mich stattdessen nach Be'er Sheva?"

„Frag deinen Bruder. Ich habe zu tun", hatte der Vater geantwortet und sich wieder aufs Bett gelegt.

Abbas hatte nach einigem Bitten zugesagt, sie in die Stadt zu bringen. Also, nicht jetzt, später dann, wenn er Zeit hätte, inschallah. Etwa drei Stunden danach hatte er sich tatsächlich aus dem Polstersessel vor dem Fernsehgerät erhoben und verkündet: „Wir fahren."

Marjam hatte ihre Arbeit sofort liegen gelassen und war zu ihm ins Auto gestiegen. Andernfalls, das hatte sie in der Vergangenheit schon öfters erlebt, wäre er ohne sie gefahren.

In Be'er Sheva hatte sie dem Händler ihre Bestellung übergeben und den Liefertermin für die Öle vereinbart. Als sie gleich wieder zurückfahren wollte, weil sie wusste, dass Touristen aus Tel Aviv kommen würden, um Cremen, Salben und Seifen zu kaufen, war ihr Bruder vor einem Kaffeehaus in der Smilanski-Straße gesessen.

„Ich muss dringend nach Hause, Abbas. Können wir bitte fahren?"

„Siehst du nicht, dass ich gerade eine Shisha angeraucht habe?"

„Doch, das sehe ich. Bloß – in einer halben Stunde kommen Kunden, die etwas kaufen wollen."

„Dann sollen sie warten. Ich bin beschäftigt."

„Sie werden aber eigens von einer Reiseleiterin zu uns gebracht, die ihnen von der Wüstenblume erzählt hat. Die machen eine Tour und planen vermutlich nur dreißig Minuten bei uns ein."

„Was erzählst du mir da, während ich vor einer frischen Wasserpfeife sitze? Willst du mir den Tag verderben?"

„Wirst du nach der Pfeife Zeit haben, mich heimzufahren?"

„Was weiß ich? Geh zu Fuß, wenn du es so eilig hast."

Als Marjam genickt hatte und sich auf den Weg machen wollte, rief ihr Abbas nach: „Warte! Lass mir Geld da. Ich habe nichts eingesteckt."

So war sie zu Fuß heimgekommen, verspätet, verschwitzt und müde. Sieben Kilometer raus aus der Stadt und dann, um den Umweg über die Straße zu sparen, durch die mittägliche Steinwüste während des Fastenmonats – das war selbst für die schlanke Vierzigjährige reichlich anstrengend. Dass sie darüber hinaus mit Kopftuch, langärmeligem Wollpullover und einem bodenlangen Rock aus dickem schwarzen Stoff so unterwegs war, wie ihr Vater und ihr Bruder das von ihr erwarten durften, hatte den Fußmarsch nicht einfacher gemacht.

Das war eben der Preis dafür, dass sie damals nicht hatte heiraten wollen, rechtfertigte Marjam die Situation sich selbst gegenüber. Mehrmals hatten Beduinen für ihre Söhne bei Abu Abbas um Marjams Hand angehalten. Sie war mit Abstand das schönste Mädchen in ganz Tel Sheva gewesen, das hatte jeder gewusst. Doch sie hatte stets abgelehnt. Zwar hätte ihr Vater sie auch gegen ihren Willen verheiraten können, aber Umm Abbas, ihre Mutter, hatte genügend Einfluss gehabt, um das zu verhindern. Maschallah!

Warum sie nicht heiraten wollte? Nun, es waren nicht Arroganz oder Affektiertheit gewesen, weswegen sie abgelehnt hatte. Es war mehr … wie sollte man sagen? Also … sie fühlte sich zu Männern einfach nicht hingezogen. Deshalb hatte sie sich entschieden, im väterlichen Haus wohnen zu bleiben. Der hatte ihr anfangs Vorwürfe bezüglich ihrer Überheblichkeit gemacht, denn er kannte die wahren Gründe für ihre Entscheidung nicht. Und das war auch besser so, denn wer weiß, ob Marjam das andernfalls überlebt hätte? Seit aber einige Jahre später Umm Abbas gestorben war, war er ganz froh, jemanden zu haben, der sich um Haushalt, Garten und Hühner kümmerte. Sein Sohn Abbas wäre als Mann dafür ja nicht in Frage gekommen.

Damals hatte ihr Vater auch noch in der Phosphatfabrik gearbeitet. Nach deren Privatisierung waren jedoch die lokalen Arbeitskräfte rasch durch billige Arbeiter aus dem Westjordanland ersetzt worden. Dieses Unglück für die gesamte Region war gleichzeitig Marjams persönliches Glück: Weil es sonst gar keine Einnahmen in ihrer Familie mehr gegeben hätte, hatten ihr Vater und ihr Bruder ihr erlaubt, ihr eigenes Unternehmen zu gründen: Die Wüstenblume.

Die Wüstenblume war ein Traum, den sie schon als Kind gehabt hatte, als ihre Großmutter sie häufig noch vor Sonnenaufgang geweckt und zum Pflanzensammeln mitgenommen hatte. Ihre Großmutter war eine kluge Frau gewesen, die über die heilenden Wirkstoffe in Blumen, Disteln, Myrten, Thymian, Kreuzkümmel, Palmen, Rosen, Salbei und den vielen kleinen Kräutern, die in der Wüste gediehen, bestens Bescheid wusste. Von ihr hatte sie die Grundlagen gelernt, auf denen sie jetzt die Wüstenblume aufgebaut hatte.

Das war nicht einfach gewesen, war doch die Region um Tel Sheva eine der traditionsbewusstesten, um nicht zu sagen rückständigsten, im ganzen Lande. Tel Sheva lag abseits der Straße von Be'er Sheva über Arad zum Toten Meer. Die Arbeitslosigkeit war hoch; ein geregeltes Leben wie in anderen Teilen Israels undenkbar. Nur jene, die in Be'er Sheva oder Ashkelon Arbeit gefunden hatten, konnten mit regelmäßigem Einkommen rechnen. Nicht einmal Kibbuzim gab es hier so zahlreich wie sonst wo, dabei hatten die Juden solche Dörfer in den abgelegensten Wüsten Israels angelegt und die Gegend dort fruchtbar gemacht. Hier jedoch? Hier ließ sich beim besten Willen nichts anbauen. Der Boden war schlecht, es gab so gut wie keinen Humus, aber Millionen Tonnen von Steinen. Und Regen? Kaum ausreichend, um ein paar Grasbüschel sprießen zu lassen. Lediglich die Blumen, die Marjam sammelte, waren anspruchslos genug, hier zu gedeihen.

Die bescheidenen Lebensbedingungen fanden ihren Widerhall im religiösen Leben, denn erst mit dem Wohlstand steigt die Bereitschaft, nicht mehr um göttlichen Beistand zu bitten. Daher war der Glaube an Allah allgegenwärtig: Die fünf Rufe zum Gebet wurden strikt befolgt, den Armen wurde gegeben, Ramadan wurde eingehalten, alles mit den vom Koran erlaubten Ausnahmen eben, und wenn irgendwie möglich, ging man zumindest einmal im Leben auf den Hadsch nach Mekka. Die meisten Frauen zeigten sich stets voll verschleiert auf den Straßen; nur wenige trugen, wie Marjam, lediglich ein Tuch übers Haar. Dabei war das schon ihre Konzession an die neuen strengeren Zeiten, denn ihre Großmutter hatte das Haar noch vollkommen offen und unverhüllt getragen. „Diese Abayas", hatte ihre Großmutter gesagt, „sind für uns Frauen die reinste Folter. Wer es nicht glaubt, ist entweder naiv oder ignorant. Oder beides! Wer sie jemals bei dreißig Grad auf dem Kopf gehabt hat, wird das beurteilen können. Doch wie viele Tage schenkt uns der Allmächtige in seiner Gnade, an denen die Temperatur weit über dreißig Grad hinausgeht! Bei dieser Fülle an heißen Tagen haben Abayas keinen Sinn. Was sollen sie auch bezwecken, außer uns Frauen ständig unsere Grenzen vor Augen zu halten? Die Fantasie der Männer kann man damit ohnehin nicht bändigen. Das würde nicht einmal funktionieren, wenn wir uns in ein Kamelfell kleideten! Das Einzige, wofür diese Abayas gut sind, ist, dass wir unsere vornehme, helle Haut behalten."

„Und dass wir damit keinen Sonnenbrand bekommen", hatte Marjam ironisch hinzugefügt.

Ihre Großmutter! Sie war eine schöne Frau gewesen, energisch, anpackend, aber doch um ihren Platz innerhalb einer Beduinenfamilie wissend. Weil Marjam das von ihr übernommen hatte, ließ sie sich von kleinen Unannehmlichkeiten, wie nicht telefonieren, Auto fahren oder ohne

230

männliche Begleitung das Haus verlassen zu dürfen, nicht abhalten.

Vor einigen Jahren hatte sie begonnen, Kontakte mit Händlern und Bauern zu knüpfen, um Salben herstellen zu können. Als Basis hatte sie anfangs nur Olivenöl verwendet. In das erhitzte Öl hatte sie Kräuter, Blumenköpfe, Blätter, Ranken und Wurzeln eingelegt, die sie gesammelt, getrocknet und ein paar Wochen stehen hatte lassen. So hatte sie verschiedene Kräuteröle mit unterschiedlichen Wirkstoffen erhalten. Erst später hatte sie über die Heilwirkung von Distelöl und Mandelöl gehört und auch diese von Fall zu Fall eingesetzt.

Damit die Salben an Konsistenz gewinnen konnten, hatte sie die Kräuteröle mit Bienenwachs vermischt. Das hatte sie von Abu Ali, einem alten Bauern am Stadtrand von Tel Sheva erwerben können, der mehrere Bienenvölker hatte. Da sie ihn nicht bezahlen konnte, hatte sie ihm versprochen, ihn sein Leben lang kostenlos mit Salben gegen sein Rheuma zu versorgen. So hatten sie beide von ihrer Idee profitiert und sie hatte gleichzeitig einen wahren Freund gefunden.

Die Salben hatte sie in gereinigte Marmeladengläser gefüllt, die sie anfangs aus den Müllcontainern gefischt, später dann auch von Nachbarn bekommen hatte, und in der Stadt zum Verkauf angeboten. Zu Beginn hatten die Menschen nur sehr zögerlich zugegriffen. Doch nachdem Abu Ali überall herumerzählt hatte, wie gut ihm die Rheumasalbe getan hatte, war die Nachfrage rasant gestiegen.

Eines Tages hatte sie jemand gefragt, ob sie nicht auch Cremen hätte, etwa gegen Pickel oder trockene Haut.

Cremen, so hatte Marjam überlegt, wären natürlich noch feiner als Salben, die, wenn sie aufgetragen wurden, doch immer fettig auf der Haut blieben und nicht gut einzogen. Die Wirkstoffe in Cremen waren dieselben wie in Salben, das war also kein Problem. Nur: Wie könnte sie die Herstellung von Cremen erlernen?

Ein gutes Jahr hatte sie über dieser Frage gebrütet und keine Lösung gefunden. Sie hatte die Inhaltsbeschreibungen auf unzähligen leeren Cremetuben gelesen und festgestellt, dass in Cremen Wasser war, in Salben aber nicht. Daher hatte sie Versuche gemacht und Wasser in ihre Salben gemischt. Das Ergebnis war aber stets unbefriedigend gewesen, denn das Fett in den Salben hatte sich mit dem Wasser einfach nicht vermischen lassen. Das heißt, vermischen lassen hatte es sich schon, aber nicht verbunden. Daher hatte es sich in kurzer Zeit wieder vom Fett getrennt und war als schaler Film auf der Salbe zurückgeblieben. Es musste etwas mit diesen Emulgatoren zu tun haben, die laut den Beschreibungen in Cremen beinhaltet waren. Was aber waren Emulgatoren?

Lange hatte ihr das niemand beantworten können und ihre Versuche hatten sie nicht weitergebracht. Irgendwann hatte sie ihre Enttäuschung darüber Abu Ali erzählt. Der hatte sie angesehen und mit seinem breiten Mund, in dem nur mehr zwei Zähne zu sehen waren, angestrahlt. „Nimm Wollwachs, Marjam!"

„Was ist Wollwachs? Und woher bekomme ich das?"

„Wollwachs ist das, was wir als das natürliche Fett in der Schafwolle kennen. Die Schafe sondern es aus Drüsen ab, um ihr Fell wasserfest zu machen. Wenn die Wolle erstmals heiß gewaschen wird, bleibt das Wachs im Waschwasser."

„Ich will es ja aber ohne Wasser haben, denn wenn ich eine Creme mache, kann ich doch nicht das schmutzige Wasser unter die Salbe mischen, das beim Waschen der Wolle übrig bleibt."

„Das stimmt natürlich. Eine solche Creme würde ich mir auch nur ungern ins Gesicht schmieren wollen. Aber ich denke, man müsste das sicher irgendwie trennen können. Weißt du was, ich werde mich beim Neffen eines Freundes erkundigen. Der arbeitet in Be'er Sheva in einer Apotheke. Vielleicht weiß der etwas."

Keine zwei Monate später hatte Marjam, als sie wieder eine Lieferung Bienenwachs abgeholt hatte, nicht nur die Information bekommen, wie man das Wollwachs aus dem Waschwasser gewinnen konnte, sondern auch gleich zwei Flaschen der dazu erforderlichen Phosphorsäure, die der Apotheker geschickt hatte.

Der nächste Schritt war: Wo bekommt man Wasser, mit dem frisch geschorene Wolle gewaschen worden war? Die Schafzüchter in der Umgebung, die sie deshalb angesprochen hatte, hatten höchst belustigt reagiert. Dass sie jemand um gewaschene Wolle fragte, kam immer wieder vor. Aber um das Waschwasser? Und jetzt hatte sie sogar vorgeschlagen, für sie die Wolle zu waschen, wenn sie das Wasser behalten dürfte! Verrückt, völlig verrückt! Andererseits, was wollte man von einer Frau erwarten, die mit vierzig immer noch keinen Mann hatte und unter der Obhut von Vater und Bruder stand? Bei der musste ja irgendetwas nicht stimmen!

Trotz ihrer Verwunderung hatten sie die Wolle gerne Marjam zum Waschen überlassen. Denn so hatten sie sich nicht um das Herbeiholen und Erhitzen des Wassers kümmern müssen und konnten ohne viel Arbeit saubere Wolle verkaufen, die einen höheren Preis erzielte. Aber mit ihrem Vater und ihrem Bruder hatten sie das sehr wohl besprechen müssen, und zwar mehrfach und ausgiebig. Irgendwie konnten einem die beiden ja leidtun, mit einer so törichten Frau im Haus!

Marjam war das egal. Sie war selig, denn sie hatte jetzt zwei Produktlinien, die sie verkaufen konnte: Salben und Cremen.

Sie hatte wie besessen gearbeitet, war kaum zum Schlafen gekommen. Das Geschäft war gut gegangen, sehr gut sogar, sodass sie eines Tages vom System der alten Marmeladengläser großteils auf professionelle Plastiktuben umsteigen konnte. Das war kein einfaches Unterfangen gewesen, denn wenn auch Vater und Bruder zu ihrem Unternehmen keinen aktiven Beitrag geleistet hatten, so hatte sie die beiden doch immer um Erlaubnis fragen müssen, wenn sie einen neuen Schritt bei ihrer Wüstenblume vorgehabt hatte, so wie eben die Plastiktuben.

Wirklich glücklich waren die Männer mit ihrem Ansinnen nicht gewesen, aber schließlich hatten sie sie nach Tel Aviv zu einem Hersteller solcher Tuben gefahren. Dort jedoch hatten sie gezögert, ihre Zustimmung zu geben. Erst als Marjam ihnen auf einer Skizze gezeigt hatte, dass sie auf den Tuben bei den Herstellerangaben mit ,Abu Abbas & Abbas' als erfolgreiche Unternehmer ausgewiesen würden, hatten sie eingewilligt. Allerdings hatten sie noch einen Einwand: Neben dem Markennamen ,Wüstenblume' war auch ein Logo zu sehen: eine kleine blühende Pflanze, wie sie die Großmutter so gerne gezeichnet hatte. Da die alte Frau im Ruf gestanden hatte, etwas absonderlich und eigenbrötlerisch zu sein, befürchteten die beiden Männer, nun endgültig als eine Familie von Spinnern betrachtet zu werden. Doch schließlich hatte ihnen Marjam die Erlaubnis zur Abbildung der kleinen Blume durch lange, geduldig ertragene Tiraden von Vorwürfen und Beschimpfungen abringen können.

Produktion und Vertrieb waren nach der Einführung der Tuben tatsächlich nochmals deutlich gestiegen. Immer mehr Kunden waren gekommen und das Geschäft florierte. Marjam hatte inzwischen schon zweiundzwanzig Angestellte. Alle waren sie Frauen. Die meisten sammelten Pflanzen, andere trockneten sie oder stellten Kräuteröle her, wieder andere füllten die Cremen und Salben in Tuben und Gläser ab. Und zwei der Frauen experimentierten seit Kurzem sogar mit der Herstellung von Seifen aus Kokosfett, Öl, Natronlauge und Duftstoffen.

Mittlerweile war Marjams großes Verkaufszelt auch ein Treffpunkt von Frauen geworden, die sich für die Heilwirkungen von Kräutern interessierten. Sie kamen, erzählten, fragten, und auf diese Art erfuhr Marjam immer wieder etwas Neues. So war sie auf die Idee gekommen, nicht nur Kräuteröle als Essenzen für ihre Salben und Cremen zu verwenden, sondern Kräutertinkturen. Deren Herstellung war im Wesentlichen ähnlich der von Kräuterölen. Allerdings wurden sie kalt angesetzt, denn die Kräuter oder Heilpflanzen kamen anstatt in Öl in – hochprozentigen Alkohol!

Alkohol im konservativen Tel Sheva – ein schwieriges Thema!

Reiner Alkohol war so gut wie gar nicht zu bekommen. Möglicherweise wäre Schnaps verwendbar. Bloß – woher konnte sie Schnaps bekommen?

Kurz war Marjam der Gedanke gekommen, dass sie dazu nur die Vorräte ihres Vaters plündern müsste. Aber noch bevor sie ihren Gedanken zu Ende gedacht hatte, versagte sie sich diese Unverschämtheit auch schon wieder.

Nach zwei Wochen des Mut-Fassens hatte sie den Entschluss gefasst und Vater und Bruder um die Erlaubnis gebeten, Tinkturen herzustellen. Abbas hatte uninteressiert großmütig zugestimmt und war in die Stadt gefahren. Abu Abbas aber hatte sich erkundigt, was denn eine Tinktur sei und woraus sie hergestellt würde.

Als ihm Marjam gestanden hatte, dass Alkohol die wichtigste Zutat neben den Kräutern sei, hatte er einen Tobsuchtsanfall bekommen. Wie konnte sie, die er als gläubige, rechtschaffene Muslima erzogen hatte und der er immer ein gutes Vorbild war, eine derart religionswidrige Forderung stellen? Er wolle keinesfalls, dass die Menschen in Tel Sheva sein Haus mit Alkohol in Verbindung brächten. Und außerdem, es sei doch die Höhe einer Unverschämtheit, dass ausgerechnet sie als Frau, und zwar als Ledige in ihrem fortgeschrittenen Alter, das musste auch wieder einmal gesagt werden, also dass sie …

Marjam hatte ihn wüten lassen und dann ruhig erklärt, dass sie den Alkohol ausschließlich zu medizinischen Zwecken verwenden würde und man vielen Menschen damit

Gutes tun könnte. Die Verwahrung und alleinige Kontrolle der Alkoholvorräte, hatte sie nachgesetzt, würde sie selbstverständlich gerne in seine Hände legen. Wann immer sie neue Tinkturen ansetzen müsste, würde sie zu ihm kommen und ihn darum bitten.

Kurz hatte es in den Augen ihres Vaters aufgeblitzt. Dann hatte er einige Sekunden lang so getan, als würde er nachdenken, und scheinbar großmütig zugestimmt.

Abbas war nicht ganz so erfreut gewesen, als er davon erfahren hatte. Vermutlich hätte auch er gerne die Kontrolle über die Alkoholvorräte gehabt, aber da war die Entscheidung schon getroffen.

Eine weitere Idee hatte Marjam vor Kurzem erst aus dem Gespräch mit einer Kundin entwickelt: Cremen, denen Harnstoff beigemischt war. Die wirkten genauso gut wie Marjams Aloe-Creme gegen trockene Haut, waren aber weniger fettig. Wurde zudem der Harnstoffanteil erhöht, konnte man mit einer solchen Creme recht wirksam Hornhaut an den Füßen entfernen.

Marjam hatte das nicht als zustimmungspflichtige neue Geschäftsidee gesehen und deshalb beim nächsten Mal Abu Ali gebeten, aus der Apotheke in Be'er Sheva Harnstoff liefern zu lassen.

Als bald darauf die beiden bestellten Säcke geliefert und vor dem Zelt abgestellt worden waren, hatte Abbas sich nach dem Inhalt erkundigt. Marjams wahrheitsgemäße Antwort war zu viel für ihn gewesen. Er hatte sie angebrüllt, als Scharmouta, als Hure, bezeichnet, wie besessen auf sie eingeprügelt und voll Zorn ein großes Holzregal mit Seifen, Tinkturen, Cremen und Salben umgeworfen. Danach war er ins Haus verschwunden, wo er hörbar den Vater informiert hatte und sie gemeinsam an die Alkoholvorräte gegangen waren. Marjam hatte das Regal wieder aufgerichtet, die Scherben weggekehrt, sich gefreut, dass die meisten Cremen und Salben mittlerweile in Plastiktuben abgefüllt worden waren, die blutigen Stellen in ihrem Gesicht abgewaschen und sich zu Bett gelegt.

Im Haus hatte sie ein Rumoren und Toben gehört, wie sie es von ihrem Vater gewöhnt war. Diesmal hatten aber Vater und Bruder gemeinsam getobt. Als Marjam nach einiger Zeit schon geglaubt hatte, dass sich der Lärm nun beruhigt hätte, hatte sie erkannt, dass nur der Ort der Erregung verlegt worden war – und zwar in ihr Verkaufszelt.

Flugs war sie in die Sandalen geschlüpft, hatte einen Mantel übergeworfen und war hinübergelaufen, um das Schlimmste zu verhindern. Dort waren ihr Vater und ihr Bruder gestanden, beide mit einer halbvollen Schnapsflasche in der Hand, und hatten stolz auf ihre sorgsam getrockneten Blumen gepinkelt.

„Da hast du deinen Harnstoff! Den musst du nicht kaufen. Den bekommst du gratis von uns!", hatten sie jubelnd gelallt. „Und wenn du schön bittest, haben wir auch festeres Material für dich und deine Salben!"

Das war vor sechs Wochen gewesen.

Mittlerweile hatte sie die ruinierten Blumen entsorgt und neue getrocknet.

Ihre Creme mit Aloe, Palmblättern und Harnstoff war gut geworden und, wie ihre anderen Produkte, erfolgreich.

Und jetzt, wo wieder einmal Touristen hier waren, die die Reiseleiterin aus Tel Aviv eigens zu ihr gebracht hatte, hatte Marjam eine neue Idee: Ein Unternehmen wie ihres müsste doch auch im Internet zu finden sein! Eine Homepage der Wüstenblume, nach der viele der Touristen und Reiseleiter schon gefragt hatten – wäre das nicht ein Traum? So etwas könnte für noch regelmäßigere Nachfrage sorgen und damit weiteren Frauen Arbeit geben.

Und vielleicht, so überlegte sie, bekäme sie dann sogar die Erlaubnis, einen eigenen Computer zu kaufen, inschallah.

Wer weiß?

2012 11 14 – Ahmed – Ein Gedi

„Ich sage dir, jetzt muss sie mich einfach lieben, mein Freund", seufzte Ahmed noch. Dann sackte ihm, wie schon zuvor Kalil, das Kinn auf die Brust. Allah hatte den schützenden Mantel des Schlafes über ihn gebreitet, während er gleichzeitig die Sonne den neuen Tag verkünden ließ.

Kaum zwölf Stunden zuvor hatten Ahmed, der Lobenswerte, und Kalil, der gute Freund, auf der jordanischen Seite des Toten Meeres einen Entschluss gefasst. Und zwar, wie Ahmed seine angeflehte Alima für sich gewinnen könnte. Und dann geschah das:

Nicht lange nachdem die letzten Touristenbusse abgefahren waren, hatten es sich Ahmed und Kalil neben dessen Hütte gemütlich gemacht. Tagsüber beschmierte Kalil hier, wo der Arnon durch das Wadi al-Mujib ins Tote Meer mündete, die Touristen mit dem schwarzen Uferschlamm und Ahmed verkaufte Souvenirs. Nun aber war Ruhe eingekehrt und sie widmeten sich ihrer Wasserpfeife. Bald nachdem sie angeraucht war, sogen die beiden genussvoll abwechselnd den Rauch durch den Schlauch ein und ein zarter Duft nach Äpfeln umhüllte sie. Während sie in die versinkende Sonne und die Stille des dunklen Wassers vor sich starrten, hing Ahmed ungewöhnlich schweigsam seinen Gedanken nach.

Kalil, der seinem Namen alle Ehre machte und seinen Freund gut kannte, ahnte, was in dessen Kopf vorging. Als sie schon zwanzig Minuten schweigend die Shisha genossen hatten und der Tabak beinahe vollständig verglüht war, fragte Kalil: „Alima?"

Ahmeds Zustimmung bestand lediglich aus einem Seufzen und Kopfnicken. Kalil, der gute Freund, seufzte ebenfalls. Schweigsam rauchten die beiden die letzten Reste der Shisha. Dann fragte Kalil: „Rauchen wir noch eine?"

„Ach ja", antwortete Ahmed schwermütig.

„Dann lege ich uns jetzt einen anregenderen Geschmack auf", schlug sein Freund vor. „Der wird dich auf andere Gedanken bringen."

„Hast du denn noch von dem Kraut?", erwachte in Ahmed wieder das Interesse an profaneren Dingen.

„Jede Menge. Gestern war mein Lieferant da. Jetzt reicht es wieder für gut vier Wochen!"

„Hervorragend! Her damit!"

Die Freunde erhitzten weitere Holzkohle und drapierten sie über der neuen Tabakmischung. Es dauerte nicht lange, bis der Geruch der Äpfel in der Luft von einem nicht so süßen und deutlich grasigeren Duft abgelöst wurde. Im selben Maß wie die Luft änderte sich auch die Redefreudigkeit der beiden.

„Wie geht es denn jetzt mit Alima weiter?", fragte Kalil.

„Ach, ich kenne mich nicht aus mit ihr", antwortete Ahmed. „Immer wenn ich sie sehe, macht sie mir Augen, so groß und schön wie ein Kamel. Dazu wölbt sie mir ihre Lippen entgegen, als wollte sie mich mit ihnen umarmen. Ihr Gesicht ist dabei wie Milch und Butter, so zart und lieblich. Sie ist durch und durch ehrenhaft und unschuldig, auch wenn sie sich zu anderen ebenso aufreizend und neckisch wie zu mir verhält. Aber ich glaube, damit will sie mich bloß prüfen und mir auf diese Art ihre Liebe zeigen."

„Das ist doch gut! Dann ist es jetzt an der Zeit, dass du aktiver wirst. Frag sie einfach, ob sie sich nicht mit dir treffen möchte!"

„Das habe ich ja gemacht."

„Und?"

„Seither kenne ich mich gar nicht mehr aus. Sie hat gesagt, dass sie sich prinzipiell nur mit jemandem trifft, der ihr eine sündhaft exklusive Gesichtsnachtcreme bringt."

„Die wirst du doch irgendwo besorgen können! Es muss ja kein Original sein; es gibt doch genügend gut gemachte Fakes. Ich könnte einmal mit Ali reden, der hat in seinem Geschäft jede Menge beinahe echter Cremen für die Touristen."

„Nein, nein, eine solche Creme will sie nicht. Sie will etwas wirklich hundertprozentig nicht Nachgemachtes."

„Au! Das wird teuer! Ist Alima dir so viel wert?"

„Auf jeden Fall! Aber das wirklich Verzwickte ist: Sie gibt sogar die Marke vor. Und jetzt kommt's: Sie besteht auf Ahava!"

„Was? Ahava?", fuhr Kalil hoch. „Aus Israel?"

„Ja, genau."

„Sind ihr denn unsere Cremen nicht gut genug? Dolmen, also, wenn es keine gefälschte, sondern eine echte Dolmen-Creme ist, ist sie doch die Beste auf der ganzen Welt!"

„Ja, ich weiß. Aber sie sagt, Dolmen könne sie hier in Jordanien jederzeit und von jedem bekommen. Wer ihr aber seine Liebe zeigen will, muss ihr schon Ahava bringen."

„Vermutlich, weil Ahava auf Hebräisch Liebe heißt."

„Stimmt. Das hat Alima auch gesagt."

„Verdammt! Dann hast du wirklich schlechte Karten!"

„Ich weiß. Deshalb bin ich ja auch so verzweifelt und weiß nicht, was ich tun soll."

Für einige Momente wandten die beiden ihre Aufmerksamkeit wieder mehr dem inspirierenden Rauch zu, den sie durch den Schlauch einsogen. Dann schlug Kalil vor: „Klau sie doch einfach!"

„Wo soll ich denn bei uns eine israelische Creme klauen? Verkauft wird die hier nirgends. Und im Gepäck der Touristen habe ich schon öfters nachgesehen – alles nur jordanische Produkte."

„Stimmt. Das wird nicht klappen."

Kurz verstummte ihr Gespräch und die beiden starrten wieder auf die Berge hinter dem Toten Meer, wo die Sonne sich soeben für heute zur Ruhe begeben hatte.

Plötzlich fuhr Kalil hoch: „Ich hab's! Dort drüben, am anderen Ufer, liegt Ein Gedi und gleich daneben ist die Ahava-Fabrik. Es wäre doch gelacht, wenn wir dort nicht gratis einkaufen könnten."

„Du verrücktes Kamel! Was glaubst du denn, wie ich ein Visum für drüben bekommen könnte? Soll ich den Beamten sagen: Ich muss dort hin, weil Alima, die schönste unter allen Schönheiten, sich sonst nicht mit mir trifft?"

„Oh, du Dummkopf! Wer redet denn von Visum? Du kannst doch schwimmen, oder?"

„Natürlich. Aber was hat das mit dem Visum zu tun?"

„Wir schwimmen hinüber, so wie es mein Großvater früher immer getan hat, als das Westjordanland noch Teil von Jordanien war."

„Bist du verrückt? Das sind über zwölf Kilometer. Da schwimmen wir mindestens vier oder fünf Stunden!"

„Ja, aber im Toten Meer können wir nicht untergehen. Es wird erst in dreizehn Stunden wieder hell. Bis dahin sind wir locker wieder zurück."

„Und was tun wir, wenn wir drüben sind? Die Israelis haben sicher jede Menge Soldaten, die die Grenze bewachen."

„Glaubst du, die rechnen damit, dass bei ihnen jemand angeschwommen kommt? Schau mal, vorgestern war doch Neumond. Das heißt, die Nacht wird ziemlich dunkel sein. Wer will uns denn dann sehen können? Wenn wir ganz sichergehen wollen, schmieren wir uns wie die Touristen dick mit dem schwarzen Schlamm ein. Dann heben wir uns vom nächtlichen Meer überhaupt nicht mehr ab."

„Hmm … das könnte gehen. Weißt du was? Ich hole von meinem Stand zwei Taucherbrillen, damit die Augen vor dem Salz geschützt werden."

„Gut, so machen wir es!"

„Also los!"

Keine zehn Minuten später liefen die beiden, schwarz von oben bis unten, über den Strand zum Meer. Sie waren in der dunklen Umgebung tatsächlich kaum zu erkennen. Nach dem Ende der Dämmerung würden sie so gut wie unsichtbar sein.

Lachend und kichernd liefen sie unternehmungslustig ins Meer. Nach wenigen Schritten hatten sie keinen Boden mehr unter den Füßen und schwammen los.

Das Wasser lag vollkommen ruhig vor ihnen und wirkte in der anbrechenden Nacht gespenstisch. Außer ihren Schwimmgeräuschen war nicht der geringste Laut zu vernehmen. Das Tote Meer machte seinem Namen alle Ehre: Es gab keine Fische, die glucksten, keine Vögel, die piepsten und pfiffen und keine Boote, deren Motoren brummten. Da waren bloß die beiden Schwimmer mit ihren Taucherbrillen, die sich mit möglichst geschlossenen Mündern daranmachten, das Meer zu durchqueren. Wenn sie hin und wieder Salzwasser in den Mund bekamen, spitzten sie die Lippen und spritzten es in hohen Fontänen wieder aus.

Als hier Geborene waren sie mit den Eigenheiten des Toten Meeres vertraut und kamen gut voran. Der hohe Salzgehalt trug sie leicht und sicher, als lägen sie auf Luftmatratzen und würden über das Wasser gleiten. Trotzdem näherten sich die Lichter von Ein Gedi nur sehr, sehr langsam.

Längst schon war es stockdunkel geworden. Obwohl das Schwimmen an sich nicht anstrengend war, wurden ihre Arme immer wieder müde. Dann legten sie sich auf den Rücken und paddelten mit ihren Füßen. Manchmal rasteten sie auch nur bewegungslos auf dem Wasser liegend. Wenn sie sich unterhielten, taten sie das im Flüsterton, denn sie ahnten, wie weit man ihre Worte in der absoluten Stille hören konnte.

Nach etwa zweieinhalb Stunden wussten sie, dass sie sich im israelischen Teil des Meeres befinden mussten. Nicht weit entfernt blinkte vor ihnen in regelmäßigen Abständen ein Licht wie aus einem Leuchtturm auf, mit dem Soldaten das Meer nach Terroristen oder illegalen Einwanderern ab-

suchten. Die beiden wussten sich aber wie mit einer Tarn-
kappe geschützt und bewegten sich auf dieses Licht zu. Am
Rand des Lichtkegels wurde die Oase schemenhaft in ihren
Umrissen erkennbar.

Deutlicher erkennbar, weil nicht mehr schwarz, waren
mittlerweile aber die beiden Schwimmer geworden. Der
Schlamm hatte sich nach und nach im Wasser aufgelöst und
ihre Körper waren für den, der konzentriert in ihre Richtung sah, zu erahnen. Sie mussten auf der Hut sein, denn
auch aus Taschenlampen waren plötzlich Lichter zu ihnen
hin gerichtet. Laute hebräische Rufe patrouillierender Soldaten in ihre Richtung zeigten an, dass die Grenzschützer
wohl Verdacht geschöpft hatten. Waren die Schwimmer
entdeckt worden?

Fast schien es so, denn die Aufforderungen klangen wie
Wiederholungen ein und desselben Satzes, etwa wie: „Wer
ist da?" Da das Licht aber nicht gezielt in ihre Richtung geführt wurde und die Soldaten sich bald entspannt bei einem
erhellten Gebäude versammelten, beruhigten sich die beiden wieder. Eindeutige Geräusche gaben den Hinweis, dass
vorhin nur jemand seine Kameraden zum Abendessen zusammengerufen hatte.

Vorsichtig, um nicht entdeckt zu werden, krochen sie
ans Land. Im Lichtschein war erkennbar: Vor einem geschlossenen Touristenrestaurant standen die Soldaten rund
um einen Grill, von dem es verführerisch roch. Das war
gut für sie, denn die Konzentration der Soldaten war auf
das brutzelnde Fleisch gerichtet. Ahmed und Kalil nahmen
die Umrisse von Liegestühlen und Sonnenschirmen wahr.
Nicht weit davon entfernt stand ein riesiges Plastikfass mit
Schlamm, ganz ähnlich dem, wie Ahmed es zu Hause für
die Touristen hatte. Um sich wieder unsichtbar zu machen,
schmierten sich die beiden sorgfältig mit dem dunklen Brei
ein.

Schwarz wie die sie umgebende Nacht machten sich die
beiden vorsichtig und geräuschlos auf den Weg nach Nor-

den. Sie bemühten sich, auch dem schwächsten Lichtkegel der Straßenlampen auszuweichen, und folgten der Straße seitlich im Wüstensand. Vor jeder Kurve warteten sie ab, ob sich dahinter nicht eine Patrouille befand. Einmal wären sie beinahe auf einen Wüstenfuchs getreten, der hinter einem Stein schlief, aber das konnten sie gerade noch vermeiden. Von der zarten Mondsichel und tausenden Sternen war die Strecke gerade ausreichend erhellt. Nach einiger Zeit war an der Straße eine englisch und hebräisch beschriftete Tafel auszunehmen, die sie nach links den Berg hoch zur Ahava-Fabrik leitete. Sie folgten nun dem serpentinenartig ansteigenden Weg durch ein Wadi. Da es hier keine Beleuchtung mehr gab, schritten sie straßenmittig mit großen Schritten bergan. Nach einer letzten Biegung erkannten sie unvermittelt im schwachen Mondlicht einen Parkplatz, auf dem ein Auto stand, gleich dahinter die Fabrik und eine Verkaufshalle.

Behutsam umschlichen sie gebückt die Gebäude, um herauszufinden, ob sie bewacht würden. Irgendjemandem musste der Wagen ja gehören, vermutlich einem Angestellten oder einem Wachdienst. Aber sie konnten keine Menschenseele entdecken. Nochmals umkreisten sie kontrollierend die Anlage, um ganz sicherzugehen. Nirgends war auch nur das kleinste Licht wahrzunehmen oder gar die Spur eines anwesenden Menschen.

Die Verkaufshalle war zwar versperrt, aber die großflächigen, bis zum Boden reichenden Scheiben bestanden nur aus einfachem Fensterglas. Die beiden liefen zurück über den Parkplatz zum Wadi, das sie gerade hochgekommen waren. Dort sammelten sie einige größere Steine auf, eilten zurück zur Halle und suchten eine geeignete Stelle im Glas, um einen Durchschlupf einzuschlagen.

Gleich mit dem ersten Stein hatte Ahmed Erfolg. Die Scheibe ging sofort zu Bruch. Das Scheppern des berstenden Glases verursachte in der absoluten Stille einen Lärm, als würde die ganze Halle einstürzen. Erschrocken standen sie da und warteten ab, ob es jemand gehört haben konnte. Aber sie hatten Glück – nichts regte sich.

Die beiden vergrößerten das Loch und stiegen vorsichtig hindurch. Ahmed als erster, Kalil danach. Als er den zweiten Fuß nachzog und aufsetzte, stieg Kalil auf eine Glasscherbe. Er unterdrückte den Schmerzensschrei und nahm sich vor, den Fluch, der ihm auf den Lippen lag, erst zu Hause, aber dann so laut er konnte, hinauszubrüllen. „Es geht schon", sagte er zu sich, „es ist nur eine kleine Wunde an der Ferse."

Bisher war ja alles gut gegangen. Aber in der Halle bemerkten die Freunde, dass sie in der Dunkelheit die Inhalte der unzähligen Tuben, Tiegel und Dosen in den vielen Regalen nicht unterscheiden konnten. Wie sollten sie da eine Nachtcreme für Alimas zuckersüßes Gesicht finden? Sie suchten nach Licht, konnten aber keinen Schalter entdecken.

„Diese Israelis mit ihren ständigen Hi-Tech-Lösungen", schimpfte Kalil. „Wahrscheinlich haben sie irgendeine besondere Methode, das Licht hier aufzudrehen, einen Code oder so etwas vielleicht. Oder aber das Licht schaltet sich automatisch ein und aus, je nach Uhrzeit. Das darf doch nicht wahr sein!"

Was immer das Geheimnis war, es war kein Lichtschalter zu finden. Auf ihrer Suche kamen sie jedoch zur Toilette und dort ließ sich das Licht ganz normal einschalten.

„Also wenigstens beim Pinkeln funktioniert das bei denen so wie bei uns", scherzte Ahmed erleichtert.

Die Urinale brachten sie auf die Idee, sich zu erleichtern. Sie traten näher und begannen ihr Geschäft zu verrichten. Automatisch plätscherten plötzlich die Wasserspülungen. Beide erschraken, Ahmed sprang entsetzt zurück:

„Allah jena'an, shu had, verdammt, was ist das?", schrie er auf.

„Eine Spülung, du schreckhafte Ziege. Das ist eine Wasserspülung", kam es ebenso laut von seinem Freund zurück, der vor lauter Lachen ebenfalls nicht mehr das Porzellanbecken traf. „Und jetzt hör auf zu pinkeln! Du machst uns beide ganz nass!"

Der Lichtstrahl, der aus der Toilette in den Verkaufsraum leuchtete, half ihnen, sich dort zurechtzufinden. Allerdings zeigte er ihnen auch ihr nächstes Problem auf: Sämtliche Artikel waren auf Hebräisch beschriftet, eine Sprache, die sie halbwegs verstehen und sprechen, jedoch nicht lesen und schreiben konnten. Sie versuchten, sich an den typischen Formen der Behälter zu orientieren: Shampoos, Seifen, Peelings und Cremen. Aber welche der Cremen war nun die gewünschte Nachtcreme, die das Tor zum Paradies öffnen könnte? Welche dagegen war lediglich eine Fußcreme, eine Handcreme, eine Tagescreme, eine normale Gesichtscreme oder was auch immer?

Die beiden beschlossen, den Liebesbeweis für Alina nach einem Selbsttestverfahren zu finden: Sie drückten aus mehreren Tuben, die ihnen Gesichtsnachtcreme-verdächtig schienen, ein wenig heraus, schnupperten daran und verschmierten den Inhalt zwischen ihren Fingern. Nach einigen vergeblichen Versuchen, die Inhalte so herauszufinden, nahmen sie von fünf verschiedenen Tuben, die in Frage kamen, jeweils drei.

Gerade als sie die Beute in ihren Badehosen verstauen wollten, ging das Licht in der Halle an und sie hörten eine kräftige, militärisch klingende Stimme rufen. Panisch schnappten sie so viele Tuben, wie sie konnten, und stürzten zurück in Richtung der demolierten Scheibe. Im hellen Licht der Neonröhren erkannten sie während ihrer Flucht, dass sie einen guten Teil des Schlamms von ihren Körpern am Boden und an den Regalen verteilt hatten, aber das war nun nicht mehr wichtig. Raus, raus, nichts wie raus! Sie kollidierten beinahe mit dem Rufenden, einem Nachtwächter, den der Lärm der geborstenen Scheibe aus dem Schlaf gerissen hatte. Sie rannten weiter und sprangen wie in einem amerikanischen Film durch das Loch in der Scheibe hinaus auf den Parkplatz. Dabei strauchelte Ahmed. Er versuchte, sich im Weiterlaufen aufrecht zu halten, stürzte jedoch der Länge nach auf den Asphalt. So rasch er konnte, rappelte er sich wieder auf und schnappte die verstreut um ihn liegenden Tuben. Er setzte seine Flucht hinter dem wegen seiner verletzten Ferse humpelnden Kalil fort. Während der Nachtwächter ihnen nachrief, flohen sie über den Parkplatz und die Serpentinenstraße durch das Wadi hinunter zum Meer. Sie hörten erst zu rennen auf, als weder von den Rufen des Nachtwächters noch vom Licht aus der Halle etwas wahrnehmbar war.

Geschafft von der Aufregung, den Verletzungen und der Tatsache, beinahe geschnappt worden zu sein, standen sie nun auf der Straße nach Ein Gedi. Wenn sie ihr folgten, würden sie den Weg zum Touristenrestaurant, wo sie an Land gegangen waren, sicherlich finden. Andererseits könnte der Nachtwächter möglicherweise die Soldaten alarmiert haben; die Gefahr einer Entdeckung war groß. Vom anderen Ufer des Toten Meeres sahen sie schwach Lichter leuchten. Die mussten von ihren Verkaufsbuden ausgehen. Daher beschlossen sie, gleich von hier loszuschwimmen, um den Soldaten zu entkommen. Sie liefen die letzten zweihundert Meter über den Strand, stopften die Tuben in ihre Badehosen und stiegen ins Wasser. Kalil heulte sofort auf, weil das Salz in seiner Wunde an der Ferse höllisch schmerzte.

„Leise, reiß dich zusammen!", flüsterte Ahmed ermahnend. „Sie hören uns sonst!"

„Als ob sie unsere Spuren nicht sehen könnten", entgegnete Kalil gedämpft und ging tapfer weiter ins Wasser.

Ahmed folgte ihm und vergaß nach wenigen Sekunden seine eigene Ermahnung: „Verdammt, das brennt aber wirklich!" Die Aufschürfungen nach dem Sturz durch die Glasscheibe hatten sich auf seinen Knien und Handflächen in Erinnerung gerufen. Aber es half nichts: Wenn sie nicht erwischt werden wollten, mussten sie wohl oder übel die Heimreise auch mit Schmerzen antreten.

Sie legten sich aufs Wasser und begannen zu schwimmen. Nach wenigen Sekunden brannten ihnen nicht nur Fersen, Knie und Hände, sondern auch die Augen. In ihrer Panik hatten sie nämlich die Taucherbrillen irgendwo im Ahava-Verkaufsraum liegen gelassen.

„Ich wünsche dir sehr, mein lieber Freund, dass deine Alima das alles zu würdigen weiß", orakelte Kalil. „Nicht, dass sie dann auch noch mit unserer Auswahl nicht zufrieden ist!"

Während Ahmed schwimmend diesem beunruhigenden Gedanken seines Freundes nachhing, freute sich Kalil, dass es hinter ihnen ruhig blieb. Sie waren also wohl mit ihrer Beute entkommen.

Die Lichter von Ein Gedi wurden langsam kleiner, die von ihrem heimatlichen Badestrand kommenden allerdings kaum merkbar größer. Trotz ihrer Jugend und ihrer sportlichen Konstitution mussten sie mehrere Pausen einlegen. Wenn sie sich dabei die vom Salz des Meeres schmerzenden Augen rieben und angestrengt nach ihrem Ziel Ausschau hielten, schien ihnen die Strecke länger zu sein als am Hinweg, viel länger! Die Lichter wollten nicht und nicht größer werden!

Endlich, nach unzähligen Schwimmzügen, ausgespuckten Salzwasserfontänen, Schmerzflüchen und mehreren Pausen, konnten sie mit ihren vom Salz brennenden Augen ein Licht ein wenig klarer ausnehmen. Etwas daran war allerdings eigenartig, denn bei ihnen zu Hause brannten die ganze Nacht hindurch immer zwei oder drei Laternen. Nun erkannten sie aber nur eine einzige Lichtquelle.

Doch alle Fragen halfen nichts; sie mussten hin zu diesem Licht. Die Arme waren mittlerweile schon sehr, sehr schwer, ihre Schwimmzüge langsam und sie kamen nur schleppend voran. Ab und zu rutschte eine der erbeuteten Tuben aus der Badehose und verschwand irgendwo am

Meer. Wer immer sie dort treibend in den nächsten Tagen fände, würde sich freuen, aber auch darüber rätseln, wie sie dorthin gekommen sein mochte.

Ahmed und Kalil munterten einander immer wieder mit Durchhalteparolen auf. Müde schwammen sie apathisch weiter, Armzug um Armzug, immer auf das Licht zu. Schließlich war es so weit: Erschöpft erreichten sie das jordanische Ufer und kletterten stolpernd aus dem Meer. Viel länger hätte es nicht mehr sein dürfen, denn ihre Kräfte waren ebenso zur Neige gegangen wie ihre ursprünglich aus fünfzehn Tuben bestehende Beute. Immerhin hatten sie drei der Kostbarkeiten bis hierher retten können.

Ermattet kletterten sie im Dunkel den Anstieg vom Meer hoch zur Straße. Kaum hatten sie den Hang erklommen, hinter dem sie die heimatlichen fünfzehn Häuser erwarteten, sahen sie – einen alleinstehenden kleinen beleuchteten Supermarkt.

„Das darf doch nicht wahr sein! Haben sich denn alle Dschinns der Hölle gegen uns verschworen?", verzweifelte Kalil.

„Verdammt!", erkannte auch Ahmed ihren Irrtum. „Wir sind viel zu weit nördlich gelandet! Das heißt, wir haben bis nach Hause noch einen Fußmarsch von gut einer Stunde!"

„Aber nicht jetzt! Mir reicht's!"

„Ja, ich bin auch ganz fertig und meine Augen tun weh."

„Meine auch. Und meine Ferse schmerzt teuflisch. Mich bekommen keine drei Esel von hier weg!", stöhnte Kalil.

„Ich fürchte, mich auch nicht!", stimmte ihm Ahmed zu.

„Aber ich muss dringend meine Augen auswaschen."

„Ja! Und den Salzgeschmack im Mund möchte ich auch loswerden."

Die beiden sahen einander mit zusammengepressten Augen an. Dann richteten sich ihre Augen hin zum Supermarkt. Nach drei Sekunden drehten sie wie auf Kommando ihre Köpfe synchron wieder zueinander. Kalil gab die weiteren Schritte vor:

„Ist auch schon egal. Machen wir es!"

Sie suchten erneut zwei kindskopfgroße Steine. Diesmal fiel ihnen das Einschlagen der Auslagenscheibe nicht mehr so leicht wie in Ein Gedi. Die Steine hier waren kleiner und das Glas der Auslage stabiler. Trotzdem hielt es nicht lange stand.

Im Supermarkt suchten sie zuerst nach Wasserflaschen und wuschen sich die Augen aus.

„Herrlich, ich kann wieder sehen!", freute sich Kalil.

„Ich auch!"

Dann nahm Ahmed einen Mund voll Wasser, gurgelte und spuckte es aus. „Es wird besser, aber der Geschmack bleibt", stellte er fest.

„Wir sollten uns ein gutes Bier gönnen", schlug Kalil vor.

„Petra oder Philadelphia?"

„Petra? Davor schütze uns Allah! Das schmeckt ja wie eine Mischung aus Flüssigdünger und Lösungsmittel! Diesen grausigen Malzgeschmack hält doch niemand aus! Wir werden hier doch hoffentlich ein Philadelphia finden!"

„Philadelphia, ja das wäre etwas!"

Sie tappten durch die zwei Regalreihen und wurden bald fündig.

„Philadelphia ist wirklich ein Geschenk des Himmels, das kann man gar nicht anders sagen!", freute sich Kalil.

„Und zum Glück ist genügend davon da", stimmte ihm Ahmed zu.

Beide nahmen je eine Sechserpackung und humpelten in Richtung Ausgang. Aus Gewohnheit gingen sie zur Türe und drückten die Schnalle hinunter. Sofort standen sie im Freien. Die Mühe mit der Auslagenscheibe hätten sie sich also sparen können.

„Ist auch schon egal", seufzte Kalil resignierend.

Mitgenommen von den Anstrengungen und der Aufregung setzten sie sich vor dem Supermarkt auf den Boden und widmeten sich den Dosen.

Nach der Dritten fiel Kalil ein: „Fehlt nur noch, dass es da drinnen Ahava-Nachtcreme gibt."

„Das wäre aber sicherlich keine echte Ahava", entgegnete sein Freund, gähnte herzhaft und machte einen weiteren tiefen Schluck.

Schon setzte die Morgendämmerung ein.

„Ich sage dir, jetzt muss sie mich einfach lieben", machte Ahmed einen letzten Seufzer. Dann sackte ihm, wie schon zuvor Kalil, das Kinn auf die Brust. Allah hatte den schützenden Mantel des Schlafes über ihn gebreitet, während er gleichzeitig die Sonne den neuen Tag ankündigen ließ.

2014 01 11 – Ariel – Ramat Gan

Das ist doch der kleine Weg in unserem Moschaw, gleich hinter dem Haus, neben dem der Zitronenbaum steht! Den hat Vater gepflanzt, nachdem er vor der Roten Armee hierher geflüchtet ist. Unter ihm im Schatten zu liegen, ist so herrlich, so angenehm entspannend! Ich könnte stundenlang hier herumlungern, die schweren großen Früchte, die sich dunkel gegen den wolkenfreien Himmel abheben, betrachten. Der frische, belebende Geruch der Blätter und Äste, die ich beim Niederlegen berührt habe, umgibt mich und durchdringt meinen ganzen Körper. Von der Hitze bekomme ich kaum etwas mit. Ich habe das himmelblaue Hemd an, das mir meine Eltern zum achten Geburtstag geschenkt haben, mein Lieblingshemd. Das ist so weich und angenehm. Das will ich für immer tragen. Oh, wie schade! Das geht doch nicht – mir fällt ein, wie traurig ich war, als es mir ein paar Jahre später viel zu klein geworden ist.

Mein himmelblaues Lieblingshemd! Wie lange habe ich daran nicht gedacht! Warum gerade jetzt? Ob es heute so weit ist mit mir?

Sehe ich gleich mein Leben an mir vorüberziehen, wie es angeblich sein soll, wenn die Stunde gekommen ist?

An der Zeit wäre es ja. Ich liege nun schon gut acht Jahre hier. Es ist paradox – einerseits habe ich das Gefühl, mich überall hinbewegen zu können, ganz mühelos. Ich reise, ich rede, ich esse, ich diskutiere, ich bin auf Chawat Schikmim, meiner Schaffarm in der Negev. Andererseits merke ich, ich liege, oder genauer gesagt, mein Körper liegt bewegungslos an Versorgungsschläuche angeschlossen im Krankenhaus in Ramat Gan. Das bekomme ich mit, weil immer wieder Besuch kommt – öfters meine Söhne, meine Freunde, manchmal Journalisten, vereinzelt auch aktuelle und ehemalige Parteikollegen. Dann sitzen sie neben mir am Bett und sprechen mit mir. Sie erzählen mir, was in der Welt passiert. Andere nehmen meine Hand, drücken sie und schweigen einfach. Anfangs hat noch ab und zu jemand geweint, aber das ist jetzt auch seltener geworden. Ich würde so gerne mit ihnen reden, ihnen sagen, was mir den ganzen Tag durch den Kopf geht, wenn ich Zeit habe, in Ruhe nachzudenken. Ich verstehe alles, was sie sagen. Und ich spreche auch zu ihnen. Doch das, was ich sage, kommt nicht zu ihnen durch. Sie können mich nicht hören. Das ist wohl so, wenn man im Wachkoma liegt, vermute ich.

Das ist eigentlich das Schlimmste an diesem Zustand: Ich habe so viel Gelegenheit, über mein Leben zu sinnieren, über das, was ich anders oder besser machen hätte sollen. Ich kann gut nachdenken, kann logisch denken. Ich erkenne und verstehe, aber kann es den anderen nicht mitteilen. Dabei wäre es so wichtig! Wichtig für uns alle, für uns Israelis, aber auch für die Palästinenser, Ägypter, Syrer, Jordanier, Libanesen, ja für die Zukunft des ganzen Nahen Ostens. Vielleicht sogar für die ganze Welt ... Ob das meine Prüfung ist, die ich nun bestehen muss? Begreifen, doch das Begriffene niemandem vermitteln können?

Wie sehr hat sich seit der Jugend mein Leben verändert! Welch große Verantwortung haben wir als Burschen damals übernommen! Heute könnte man das keinem zumuten. Als Dreizehnjähriger war ich bereits ein vollwertiges Mitglied im Wachdienst unseres Moschaws. Das war, warte mal, ja, das war 1941. Das war, als die Araber von den Nazis bestärkt und ermutigt wurden, uns permanent anzugreifen. Als ob sie eine solche Ermutigung nötig gehabt hätten!

Vater war der einzige studierte Landwirt im Dorf. Das hat nicht allen gefallen. Immer wieder kam es zu Streitereien mit den anderen Dorfbewohnern. Wenn Vater dann Vorschläge gemacht hat, sind reflexartig einige aus Eifersucht dagegen gewesen. Die wollten einerseits geborgen und sicher wie in einem Kibbuz leben, andererseits aber über Privateigentum verfügen. Daher haben sie sich wie meine Eltern entschieden, in einem Moschaw zu leben, wo beides möglich war. Dort wollte dann aber jeder Einzelne den Ton angeben. Je weniger einer wusste oder konnte, umso höher hat er seine eigenen Fähigkeiten eingeschätzt. Bescheidenheit oder der Wille zu lernen – wie rar waren diese Eigenschaften! Nun, vielleicht ist das einfach menschlich.

Mutter war das alles verhasst, sowohl die gemeinschaftliche Gesinnung im Moschaw als auch der ganze Zionismusgedanke. Sie wäre so gerne Ärztin geworden. Aber als die Kommunisten in Russland, Weißrussland, Georgien und sonst wo ihre Säuberungen vor allem von Intellektuellen begannen, musste sie ihr Studium abbrechen und mit Vater Hals über Kopf auswandern. Während Millionen Juden, die vor dem Zarenregime oder dann vor den Bolschewiken ihre Segel in die Neue Welt gerichtet haben, sind sie nach Palästina ausgewandert. Ausgerechnet in diesen staubigen, schwül verschwitzten Landstrich, der nach dem Zusammenbruch des Osmanischen Reichs als anarchistisches Unikum von französischen und britischen Mandatsmächten verwaltet wurde! Dabei waren die eigentlichen Herrscher die Stechmücken und die Sonne. Palästina! Zu spät hat Mutter herausgefunden: Hier, in der Nähe des neu gegründeten Tel Avivs, hat es zwar eine Universität, aber keine medizinische Fakultät gegeben, an der sie ihr Studium hätte beenden können. Das hat sie ihr Leben lang bereut. Tapfere Mutter! Sie hat viel ertragen für Vaters Begeisterung.

Die Eltern haben mir ermöglicht, ins Gymnasium zu gehen, nach Tel Aviv. Weit war der Schulweg ja nicht, kaum zehn Kilometer. Das war eine gute Zeit, und heute bin ich dankbar, dass ich das machen durfte. Einige Lehrer, die aus Deutschland immigriert waren, sind mir mit „Ein gesunder Geist in einem gesunden Körper" und „Nicht für die Schule, für das Leben lernen wir" furchtbar auf die Nerven gegangen! Später habe ich mir mehr als einmal gedacht: Sie haben schon recht gehabt mit solchen Sprüchen. Aber damals? Damals war das Alte-Leute-Gerede für mich. Fußball, ja, das war zu dieser Zeit meine liebste Beschäftigung. Hätte mir nicht geschadet, wenn ich auch später weniger gegessen, sondern mehr Sport betrieben hätte. Aber so ist es eben.

Im Jahr danach bin ich der Haganah beigetreten. Wieso eigentlich nicht der Palmach, der damals neu gegründet war? Eigenartig. Der hätte an sich doch noch besser für mich gepasst, denn das war die Jugendorganisation der Haganah. Wahrscheinlich war das, weil Vater die Palmach nicht mochte, wohl wegen deren Aktionen gegen die rechts Orientierten und Ultraorthodoxen unter den Juden. Beide Milizen sind später gemeinsam nach der Staatsgründung in die Armee überführt worden, so wie auch die meisten anderen Untergrundorganisationen. Unter denen hat es bewaffnete Terrorvereinigungen gegeben, die wir heute aufs Heftigste bekämpfen würden, wenn sie auf der arabischen Seite stünden. Einige von ihnen haben so gut wie keine Skrupel gehabt, wenn es darum ging, gegen die Araber oder die britische Mandatsregierung Attentate mit möglichst vielen Toten zu verüben. Andererseits, wer weiß, ob es ohne solche Anschläge je dazu gekommen wäre, die Engländer zum Abzug zu bewegen? Deren Rückzug und die folgende UNO-Resolution haben den Boden aufbereitet für die Staatsgründung.

David Ben-Gurion, der hat das gut gemacht, da kann man nur den Hut ziehen! Er hatte von seiner fixen Idee eines Judenstaates nie lockergelassen, so viel Gegenwind ihm auch ins Gesicht geblasen hatte und so viele Steine ihm in den Weg gelegt wurden. Ein zäher Bursche! Eigentlich, bei allem Respekt, mir gar nicht unähnlich, wenn ich so nachdenke, wenn auch auf der anderen Seite des politischen Spektrums. Vielleicht war es diese Ausdauer, diese Beharrlichkeit, die ihn eine Farm im Negev aufbauen ließ, genauso wie ich es später getan habe. So etwas macht nur jemand, der in gewisser Weise ein sturer Kopf ist, jemand, der hart gegenüber anderen und auch gegen sich selbst sein kann. Aber nur mit diesen Eigenschaften hat er seinerzeit die UNO-Resolution erreicht. Zugespitzt kann man also sagen: Trotz aller Verträge über Landkauf, trotz aller internationalen Zusicherungen – seine Mischung aus Diplomatie und bewaffnetem Widerstand hat den Staat Israel überhaupt erst ermöglicht.

Doch jetzt sollten wir nicht mehr auf Gewalt setzen. Wir sollten akzeptieren, dass rundherum andere Völker leben und mit ihnen Frieden schließen. Ich weiß schon, da sind eine Menge Personen in der Knesset und in der Regierung gegensätzlicher Meinung. Sie sagen, die Palästinenser, ja die Araber überhaupt, sie alle wären unsere Todfeinde und müssten niedergehalten werden. Aber ich sage: Lasst uns Frieden mit denen machen, die jetzt Feinde sind. Nur mit ihnen kann man das tun; mit Freunden ist das nicht notwendig! In diese Richtung hat auch Ben-Gurion argumentiert, also der spätere Ben-Gurion, der in seiner zweiten Lebenshälfte. Vorher war er selbst eher ein Falke als eine Taube. Ich weiß, die Araber haben sich immer gefürchtet, wenn er zu bedingungslosen Verhandlungen aufgerufen hat. Damit hat er nämlich die Bedingungslosigkeit auf Seiten der Araber gemeint. Er selbst hat sehr wohl jede Menge Bedingungen gestellt. Aber das hat er gegenüber der Welt immer recht gut verkaufen können, sodass er als Taube gegolten hat. Genau wie sein Freund Menachem Begin. Interessant, dass auch er in seinen alten Tagen den Frieden zu schätzen begonnen hat!

Friede … Ich kann es denen, die anders denken, noch nicht einmal verübeln. Schließlich war ich selber einer derer, die die längste Zeit nicht an seinen Wert geglaubt haben. Ich habe in meiner Zeit in mehreren Regierungen die Siedlungen um Ostjerusalem herum vorangetrieben, ungeachtet der internationalen Proteste. Ich wollte damit einen Ring um Jerusalem legen und zeigen, dass Israel die Kontrolle über die Heilige Stadt auf ewig behalten würde. Ich war der schärfste Kritiker von Jitzchak Rabin, der damals auf Frieden gesetzt hatte. Wegen seiner Zustimmung zum Oslo-Friedensprozess habe ich ihn sogar als Verräter bezeichnet! Und Jahre zuvor habe ich das Massaker der Falange-Milizen in den Flüchtlingslagern Sabra und Schatila zugelassen. Das ist auch nichts, worauf ich heute stolz bin. Genau genommen war das sogar der moralische Tiefpunkt meines Lebens. Damals waren mir die achthundert Zivilisten egal; ich habe das einfach so hingenommen. Seit Jitzchak ermordet wurde, ausgerechnet von einem jener orthodoxen Juden, die ich immer so sehr politisch unterstützt habe, ist er mein Freund geworden. Komisch, dass man das kann, wenn einer schon tot ist! Aber es ist so: Kaum eine Nacht, in der ich nicht von ihm geträumt hätte, von ihm, von den achthundert hingeschlachteten Flüchtlingen, von den Vertriebenen um Ostjerusalem, von den zahlreichen unschuldigen Zivilisten am Golan, damals, 1973, als ich im Jom-Kippur-Krieg ein Panzeroffizier war. Jitzchak erscheint mir im Traum stets aus einem gleißenden Lichtkranz tretend. Wenn ich sein Gesicht mit den traurigen Augen und den faltigen Wangen sehe und er mich stumm ansieht, bitte ich ihn immer wieder um Entschuldigung und um seinen Rat. Er antwortet mir nicht, aber ich habe das Gefühl, in letzter Zeit werden seine Augen langsam freundlicher, wenn er mir zuhört. Er sorgt sich wohl nach wie vor um unser Israel. Seine Botschaft – ich habe sie verstanden. Sie heißt: Friede!

Ich bin des Kämpfens müde. Es reicht! Viel zu viel Unglück haben wir erleben müssen, hüben wie drüben. Aber es ist schon interessant – wann, im Verlauf meines Lebens, habe ich meine Masada-Einstellung, nämlich bis zum letzten Blutstropfen zu kämpfen, aufgegeben? Bin ich mittlerweile, wie die Christen sagen würden, vom Saulus zum Paulus geworden?

Vielleicht.

Vielleicht aber hat mich die Zeit einfach nur meine Lektion gelehrt, so wie auch viele andere. Doch war es wirklich notwendig, dass so viele ihr Leben dafür verlieren, damit unsereins den Wert des Friedens lernt?

Könnten nur jene, die jetzt an der Regierung sind, das ebenfalls erkennen! Und auch diejenigen, die in Zukunft unser Land anführen werden. Es ist gefährlich, was sie tun! Netanjahu ist für mich der Schlimmste. Nachdem er damals wegen Korruptionsvorwürfen als Ministerpräsident und Parteivorsitzender zurücktreten musste, waren wir alle froh, Parteifreunde wie Gegner. Aber was bedeutet ein Rücktritt bei jemandem wie ihm? Ich wurde sein Nachfolger in der Regierung. Doch mittlerweile ist er, wie ich aus den Gesprächen meiner Besucher verstanden habe, schon wieder an der Macht. Er biedert sich jedem an, der ihm hilft, sein Amt zu behalten. Er hat keinerlei Skrupel, mit orthodoxen Extremisten, radikalen Parteien und verurteilten Gesetzesbrechern zusammenzuarbeiten. Ihm ist unser Land weit weniger wichtig als sein eigenes Fortkommen. Wenn er in seiner gegenwärtigen Partei Gegenwind verspürt, gründet er einfach eine neue und gibt den Menschen das Gefühl, dass Israel ohne ihn verloren wäre. Und die Menschen glauben ihm, diesem Rattenfänger! Dabei ist das Gegenteil der Fall, das Gegenteil! Doch ich bin hilflos – von hier aus kann ich nicht mehr eingreifen.

Und ehrlich: Vielleicht ist das auch gut so. So manches, was ich guten Willens angepackt habe, ist ohnehin nach hinten losgegangen. Mein Besuch am Tempelberg damals, als ich dort, begleitet von tausend Journalisten, Polizisten, Militärs, Politikern und Sicherheitskräften, eine Rede gehalten habe, obwohl das Gebiet den Arabern zur Selbstverwaltung zugesprochen ist, der war nicht gut, ganz und gar nicht. Ich hatte aufrichtige friedliche Gedanken, habe in dieser Rede betont, überzeugt zu sein, dass Israelis und Palästinenser gewaltlos und freundschaftlich zusammenleben können. Danach aber haben unsere Sicherheitsleute auf die arabischen Demonstranten geschossen und etliche verletzt und getötet. Bis heute weiß ich nicht, ob jemand aus dem Sicherheitsapparat diese Eskalation absichtlich herbeigeführt hat. Zuzutrauen wäre es einigen allemal gewesen. Die Folge war dann die zweite Intifada mit wiederum tausenden Toten. Auch die sehe ich jede Nacht vor meinen Augen.

Ich bin bloß froh, dass ich es noch durchgesetzt habe, die Siedlungen aus dem Gaza-Streifen abzuziehen! Darauf bin ich wirklich stolz! Also gut, die Rückgabe des Sinai an Ägypten, die war auch während meiner Zeit in der Regierung. Damals war ich, glaube ich, Verteidigungsminister. Ja, genau. Aber damit habe ich nur umgesetzt, was schon vor mir beschlossen worden war. Aber der Abzug aus Gaza, der war ganz allein meine Sache. Dass ausgerechnet ich, als stärkster Protagonist der Siedlerbewegung, als Hardliner, als der ich von allen Seiten bezeichnet wurde, den Abzug unseres Militärs aus Gaza angeordnet habe – das war mein politisches Meisterstück! Ich wäre ja sogar noch ein Stück weitergegangen, aber das konnte ich in der Partei und in der Regierung beim besten Willen nicht mehr durchsetzen. Ich sage nur: die umstrittenen Gebiete, die vom nicht-jüdischen Rest der Welt als Westjordanland bezeichnet werden! Ich kann nur hoffen, dass die Hamas in Gaza sich mit der dortigen Fatah arrangieren wird. Natürlich sind die ebenfalls korrupt bis zum Abwinken, aber immer noch besser korrupt und in Frieden als korrupt und im Terror! Ich fürchte bloß, Netanjahu wird eher die Hamas unterstützen als die Fatah, denn so wie ich ihn einschätze, ist er gar nicht daran interessiert, dass die Palästinenser zur Ruhe kommen. Wenn die ihm ständig Anlässe geben, Stärke zu zeigen, kann er innenpolitisch punkten und seine eigene Haut retten.

Das ist aber kein dauerhafter Weg für unser Land! Ich bin überzeugt: An einer Zweistaatenlösung mit gegenseitigem

Respekt führt langfristig kein Weg vorbei, wie viele politische und geheimdienstliche Intrigen das auch verhindern wollen.

Apropos Intrigen: Mich würde interessieren, wer nach meinem leichten Schlaganfall seine Finger so fatal bei der medizinischen Versorgung im Spiel gehabt hat. Ganz ohne politische oder geheimdienstliche Intervention dürfte das eher nicht abgelaufen sein. Denn der Hirnschlag war nicht so schlimm; ich wollte ja danach nicht einmal ins Krankenhaus. Meine Mitarbeiter haben mich dazu überredet. Dort hat man bei der Untersuchung einen Herzfehler festgestellt. Nichts Tragisches, doch etwas, das behoben werden sollte. Ich sollte operiert werden. Am Abend vor dem Eingriff hat man überraschenderweise Hirnblutungen entdeckt. Seitdem liege ich für alle überraschend im Koma. Ich habe gehört, wie die Ärzte geredet und sich gewundert haben. Mein Zustand sei kritisch, aber stabil, haben sie gemeint, aber es wäre keine Ursache erkennbar, die mich ins Wachkoma bringen hätte müssen. Vermutlich käme ich durch; meine politische Arbeit wäre aber wohl zu Ende. Später hat man dann aus irgendeinem Grund an meinem Schädel herumgesägt, an meinem Verdauungstrakt, und ich weiß gar nicht mehr, wo sonst noch. Mein Arzt hat mich regelmäßig besucht und auf mich eingeredet. Er hat bestätigt, dass ich auf Kneifen reagiere und die Augen öffne, wenn er mit mir spricht. Es geht mir also gut. Ich brauche auch keine Beatmungsgeräte. Das funktioniert alles, wie es sollte. Bloß bewegen, das klappt nicht, und zu den Menschen reden. Ausgerechnet das! Dabei hätte ich ihnen so viel zu sagen.

Nanu?

Wer kommt da denn?

Margalith! Wie wunderschön, dich wieder zu sehen, meine Liebe! Das mit deinem Autounfall damals, das tut mir so leid! Wie schön war das mit uns beiden! Wie jung hast du gehen müssen!

Und Lily, du bist auch da? Du bist an die Stelle deiner Schwester getreten, warst mir eine wunderbare Frau und Mutter zweier guter Söhne! Und dann hast du unter dem Krebs so sehr gelitten und warst doch so tapfer in dieser Zeit!

Wer, sagt ihr, lässt mich grüßen? Meine Eltern?

Und Jitzchak?

Nein, wirklich?

Auch er?

Ist es also so weit?

Ach ja, da ist er! Jitzchak!

Er lächelt!

Er lächelt mich an!

Gebt mir eure Hände! Ich glaube, ich darf ...

Glossar

Keine Angst, liebe Leserinnen und Leser, das nachstehende Glossar ist umfangreich ausgefallen. Aber die hier genannten Begriffe sind nicht Voraussetzung, das Buch genießen zu können. Und das eine oder andere Mal ist es vielleicht ganz hilfreich, rasch nachschlagen zu können, wenn man sich nicht sicher ist, etwas richtig zuzuordnen.

Abaya: Überkleid, das von arabischen Frauen über der normalen Kleidung getragen wird, wenn diese das Haus verlassen.

al-Buraq: Pferdeähnliches Reittier mit Flügeln und menschlichem Antlitz, auf dem nach islamischer Überlieferung der Prophet Mohammed während einer Nacht von der Erde zum Himmel und zurück flog.

al-Aqsa-Flut: Palästinensische Bezeichnung für das → Massaker vom 7. Oktober im Zuge eines Terrorüberfalls auf israelische Dörfer.

al-Husseini, Mohammed Amin (1896–1974): Islamistischer verschwörungsideologischer Großmufti von Jerusalem (1921–1941), danach in Deutschland bei der Waffen-SS, ab 1946 in Ägypten als → Muslimbruder. Lehrer und Förderer von → Jassir Arafat und ideologisches Vorbild der → PLO und der → Hamas.

Allenby, Edmund Henry Hynman, 1. Viscount Allenby (1861–1936): Britischer Feldmarschall im Ersten Weltkrieg, Kommandeur der alliierten Truppen auf dem Sinai und in Palästina.

Arabische Revolte: Aufstand mehrerer arabischer Stämme im → Osmanischen Reich während des Ersten Weltkriegs unter Führung von → Hussein Ibn Ali, dem Sherifen von Mekka.

Arafat, Jassir (1929–2004): Vorsitzender der → PLO, Gründer der → Fatah (1957), erster Präsident der palästinensischen Autonomiegebiete (1996–2004), Friedensnobelpreisträger gemeinsam mit → Jitzchak Rabin und → Shimon Peres (1994).

Balfour, Arthur James, 1. Earl of Balfour (1848–1930): Britischer Politiker, veröffentlichte 1917 die → Balfour-Deklaration.

Balfour-Deklaration: Zusage des britischen Außenministers → Balfour, nach dem Ende des Ersten Weltkriegs Palästina als „nationale Heimstätte für das jüdische Volk" anzusehen.

Begin, Menachem „Mendel" (1913–1992): Anführer der zionistischen Terrororganisation → Irgun, verantwortlich für den Anschlag auf das King-David-Hotel 1946, später Politiker und Ministerpräsident, Friedensnobelpreisträger gemeinsam mit → Anwar as-Sadat (1978).

Ben-Gurion, David „Dudu" (1886–1973): Geboren als David Josef Grün, Gründer der zionistisch-sozialistischen Arbeiterpartei Israels (Mapai), erster Ministerpräsident Israels.

Bolschwiken: Radikale Fraktion innerhalb der Sozialdemokratischen Arbeiterpartei Russlands unter Führung von W. I. Lenin, ermordete die Zarenfamilie und errichtete eine Diktatur des Proletariats auf Basis von Arbeiterräten (Sowjets).

Brooklyn: Stadtteil von New York, in dessen Bezirk Williamsburg ein hoher Anteil ultraorthodoxer Juden lebt.

Cafferata, Raymond (1897–1966): Von der Mandatsverwaltung eingesetzter Polizeichef von Hebron während des → Massakers von Hebron 1929. Musste sich Vorwürfe wegen seiner damaligen Passivität machen lassen.

Charedim: → ultraorthodoxes Judentum.

Churchill, Sir Winston Leonard (1874–1965): Britischer Politiker aus der englischen Hocharistokratie, mehrfach Premierminister.

Clinton, Bill (*1946): US-Amerikanischer Präsident (1993–2001), Vermittler des israelisch-jordanischen Friedensvertrages (1994).

Einstaatenlösung: Konzept eines Staates im Nahen Osten, in dem Juden und Palästinenser zusammenleben.

Faisal I. (1885–1933): König von Syrien und dem Irak, Sohn von → Hussein Ibn Ali, Sherif von Mekka.

Falange-Milizen: Militärischer Flügel der libanesischen christlichen Falange-Partei.

Fatah: Politische Partei in den Palästinensischen Autonomiegebieten, stärkste Fraktion innerhalb der → PLO, anerkannte

1994 unter → Jassir Arafat das Existenzrecht Israels, regiert seit der Machtübernahme der → Hamas in → Gaza nur mehr im Westjordanland.

Finlay, Robert Bannatyne, 1. Viscount Finlay (1842–1929): Britischer Arzt und Jurist, Parlamentsabgeordneter, Lordkanzler (1916–1919).

Gaza: Ca. 360 km^2 großes Verwaltungsgebiet innerhalb Palästinas, bis zum Zusammenbruch des Osmanischen Reichs Teil desselben, 1920–1948 unter britischer Mandatshoheit, 1948–1967 unter ägyptischer Herrschaft, bis 2005 israelisch besetzt, seit der Machtergreifung durch die → Hamas 2007 diktatorisch geführt. Hauptstadt Gaza, weitere größere Städte sind Khan Yunis und Rafah.

Golan: Hügeliger Landstrich im Nahen Osten. International anerkannt als Teil Syriens, 1967 von Israel besetzt und 1981 annektiert. Hier entspringt einer der drei Quellflüsse des Jordans.

Grün, David Josef: → Ben-Gurion, David.

Habasch, George (1926–2008): Arzt und marxistisch-leninistischer palästinensischer Politiker, Gründer der Volksfront zur Befreiung Palästinas (→ PFLP).

Haganah: Zionistische paramilitärische Untergrundorganisation in Palästina während des britischen Mandats (1920–1948), ging später in der israelischen Armee auf.

Hamas: Palästinensische Terrororganisation mit dem Ziel der Vernichtung Israels. Kontrolliert seit 2007 → Gaza, ist innerhalb der Palästinenser mit der → Fatah verfeindet.

Haschimiten: Arabische Herrscherfamilie, stammt von Hâschim ibn Abd Manâf, dem Urgroßvater des Propheten Mohammed, sowie den → Sherifen von Mekka ab, stellt das Königshaus von Jordanien und in der ersten Hälfte des 20. Jhs auch das von Syrien und dem Irak.

HaTikwa: Nationalhymne Israels, ursprünglich Hymne der zionistischen Bewegung.

Herzl, Theodor (1860–1904): Schriftsteller, Publizist, Hauptbegründer des politischen Zionismus.

Histadrut: Dachverband israelischer Gewerkschaften, 1920 in Haifa gegründet.

Hohe Pforte: Synonym für die Regierung des → Osmanischen Reichs.

Howeitat: Arabischer Stammesverband auf dem Gebiet des heutigen Jordaniens und Saudi-Arabiens.

Hussein I., Hussein bin Talal (1935–1999): König von Jordanien (1952–1999), warnte 1973 die israelische Ministerpräsidentin Golda Meir vor dem bevorstehenden Angriff Ägyptens und Syriens, schloss 1994 unter Vermittlung → Bill Clintons den israelisch-jordanischen Friedensvertrag, überlebte mehr als dreißig Mordanschläge der → PLO und der → PFLP.

Hussein Ibn Ali, Sherif von Mekka (1853–1931): Arabischer Stammesführer aus dem Haus der → Haschimiten, kämpfte in der → Arabischen Revolte gegen das → Osmanische Reich, König des Hedschas (des westlichen Teils des heutigen Saudi-Arabiens).

Intifada: Name zweier palästinensischer Aufstände gegen Israel (1987, 2000).

Irgun Zwai Leumi: Extrem gewaltbereite zionistische paramilitärische Untergrundorganisation in Palästina während des britischen Mandats (1920–1948), auch „Etzel" genannt, Abspaltung von der → Haganah, zeitweise geführt von → Menachem Begin, ging später in der israelischen Armee auf.

Iron Dome: Verteidigungssystem des israelischen Militärs gegen Raketen und Mörserangriffe aus kurzer Distanz.

Islamischer Dschihad in Palästina: Palästinensische islamistische Terrororganisation mit Sitz in → Gaza und Politbüro in Damaskus, Ableger der Muslimbruderschaft, gelenkt und finanziert vom Iran.

Jewish Agency: Zionistische Organisation, die Juden bei der Einwanderung nach Israel unterstützt.

Jom Kippur: Höchster jüdischer Feiertag, Versöhnungstag.

Jüdische Legion: Fünf Bataillone jüdischer Freiwilliger, die im Ersten Weltkrieg innerhalb der Britischen Armee gegen das → Osmanische Reich kämpften, weil ihnen Unterstützung bei einer jüdischen Staatsgründung zugesagt worden war.

Kibbuz: Genossenschaftsähnliche ländliche Siedlung in Israel mit gemeinsamem Eigentum und basisdemokratischer Struktur. → Moschaw.

Kippa: Kleine runde Kopfbedeckung männlicher religiöser Juden.

Knefeh: Orientalische warme Süßspeise aus Käse und Engelshaar, mit Zuckersirup übergossen.

Knesset: Israelisches Parlament.

Koran: Heilige Schrift des Islams.

Kufiya: Arabisches Kopftuch für Männer und Frauen.

Lawon, Pinchas (1904–1976): Israelischer Politiker, ließ als Verteidigungsminister durch als Araber verkleidete jüdische Agenten amerikanische Ziele in Ägypten angreifen, um diplomatischen Schaden zwischen diesen Ländern anzurichten. Die daraus entstandene Lawon-Affäre belastete die Innenpolitik ein Jahrzehnt lang.

Lloyd-George, David (1863–1945): Britischer Politiker, 1916–1920 Premierminister.

Marmorek, Oskar (1863–1909): Wiener Architekt und Zionist.

Massaker von Hebron 1929: Ermordung von 67 Juden durch Teile der arabischen Bevölkerung Hebrons auf Anordnung des Jerusalemer Großmuftis → Mohammed Amin al-Husseini. Mehr als 400 Juden wurden von arabischen Nachbarn gerettet und versteckt.

Massaker von Hebron 1994: Der jüdische Militärarzt und Siedler Baruch Goldstein ermordete 29 vor dem Sarg Abrahams betende Araber und verletzte mindestens 150 weitere.

Massaker vom 7. Oktober (2023): Überfall der Hamas auf israelische Dörfer mit hunderten Toten, Verletzten und Entführten. Führte zu drastischen israelischen Gegenmaßnahmen mit tausenden Toten und der Zerstörung palästinensischer Städte in → Gaza.

Moschaw: Genossenschaftlich organisierte ländliche Siedlung in Israel, deren Güter sich, anders als im → Kibbuzsystem, teils in Gemeinschafts-, teils in Privateigentum befinden.

Muslimbrüder: Islamistische Terrororganisation, 1928 in Ägypten gegründet, mit Ablegern in zahlreichen Ländern, z. B. in Gaza (Hamas), Syrien (syrische Muslimbrüder), Sudan (Nationale Kongresspartei), Libyen (Partei für Gerechtigkeit und Aufbau), Jordanien (Islamische Aktionsfront). Hauptunterstützer sind die Türkei und Katar. Verboten u. a. in Ägypten, Saudi-Arabien und den Vereinigten Arabischen Emiraten.

Nakba: Arabische Bezeichnung für die Flucht und Vertreibung von 700.000 Palästinensern unmittelbar nach der israelischen Staatsgründung 1948.

Nasser, Gamal Abdel (1918–1970): Ägyptischer Politiker und Präsident, stürzte 1952 den ägyptischen König Faruk.

Netanjahu, Benjamin „Bibi" (*1949): Israelischer Politiker und Ministerpräsident, sieht sich zahlreichen Korruptionsvorwürfen ausgesetzt, hält sich aber mit Hilfe extremer Parteien regelmäßig an der Macht. Entschiedener Gegner der → Zweistaatenlösung.

Oslo-Abkommen: Friedensabkommen 1993 zwischen der → PLO und Israel, bei dem vereinbart wurde, sich gegenseitig anzuerkennen. Wurde infolge der Ermordung → Jitzchak Rabins nicht mit Leben erfüllt.

Osmanisches Reich: 1299–1922 existierendes Reich im Nahen Osten, das sich zur Zeit seiner größten Ausdehnung im 17. Jh. von Kleinasien nordöstlich bis zum Schwarzen Meer erstreckte, westlich und nordwestlich über den Balkan bis zur Habsburgermonarchie, südlich über den Nahen Osten bis Ägypten und weiter bis nach Marokko. Wurde 1922 infolge der Niederlage im Ersten Weltkrieg zerschlagen. Als sein Nachfolgestaat gilt die Türkei.

Pajkeles: Lange Schläfenlocken jüdischer Männer.

Palmach: Elitetruppe der jüdischen paramilitärischen Untergrundorganisation → Haganah, konzentrierte sich auf das Training von Jugendlichen.

Peel, Sir William Robert Wellesley, 1. Earl Peel (1867–1937): Britischer Politiker, Vorsitzender der „Royal Commission on Palestine", auch „Peel-Commission" genannt, die sich mit dem → Völkerbundsmandat für Palästina beschäftigte.

Peres, Shimon (1923–2016): Israelischer Politiker, Friedensnobelpreisträger 1994 gemeinsam mit → Jassir Arafat und → Jitzchak Rabin.

Pessach: Jüdischer Feiertag, meist zeitgleich mit den christlichen Ostern, wird mit dem → Sederabend eröffnet, bei dem eine bestimmte Abfolge von Speisen und Getränken einzuhalten ist und an den Auszug der Juden aus Ägypten unter Moses ca. 1.200 v. Chr. erinnert wird.

PFLP: Volksfront zur Befreiung Palästinas, Mitglied der PLO, gegründet von → George Habasch, bekannt für militärische Gewalt und terroristische Kommandoaktionen wie Flugzeugentführungen.

PLO: Palästinensische Befreiungsorganisation

Purim: Jüdischer Feiertag, erinnert an die Befreiung der Juden aus Babylonischer Gefangenschaft 586 v. Chr., wird ausgelassen mit Verkleidungen und Umzügen gefeiert.

Qassam-Brigaden: Bewaffneter Arm der → Hamas.

Rabin, Jitzchak (1922–1995): Israelischer Politiker, Friedensnobelpreisträger 1994 gemeinsam mit → Jassir Arafat und → Shimon Peres, 1995 von einem nationalreligiösen Juden ermordet.

Ramadan: Islamischer Fastenmonat.

Sadat, Anwar as (1918–1981): Ägyptischer Politiker und Staatspräsident, schloss einen Friedensvertrag mit Israel, wofür er 1978 gemeinsam mit → Menachem Begin den Friedensnobelpreis erhielt. Wurde von islamistischen Offizieren aus den Reihen der → Muslimbrüder ermordet.

Sandschak: Verwaltungsgebiet am Balkan und in der Levante zur Zeit des → Osmanischen Reichs.

Schabbat: Jüdischer wöchentlicher Ruhetag zwischen Freitagabend und Samstagabend, an dem religiösen Juden viele Tätigkeiten nicht gestattet sind.

Schtremel: Überdimensionaler Pelzhut orthodoxer jüdischer Männer.

Sederfest: Auftakt des → Pessachfests.

Sharon, Ariel (1928–2014): Israelischer Politiker, anfangs bei der → Haganah aktiv, später als Hardliner in der Regierung bekannt. Setzte dennoch als Ministerpräsident den israelischen Abzug aus Gaza durch, fiel kurz danach infolge einer Routineoperation acht Jahre lang ins Wachkoma.

Sherif von Mekka: Herrscherdynastie von 968–1925, führte ihre Abstammung auf al-Hasan ibn Ali einen Enkel des Propheten Mohammed zurück.

Shoah: Ermordung von sechs Millionen Juden durch die Nationalsozialisten. (1941–1945)

Sinwar, Yahya (*1962): Palästinensischer Politiker, Führer der → Hamas, lebt in Gaza, Organisator des → Massakers vom 7. Oktober (→ al-Aqsa-Flut).

Sykes, Sir Tatton Benvenuto Mark (1879–1919): Britischer Politiker und Diplomat, schloss 1917 das geheime Sykes-Picot-Abkommen, in dem die Einflusssphären des Vereinigten Königreichs, Frankreichs und Russlands nach der Zerschlagung des → Osmanischen Reichs vereinbart wurden.

Talmud: Schriftwerk, in dem die jüdischen Weisen die 613 Gebote, die Gott den Menschen gab, für den Alltag auslegen, um ein erfülltes und zufriedenes Leben führen zu können.

Tanach: Sammlung heiliger Schriften des Judentums, bestehend aus → Tora (Weisung), Nevi'im (Propheten) und Ketuvim (Schriften).

Tora: Erster Teil des → Tanach, gleichzusetzen mit den fünf Büchern Moses des Alten Testaments.

Transjordanien: Östlich des Jordans gelegener Teil des britischen Mandatsgebiets 1920–1948, heute Jordanien.

Ultraorthodoxes Judentum: Strömung innerhalb des Judentums, in der die Mitglieder weltliches Wissen ablehnen, einen uniformen und züchtigen Kleidungsstil pflegen und ein streng reguliertes Leben unter Anleitung eines rabbinischen Oberhaupts führen.

UNRWA: NGO, Palästinenserhilfswerk der Vereinten Nationen, sieht sich dem Vorwurf ausgesetzt, weniger die palästinensische Bevölkerung, als die → Hamas zu unterstützen. Mehrere führende Mitglieder sollen aktiv am → Massaker vom 7. Oktober beteiligt gewesen sein.

Völkerbund: Zwischenstaatliche Organisation von 1920 bis 1946 mit Sitz in Genf zur schiedsgerichtlichen Beilegung internationaler Konflikte, Vorläufer der UNO.

Volksfront zur Befreiung Palästinas: → PFLP

Weizmann, Chaim (1874–1952): Präsident der Zionistischen Weltorganisation, israelischer Staatspräsident (1949–1952).

Westjordanland: Gebiet zwischen der israelischen Grenze vor 1967 und dem Jordan, von den Briten „Westbank" genannt, von den Israelis als „umstrittene Gebiete" bezeichnet. Hauptstadt Ramallah, regiert von der → Fatah.

Zionismus: Strömung innerhalb des Judentums, die auf einen jüdischen Staat abzielt.

Zweistaatenlösung: Konzept zweier benachbarter Staaten im Nahen Osten, in denen Juden und Palästinenser getrennt nebeneinander leben.

Bereits im Verlag erschienen:

Blaboll, Gerhard
Montenegrinische Geschichten
Die verlorene Unschuld

ISBN 978-3-85028-607-7
200 Seiten
Softcover
EUR 15,90 (inkl. MWSt)

20 Kurzerzählungen aus Montenegro und Umgebung, die das Leben der Bevölkerung und ihrer Kultur vor dem Hintergrund sorgfältig recherchierter historischer Umbrüche beschreiben. Unterhaltsam und leicht zu lesen, spannend, teilweise tragisch, teilweise witzig oder einfach nur unglaublich erzählen sie von Denkweisen und Motiven der Balkanbewohner und deren Beweggründen, auch einmal den legalen Weg zu verlassen.

Historiker werden in den Geschichten zahlreiche Parallelen und Beeinflussungen der Geschichte des Balkans und der Mitteleuropas entdecken. Philosophen werden die Frage nach Schuld und Unschuld thematisiert sehen. Soziologen werden vergleichbare gesellschaftliche Entwicklungen erkennen. Geographen werden sich über Beschreibungen eines Landes freuen, von denen der durchschnittliche Europäer gerade noch den Namen der Hauptstadt kennt. Letztlich aber: Literaturfreunde ohne solch wissenschaftliche Hintergründe werden ein packendes Buch genießen, das sie immer wieder gerne in die Hand nehmen werden.

Die Suche nach einer absoluten Wahrheit entspringt doch der Sehnsucht nach einer Sicherheit, die in Wirklichkeit eine Chimäre ist.

69 Stunden ins Paradies

ISBN 978-3-99016-255-2
350 Seiten
edition lex liszt 12, Oberwart

Jeremias Freimuth ist Außendienst-
mitarbeiter einer deutschen IT-Firma
in Afrika. Nach einer firmeninternen
Intrige verliert er seinen Job und damit
auch den Boden unter den Füßen.
Mit seiner Frau führt er eine Fern-
beziehung, die zwar von gegenseitigem
Respekt, aber auch von zunehmender Entfremdung geprägt
ist. Immerhin regt sie ihn dazu an, Afrika einmal nicht als Ge-
schäftsmann, sondern als Tourist zu bereisen. Damit beginnt
für den geknickten Ex-Manager in der Midlife-Crisis ein un-
erwartetes Abenteuer, denn der im Prospekt versprochene
Urlaub im paradiesischen Senegal hat seine Schattenseiten.

Schon die Anreise wird durch Verzögerungen und büro-
kratische Hürden zur Strapaz. Zumindest lernt er dabei mehrere Mitreisende kennen, die alle ihre eigenen Erwartungen
an ihren Aufenthalt im Paradies haben. Jeremias Freimuth
möchte Land und Leute kennenlernen. Mithilfe eines
geschichtskundigen Taxifahrers kommt er mit Einheimischen
in Kontakt und lernt augenöffnende Lektionen über die Folgen des Kolonialismus und der Globalisierung. Sein Weltbild
wird ziemlich auf den Kopf gestellt und er erkennt schließlich, wo das wahre Paradies zu finden ist.

*Das Paradies ist nur ein geistiges Konstrukt. Ein Mistkäfer hat sicher
andere Vorstellungen von dessen Beschaffenheit als wir.*